AND THEN WHAT?

歐盟視角

二十一世紀地緣政治、國際危機的內幕故事

INSIDE STORIES OF 21ST-CENTURY DIPLOMACY

Catherine Ashton
凱瑟琳・艾希頓——著

張芳瑜——譯

好評推薦

「凱瑟琳・艾希頓意外得到了高級代表的任命，也就是全歐盟的外交部長。起初人們認為她缺乏經驗，但後來一致公認她是一位傑出的外交官與談判者。她以兩項個人成就贏得了國際讚譽，其一為促成塞爾維亞與科索沃在二〇一三年的協議，其二是同年帶領簽訂伊朗核協議。本書引人入勝，富含作者個人想法，又通俗易懂，能夠將讀者帶進這段講述動盪歷史的房間，一同品嚐所有成功與挫折的時刻，也走近觀察每位與會者的個性。」

——**金・達洛克男爵**（Sir Kim Darroch），
前英國駐美國大使，國家安全顧問，英國常駐歐盟代表

「由近年最傑出的外交官之一寫成，引人入勝的現代外交記述。《歐盟視角》能帶給讀者龐大的資訊量，以及出色的見解，讀起來絕對相當有趣！」

——大衛・裴卓斯上將（General David Petraeus），
美國退休陸軍上將，
前伊拉克增援部隊指揮官，美國中央司令部，
北約／美軍駐阿富汗部隊，前中情局局長

「凱瑟琳・艾希頓扣人心弦的回憶錄不只完美結合了精確的事實與動人的情感，更可以給外交政策觀察者上一堂重要的歷史課，以處理今日的危機。」

——皮埃爾・維蒙（Pierre Vimont），前法國駐歐盟與美國大使

「我讀《歐盟視角》時，無可避免地想到了《星際大戰》裡的酒吧場景。如果要讓這些人物以及我們的後代未來有辦法外交，今日的外交就得像凱瑟琳・艾希頓記錄的那樣成功，而不是只給他們留下戰爭和死路一條的未來。如果未來幾代地球人真能與其他宇宙生命體談判，那一定是因為凱瑟琳和她的同僚成功讓我們明白，我們同樣都是地球生命。」

——拉斯蒂・施威卡特（Rusty Schweickart），阿波羅九號太空人

「凱瑟琳・艾希頓原本並非外交官，但在二〇一〇年，她一夕之間就成為了歐盟最高級別的外交官，突然需要面對許多全球危機。她將待在布魯塞爾的時間與出訪行程各自提出精華，描寫的內容引人入勝，又能給讀者帶來啟發。從海地到利比亞，從塞爾維亞與科索沃的協議，到伊朗核協議與烏克蘭事件的開始，她一路走來，處理過不少全球危機，也應對了許多苦差事。她雖然謙虛，卻也的確非常專業。她為國際帶來了深遠的影響，而本書記載的就是這段令人驚嘆的歷史。」

——**喬治・羅伯遜男爵（Lord George Robertson），北約前祕書長**

「這不只是一般的外交回憶錄。凱瑟琳・艾希頓擔任歐盟實質的外交部長，不知倦怠的奔走，減緩各種天然災害與政治巨變帶來的毀滅性後果。她描述共事過的許多人時，結合了精確的分析與動人的敘事手法，從獨裁者到店主；從過勞的公務員，到擔憂的在廢墟中徒勞尋找父母的幼童；從解放廣場上的革命青年，到想達成協議，卻不知從何下手的偏頗的談判代表。艾希頓在任期中總是迴避公眾焦點。除了避免自我宣傳外，還能躲開來自媒體和一些男性集團惡劣的厭女攻擊。她在二十一世紀初其中兩項最重要的國際協議中扮演了核心角色，那就是伊朗核協議，以及科索沃與塞爾維亞通往和解邁出的第一步。也許最讓人驚訝的是她說故事的技巧，書裡的每部分都有相當刺激的橋段，也能看出她堪稱具有高度洞察力的旅行作家。一旦結合起來，本書將為讀者提供一個全新的視角，用以看待二〇〇八年金融危機所引發，震驚全球的重大政治進程。政治系學生必讀，喜愛紀實文學的讀者也不會失望。」

——米沙・格蘭尼（Misha Glenny），

維也納人文科學研究所所長，《黑道無國界》原著作者

給羅伯特和蕾貝卡，你們終於能知道我這些年在做什麼了。

目次

序

我還是個小女孩時，在我的藍色塑膠鉛筆盒寫上了名字和地址。寫上一般會有的街道號碼和名字、村、郡之後，我還寫了英格蘭（England）、英國（UK）、歐洲、世界、宇宙。我不是什麼有雄心壯志的國際主義者，只不過是住在英格蘭西北部的威根（Wigan）這麼一個冷清城鎮的小女孩，寫下她當時認為稀鬆平常的事。不管是好是壞，我們現在都相互連結在一起。

數十年之後，我有了機會，先是經由貿易談判，後是外交，去連結各個大陸上超過一百個國家，也曾經代表過二十八個國家的意見和價值。這是很艱鉅的任務。二〇〇九到二〇一四年是充滿動亂的時期，幾十年下來確立的價值在幾天內就遭盡數摧毀。期待和希望更好事物的火苗經常燃起，然後又熄滅，有時甚至幾小時內就會經歷數次這個過程。我與所有人一同掙扎著，與一群最聰明、最願意付出的外交官與政治家一起工作，試圖有效率地處理問題，認識他們是我的榮幸。我也遇過很多獨裁者與謀殺犯，不過我遇到的絕大多數人都只想要過上更好的生活。他們為了自己和家人而追尋，我見證過他們展現的勇敢和決心，讓我驚嘆不已。

之後幾年常有人問我喜不喜歡作為第一位歐盟外交和安全政策高級代表兼歐盟執委會副主席（High Representative for Foreign and Security Policy / First Vice President of the Commission）的工作（沒錯，史上最長的職銜，所以之後我們叫它歐盟外長〔HRVP〕），答案是否定的。的確有些時刻能讓我充滿深刻的滿足，甚至喜悅，我也在這段期間交到了人生中一些摯友。但工作總是源源不絕，沒有時間讓人自鳴得意，永遠都有其他問題要處理。每天都有同樣程度的讚賞與憎恨加諸在我身上，不過憎恨對我造成的影響比讚賞多得多。我害怕媒體，恐懼新聞，擔心著我滿世界的外交官，希望好消息能久違的來一次。我去過那些世界上最險惡的地方，看過生活在悲慘陰影之下的孩童，聽過各種關於毀滅的故事，與在地震或是戰爭中受傷和失去親友的人一同哭泣，也思考過人性之惡。我見證過險惡環境誕生的勇敢與善良，看著難民營裡的孩子無限渴望在滿布灰塵、搖搖欲墜的教室或帳篷裡學習。我做了所有力所能及的事，清楚這些永遠不夠，也擔憂其他能力更好的人或許能做的比我多。

有些時候我們得到了成功，像是伊朗（Iran）核協議，或塞爾維亞（Serbia）與科索沃（Kosovo）的協議。當時的成功現在看起來就像曇花一現，沒有在該解決問題的時候就斷乾淨。失敗的陰影依然籠罩——敘利亞（Syria）尚未解決的悲劇、利比亞（Libya）的混亂，以及烏克蘭（Ukraine）戰爭的恐怖。不過有些時候生活會為某些人留情，希望的火花會在地平線上閃爍。

這本書花了很多時間才寫成。我原本想把所有東西拋到腦後的決心，終究還是輸給了人們的好奇。很多人要我講出我的故事，我講了之後，他們又催促我寫下來。我想要描述身為一個普通人卻拿著重要角色的劇本，要在事件之中斡旋的感受。每一章都是基於我丈夫彼得．凱拿（Peter Kellner）當時向我做的採訪。我穿著牛仔褲坐在他書房裡，講述過去幾週發生的事。彼得會提問，幫我釐清細節，像是我說了什麼？那地方長怎樣？當時心情如何？這些是黑白的新聞稿中僅有的色彩。撰寫採訪紀錄重新帶我回到了那段時光、那些地方。我這些年忘掉的細節比想像多，光是回憶起當初每週旅行上萬英里就讓我筋疲力盡。這本書裡我只選了幾篇故事，而且它們絕不是涵蓋各方各面的歷史。一定有很多分析師和歷史學者可以更公正的評判這段時期，這是我做不到的。但我希望我的回憶能夠呈現二十一世紀外交的複雜難解，也提醒我們，我將近五十年前寫在鉛筆盒上的話到今天依然適用。

前言

「外交」這個詞會讓人聯想起一系列景象，包括打著黑領帶、穿著晚禮服的人們在金碧輝煌的建築內啜飲著雞尾酒，圍繞著鋪滿文件的桌子進行嚴肅討論，或是一群筋疲力盡的人經過幾週的談判，從隱蔽髒亂的地方鑽出來的樣子。實際上外交活動的精髓可以用這三點囊括：代表某個國家或組織、維持國際關係，以及防止或處理紛爭。常有人形容外交是藝術，這種藝術仰賴外交官的個人能力與投入，而外交官的後盾是那些他們代表的人，那些人的決心。

對外交官而言，沒有一條能確切通往成功的路。大多時候，外交官的工作都是安安靜靜維持國際關係穩定，但危機很可能會隨時爆發，幾天或幾小時內就激烈變化，席捲任何群體甚至國家。要處理這些危機有時需要長期、有耐心的準備，也需要建立同盟關係以及在現存體制內尋找方法。有時則需要快速解決問題，即使當下掌握的資訊很不完整、不可靠也一樣。

不管要解決什麼事件，都需要有一定程度的個人能力、外交手腕、敏感度、決心，以及最重要的判斷力。這些能力也得配合必要的工具才能真正帶來改變，那就是帶有籌碼的對話和談判。就算外交談判失敗了，境況變得混亂或進度因為衝突而停滯，最終能突破困境的也一定是外交。我認為人們低估了外交的重要，事實上它是處理國際關係最強大的「武器」。

歐洲聯盟（歐盟，European Union, EU）並不是像美國、俄國和中國那樣的傳統強國。歐盟設立的外交政策機構，歐盟對外事務部（European External Action Service, EEAS），就將歐盟執委會（Commission）和歐盟理事會（Council）的資源整合成新的混合體系，鞏固共同外交政策，也運用自身的經濟影響力作為軟實力工具。

帶領歐盟外交政策這幾年，我學到了究竟是什麼因素能帶我們走向成功。我也直面過外交政策的兩難之處，最重要的是，很少有乾淨俐落又簡單的抉擇。常常沒有完美的解決方法，我只能試著刻畫當時在場會是什麼樣子、歷史碎片又是如何構成的。每週我都要處理不同的事，不過通常都得面對疲憊高壓的行程、上萬英里的旅途。某種程度上我算是克服了時差，因為一天當中時間的概念對我已經不重要了。我會在晚上睡覺，白天工作。

我曾數百次造訪世界上各個國家，踏進過金碧輝煌的宮殿，也訪問過貧困潦倒的地區。我看過戰爭時難民營帳蓬築起的天際線，也曾見證過經歷多年砲火後重新修復的美麗建築。我有機會動用我所有感官，去品嚐空氣、嗅聞腐敗與無視、抱住受驚嚇的孩子、聽見那些藉口和撇清關係的嘈雜聲響，也看見地震或其他災害造成的重創。最重要的是，我曾與人面對面，試圖更適切地理解到底發生了什麼、原因是什麼，解決方法又是什麼。和一群幾乎沒有共通點的人坐下來商討對策，至少要阻止事態繼續惡化。糟糕的是，有時候這群人可能還深深不信任彼此，或帶著怒氣。如果能達成這個短期目標，我們就有希望可以往下找長期解決方法。

對媒體來說，外交不是輕鬆的題材。外交活動通常都要投入很多精力，進展非常緩慢，所有參與者都必須守口如瓶，大多也不會公開進行。我常常讀到一篇我根本不知道在寫什麼的報導，可我本人當時明明就在報導提到的場合。雖然有些記者實在會讓我們抓狂，還是有部分記者願意花時間查證，能提供獨立觀點，而不是一味迎合編輯喜好。

在每個章節我都會提哪些策略成功了，哪些沒有，以及當時若是做了什麼一切就會不一樣。外交沒有明確的終點，即使已經達成協議，外力、政治改革或單純的「事件」都可以把所有事搞砸。我們需要時刻警惕並長期努力，不應該一味做事後諸葛，雖然這也有一定的重要性。我的觀察和結論可能看起來很天真，可能會辜負他人，或表達了我當時沒有發現但是現在能夠確定的事。我沒有把這些刪掉，還是都寫進來了，因為這就是外交工作的現實。我學到了很多，商界菁英、外交官、積極分子（activist）、政治家、救援隊，以及軍事與民事行動（military and civilian missions）都教了我很多東西。而那些為了自身、家人和國家能有更好的未來日夜不懈的人讓我學到更多，甚至那些可惡的想要造成混亂毀滅的人、為了達成個人目的傷害他人性命的人，都給我上了寶貴的一課。整體來說，我很驚訝有人能為素未謀面的人做到這種程度，我也很訝異竟有人能對住在一起好幾個世代的同伴做出這種事。

有時看到那些不作為的領導者把責任推給繼任者或直接無視問題，我很挫折。有時我也很敬佩他們冒著丟失職位或更嚴重的風險，做出抉擇的痛苦，甚至沒人能保證他們的努力會得到支持者認可。雖然不知道能否成功，但總有些事能讓他們付出一切；有些則是混亂製造者，比起減輕人民的苦痛，他們更在乎的是個人利益。以上所有人我都曾和他們坐在一起，握手，在鏡頭前擺好姿勢。我的工作不是厭惡他們，而是和他們坐下來一起解決問題。歸根結底，外交的最終目的就是把人們聚起來關進房間裡，直到達成一致。

我也認識到了更大的議題。每次遇到問題，能立即回應的選項其實有限：談判、調解、軍事介入、制裁、監管任務、壓力，諸如此類。這些回應共同組成了「外交工具箱」。時間充裕下，我們能試圖找出更好、更細緻、更長遠的解決方法，同時也不忘基本原則。

有些人相信一個國家沒有責任去處理別國潛在的問題。他們認為國家要做的就是保護好自身利益，不涉及其他。如果你真覺得這種缺乏遠見的觀點有道理，要為它蓋個紀念碑的話，我建議你看看世界其他地方。很多國家正苦於世界多年來的視而不見，日益毀損的基礎建設（或者根本沒有基礎建設）、腐敗的政府和稀缺的機會。如果不去處理這些問題，就很可能助長它們擴散。危機就像野火一樣，要是沒有處理乾淨，就會帶著復燃的火焰席捲而來，比之前更高溫更危險，吞噬著擋路的一切。阻止這樣的事情發生應該要擺在所有政治議程的第一位，配合其他機構達成這件事也會是工具箱裡最優先的事項。

我們不可能獨自處理任何問題，就算是強國也無法自己解決氣候變遷、恐怖主義和破壞式技術。Covid-19在幾週內就帶走生命、摧毀經濟，已經證明危險擴散到每個人家門前的速度究竟有多快。我們裝得好像這些是突然爆發的危機，實際上很多人已經預見到了。我們甚至會假裝重大危機是人胡亂編織的，是假議題，讓不作為成了我們的計畫。

在現實世界，如果我們想要保護自己，那就絕不能選擇不作為，一定要主動預見並為解決問題做準備，協助他人善用其人生也意味著合作。享受出國度假、從國外招募醫療人員、大學招生、組織強而有力的貿易協定為國家帶來財富——這些都需要與他人合作。政府的第一條職責就是保護人民安全，這建立在將全球有類似想法的人們團結起來，抵禦危險、建立安全壁壘，以及給予人們機會。

為了團結付出越多努力，成功解決問題的機會就越大。不過知易行難，最好的情況下領袖也會在重要事項上有分歧，而最壞的情況是所有人對彼此充滿敵意。但我們至少要在相對和平的時候為即將到來的風雨做準備，在這個大家都想獨行的時代，我們必須堅守這個真理。

為二十八個國家（編按：二〇二〇年一月三十一日英國正式脫離歐盟後，為二十七國）、不同歐盟機構工作或和它們合作不是容易的事。它們有各自的歷史、經濟利益、恐懼和經驗，坐下來談判時不會輕易放棄這些堅持。地理因素也占了一席之地。靠近俄國的國家會較為關心二〇一四年的烏克蘭事件，而不是埃及的問題，反之亦然。然而，我們總有辦法達成某種結果，讓我找到能夠繼續推進的地方。

但不是所有事情都適合由官方組織介入，像是歐盟、北大西洋公約組織（北約，North Atlantic Treaty Organization, NATO）或聯合國（United Nations, UN）。有時不要用太有組織性的方法，效果會更好。我從非正式同盟那裡學到了非常多，這些同盟聚集起來是為了解決危機或降低影響。書中的故事將一遍又一遍證明這件事，尤其當同盟裡有我們最重要的夥伴，美國的時候。有時美國會扮演較為安靜但關鍵的角色，例如在塞爾維亞與科索沃調解之時。其餘時間他們在舞台上極有存在感，我們很難跟上，不過我們之間很少有意見相左的時刻。

我們也會抱怨彼此，就像美國的歐洲及歐亞事務助理國務卿（US Assistant Secretary of State for European and Eurasian Affairs）維多利亞．盧嵐（Victoria Nuland）那次尷尬的通話外洩。她不滿意我們援助烏克蘭的進度，於是說了句「去他媽的歐盟」。但這件事比起英美關係破裂，更像是家人間的小齟齬。她很快就道了歉，歐盟也很快就把這件事拋到腦後了。

很多人不滿歐巴馬前總統（Barack Obama）不像他之前的幾位總統那樣關注歐洲事務。不過歐巴馬政府和他的國務卿，希拉蕊·柯林頓（Hillary Clinton）與約翰·凱瑞（John Kerry），以及他個人給我的支持都多得無與倫比。但我和他都相信，歐洲有能力做到更多事，希望我們能夠減少對美國的依賴。他是對的，就像我們看到的，他的手段比他的直接繼任者要明智、友善得多。

有些合作更為反常。單單關注伊朗核問題的就有 E3+3 六國，由 E3 的法、德、英三國，與剩餘的聯合國安全理事會常任理事國的俄、美、中三國組成（也可以稱為 P5+1，表示五個聯合國安全理事會常任理事國加上德國），他們要求歐盟主持並領導談判。這種專門處理一件事的合作模式代表，就算國際關係惡化緊張時，我們還是可以繼續合作，二〇一四年烏克蘭面對俄國侵略時就是這樣。我們堅持了下來，至少在我負責的四年內都有成功。但川普前總統（Donald Trump，編按：川普已於二〇二四年再次當選美國總統。）碾碎了我們的希望，他讓美國撤出我們已經談成的核協議。有些人將這件事定調為川普因自尊受損而對歐巴馬做出的反動；有些人則認為我們成功達成協議帶來的副產品是讓伊朗更加膽大；也有些人只覺得這是一樁爛生意，儘管他們很多人大概根本說不出原因。而當時充斥著負面、孤陋寡聞報導的媒體一點忙都沒幫上。有個美國同事要所有打來抱怨核協議的人解釋什麼是濃縮鈾離心機（uranium centrifuge，編按：將核能發電或製造核武器的鈾—235與自然界鈾之中的主要成分鈾—238分離的設備），它的功用又是什麼。大多數人都說不上來，他建議那些人等知道了再打來。

E3+3的模式會讓人聯想到「正式」和「非正式」國際合作架構的差別。「正式」國家組織包括聯合國、歐盟、北約和世界貿易組織（World Trade Organisation, WTO），他們要求會員國在紙上簽字，大多會制定複雜的條約和規範。要成為會員國需要具備民主、人權等原則，從讓會員國接受這些價值到強制他們遵守價值很不容易，看我們如何維護某些歐盟會員國的媒體自由和司法獨立就知道了。但「正式」合作關係能夠深度、長時間、穩定的讓政策隨著時間發展。我在歐盟對外事務部的五年讓我開始擅長預測各個國家的立場，雖然偶而會因為政府組成的驟變而添加不穩定因素。

「非正式」組織則越來越常見，像是敘利亞之友（Friends of Syria）和利比亞聯絡小組（Libya Contact Group）。這些專門處理一個問題的非正式組織才能將原本沒什麼共通點的國家聚到一起。比起價值觀，非正式組織更關注能否提供解決方案，以及成員國迅速採取行動的決心。利比亞獨裁者格達費（Muammar Gaddafi）不顧人民意願，帶來一系列威脅時，薩科吉前總統（Nicolas Sarkozy）曾在巴黎召集同盟。這就是一個例子，不同國家能聚在一起，迅速回應特定危險。隨著時間推移，北約拿下了主導權，不過最初對利比亞的干預源於巴黎會議。我試過注意軍事行動準備期間決定是如何促成的，軍事行動之後又是如何發展。

但是，利比亞的未來絕不會在其首都的黎波里（Tripoli）之外的任何一個首都決定。確定解決方案之前需要大部分人的同意，而一個詳細計畫需要所有人的支持。伊朗核能的未來也不會交由任何一個國家決定，尤其是敵意與不信任讓對話的一開始就抹殺了所有可能性。塞爾維亞和科索沃都希望加入歐盟，他們需要其他國家支持才能達成這個目標，尤其是美國的支持。

我常常問我的同事：「接下來呢？」鼓勵我們思考立即性危機背後延伸的議題。我們很難真的看到接下來會發生的事，不過要是不把眼光放到短期目標之外並訂立計畫，長期成功的機率就會大大降低。要處理索馬利亞（Somalia）的海盜危機就不能忽視其他結構性問題。走投無路的年輕男人被迫加入海盜，造成大片海域的混亂，阻擋了每年經過索馬利亞海岸的三萬艘船。我們必須思考立即性危機背後延伸的議題。就如同負責歐盟軍事行動的英國海軍上將所言，解決海上問題的關鍵在陸地上。

二〇一〇年海地（Haiti）那場一分鐘內帶走超過二十萬人的大地震也一樣。各個國家和救援組織共同努力提供災民庇護所、食物、水，以及醫療服務，但對海地這個超過半世紀以來都在接受援助的國家來說，立即性危機背後還有其他艱鉅的挑戰。要建立真正能運作的政府和公民社會需要長時間的過程和大量的努力。不過這是必須的付出，否則海地整個世代的女孩都無法上學、商業無法繁榮興盛、政府無法有效率的運作、人民也無法回到家中。

我在這條路上從來不孤單。歐盟對外事務部是由來自整個歐洲的外交官和專家建立的，他們願意離開家鄉，為了其他國家加入這場眾人共同的冒險。每一步、每個決定、每個選擇都是他們協助促成的，歐盟欠了他們太多。即使面對最頑固的問題，他們依然努力工作，也表現出出眾的才能及幽默。最重要的是，他們能夠忍受我。我永遠沒辦法表達完我的感謝。除了每章提到的人之外，還有非常多出色的官員以及外交部長，他們總是不覺疲倦的工作，支持我的努力。他們之中某些人還與我保持著聯繫，其他人則踏上了另一段旅程。無論他們身在何方，我都沒有忘記。我欠下的債無論如何都不會消失。

寫這本書的過程中，我很驚訝民主時常成為我論述的中心。我總是在講民主毀壞、對民主的渴望以及建立民主遇到的挑戰。阿拉伯之春（Arab Spring）席捲中東與北非（Middle East and North Africa, MENA）時，我見過歡呼的群眾，他們充滿熱情、希望和決心。「我們想要有權利選擇民主作為生活方式，就像你們那樣。」一個利比亞的年輕人這樣說，他相信利比亞會在無盡的可能性中抵達更好的未來。然而情況不容樂觀時，我常看到他們臉上對可能性的熱忱逐漸淡去。

我們能活在民主社會中非常幸運，所以必須幫助其他想要選擇民主作為生活方式的人們。媒體自由、司法獨立、為人民服務的警察系統、有力的非政府組織（NGO）以及公民社會，所有這些都需要外界援助才得以生根、發芽、茁壯成長。若要達成我所謂的「深民主」（deep democracy），這些都是必備要素。深民主能讓選舉在完全公平自由的環境下舉行，人民可以免於恐懼，自由做出選擇。對那些懼怕推翻暴政會導致民粹主義（populism）推崇極端反西方主義（anti-Western extremism）的人來說，這是最好，可能也是唯一的回答。歐洲以往的經驗告訴我們，要達到包容、和平與繁榮的社會，真正的民主是必不可少的地基。在那些民主尚未茁壯的地區，我們還無法很快達成目標，路上也不會缺少障礙，但深民主是我們抵達終點的唯一途徑。

一、前往布魯塞爾的旅途

我的手機又響了起來。我第五次按下拒接，跟著健身教練的指示繼續調用著我抗拒出力的肌肉。

之後從健身房走回家的路上，我看了來電紀錄。是一個BBC的資深記者打來的。真奇怪，十月初議會還在休會期間，通常不會有什麼動靜，對上議院（House of Lords）領袖來說尤其是這樣。我打開家裡的前門，我的丈夫彼得向我打了招呼。「快點進來。是不是有人一直打給妳？我手機已經響一個小時了。」客廳電視上正播著天空新聞台（Sky News），跑馬燈字幕顯示歐盟貿易專員（EU Trade Commissioner）彼得．曼德爾森（Peter Mandelson）即將提前一年從布魯塞爾返回，加入首相戈登．布朗（Gordon Brown）率領的內閣。而我會是那個接替曼德爾森職位的人。這條新聞在電視螢幕上循環播放著。

「戈登有打給妳嗎？」彼得問我。我搖頭，翻了個白眼。唐寧街（Downing Street）十號看來已經給媒體下了指示，但當事人卻一點消息都不知道。現在一切都還只是猜測，要等到戈登或其他人打給我才能確定。我很惱火，他們就這樣決定了我的未來，而我像是個局外人。

上議院差不多要結束夏季休會了，我與斯特拉斯克萊德男爵（Lord Strathclyde），也就是湯姆*，約了午餐。他是隸屬保守黨（Conservatives）的上議院反對派領袖，所以一定會很有趣。我們打算事先確認接下來哪些法案會存在爭議，哪些可能會受到反對派挑戰。上議院議員都很忠誠，但很多人年紀已經大了，必須善用他們的時間。我們兩個都知道，到時候雖然大部分時間都會照我們商量的結果進行，但還是會有例外。湯姆的責任就是要打敗我，而我的責任是準備好迎接他的挑戰。在議會之外跟他談笑風生還是很不錯的，不過要是低估了他，讓他把你變成笑話的對象就太愚蠢了。

我的車來了，我對彼得大喊再見。「祝你好運！如果有消息再告訴我！」他說。

「是真的嗎？」我的司機萊昂在我上車時問道。

「要是你也不知道，那就不會是真的。」我笑著回答。

大臣有職位調動的話，司機一定是第一個知道的。如果大臣升職就會換更好的車，調換部門的話也會換司機，而要是大臣離職車就會收回。所以司機一定要第一個知道。不過萊昂什麼也沒聽說。

我一路上無視了眾多來電和訊息。「恭喜！」、「是真的嗎？」、「打給我！」，諸如此類。在戈登打來之前我什麼都不知道，但如果真的照實回答會讓我顯得很笨。

辦公室的早晨就像平常一樣，我依然迴避著那些問題，一邊和我的幾位特別顧問開玩笑說唐寧街似乎沒辦法有條理地做事。同時，我的名字一直在各家新聞底部的跑馬燈穿梭。

湯姆很驚喜我竟然沒有取消跟他的午餐，桌上有一瓶香檳正存放在冰桶裡。

「我什麼都沒聽說。」我邊坐下邊告訴他。

湯姆大笑說：「正常，我們以前也是這樣。」

「但我看到新聞已經是四個小時之前了，也該有人注意到了吧。」我說。

香檳下肚，一個小時之後，我的手機又響了。是唐寧街打來的。

戈登・布朗問我：「你能搭下一班前往布魯塞爾的高鐵嗎？你今晚就要到那裡，我們才能保住貿易專員的位子。」

「所以，我真的要去？」

然後是一陣令人困惑的沈默。真的有人在跟我講電話嗎？我向自己解釋說只有他能派我去

---

* 譯注：湯瑪斯・加爾布雷斯（Thomas Galbraith）。

布魯塞爾，沒有人有權力代他做出決定。布朗雖然也很抱歉，但他還是堅持我必須去趕高鐵。我沒有必要告訴他我的護照放在聖奧爾本斯（St Albans），離我在倫敦的住處有四十公里遠。也沒有必要提醒他這是在叫我離開我的家鄉，搬到國外，事前完全沒有通知，沒有給我準備、跟我討論，或是讓我選擇。之後我發現因為我對歐洲事務很有興趣，所以他們覺得我會很開心能在歐盟為英國工作。是這樣沒錯，但是給我一到兩天時間準備會更好。我在想要是我拒絕他們會怎麼樣。沒有人跟我說那晚該住哪、我在布魯塞爾的住處、我什麼時候才能再回家。我很快意識到我只能靠自己了。

離開大臣崗位後，我的車、電子信箱、紅箱*都要繳回。我托了彼得的關係在票已售罄的歐洲之星列車訂到一個座位。我在車上見到了金・達洛克（Kim Darroch）†，英國的歐盟大使。他在處理會讓人抓狂的政府事務上是個老手，心態保持的很好。金提議我們兩人可以來杯紅酒。他一直能讓事情進行得很順利，這種能力源於他個人魅力和親和力的揉雜。我放鬆了一點，金在身邊讓我很安心。之後我在布魯塞爾的幾年，他跟他的太太凡妮莎也一直扮演著讓我安心的角色。

我和金抵達布魯塞爾之後去了英國大使官邸，那是一棟漂亮的排屋。這棟建築浮誇華美的外表其實是在掩飾壞掉的暖氣和老舊的電器設備。財政部偶而會評估要不要賣掉它，讓大使搬到更體面的地方。不過當天首相和大臣們一同抵達，說繼續留著這房子就好。金和凡妮莎就住在華麗階梯盡頭的小套間，一樣需要整修。凡妮莎溫暖地招呼我，她馬上理解我這一天過得有多奇怪。能跟他們待在一起已經很好了，但發現詹姆斯．莫里森（James Morrison）也在布魯塞爾讓我更開心。我和他都是蘭開斯特人（Lancastrian），都在上議院工作，他也在那時協助外交部推動里斯本條約（Lisbon Treaty）。我們合作得很愉快，他非常聰明、有幽默感，處理問題時也非常認真，我絕對信任他。所以我很開心能在布魯塞爾遇見他，他正準備上任英國新任執委（commissioner）的首席秘書（chef de cabinet），也就是我的秘書。

我和金很快就得去見若澤．曼努埃爾．巴洛索（José Manuel Barroso），來自葡萄牙的歐盟執委會主席。他的任期就跟所有執委會成員一樣是五年，他的工作是決定這五年任期中哪個國家負責什麼領域的職權，包括金融服務、能源、貿易與司法。布朗希望英國能在剩下的任期內保住貿易專員的位置，雖然其他國家也會很樂意接收這個位置。而巴洛索希望能增加執委會裡女性的人數，他告訴布朗，希望英國能讓一位女性過來，越快越好。

---

* 譯注：英國部長與大臣用以攜帶文件的紅色箱子。

† 現在的達洛克男爵。金在駐美大使任期中遇到了電報洩漏事件，他對川普政府的評價在小報上大肆宣傳，導致他比預期早幾個月離開華盛頓。不過他的名譽未受一點損傷，合乎情理。

我和巴洛索最近見過兩次面。我在上議院推行里斯本條約[*]時，布朗要我飛去秘魯（Peru）參加一場歐洲、拉丁美洲與加勒比海國家的會議，週四出發下週一回來。在利馬（Lima）[†]的晚宴上，我跟巴洛索就坐在隔壁，他那時問我里斯本條約推行的怎麼樣。疲累的心情加上幾杯皮斯可酸酒（pisco sour）[‡]讓我只想拿無聊的細節敷衍他，並向他確保法案一定會通過。他記得我的承諾，確實實現了，不過恐怕一開始會有這個承諾是因為秘魯最受歡迎的飲料，而不是源於我的自信。

我們第二次見面就在上週，非常奇怪。我到布魯塞爾慶祝里斯本條約順利通過，巴洛索和曼德爾森都在那裡。那時曼德爾森告訴我他有意願從歐盟回到英國，我則是說我有興趣未來在歐盟工作，這是我代表英國政府參加司法內政理事會（Justice and Home Affairs Council）會議時就有的想法。但我們兩個當時都不知道接下來會發生什麼。媒體相信我的布魯塞爾之行不是巧合，提出了跟事實相反的臆測——兩個即將調動職務的人在布魯塞爾坐到一起，又見了所有相關的重要人物，他們怎麼可能會不知情？但這真的只是巧合。布魯塞爾的行程是我和我上議院的團隊一起商量的。就算曼德爾森有所了解，我也完全不知情。

貝爾萊蒙大廈（Berlaymont building）是歐盟執委會總部所在，巴洛索時尚的辦公室就在其中。他真心喜歡藝術，從牆面就能看出來。他說他願意讓英國繼續出任貿易專員，不過他想先了解我的風格。我笑了。曼德爾森個性強勢，一定得罪了不少人。我告訴巴洛索我會照自己的方式工作，這樣似乎已經足夠，之後我回到住處，成了第一位英國女性執委，也是第一個女性歐盟貿易專員。當然，我當時不知道就在同一年我會成為第一位歐盟執委會的外長。我也不會知道這份工作會在接下來六年佔據我的生活。就像之前說的，這天已經很艱難了。

如果你喜歡旅行、艱深複雜的討論，還有和非常聰明的人們合作，你會很適合貿易專員這份工作。布魯塞爾的貿易團隊簡直太棒了，他們做了所有苦差事，像是關稅與非關稅壁壘、植物檢疫事項。我在這期間則是學了貿易相關知識，也發現時差並沒有讓我太痛苦。我的談判促成韓美自由貿易協定（U.S. — Korea Free Trade Agreement，KORUS FTA）通過最終階段，開啟加拿大的貿易談判，目標是取消大部分雙向進口的關稅或稅收，我也解決了一些美國在牛肉和香蕉上的長期問題。我在布魯塞爾試圖做好合議委員（collegiate commissioner）的工作，回

* 里斯本條約為歐盟已有條約的修改。其中，條約開創了歐盟議會主席和歐盟外長這兩個職位，以及EEAS的基礎。里斯本條約於二〇〇九年十二月一日生效，包含了許多之前遭駁回的歐盟憲法要件。要讓它正式生效並不簡單，因為需要所有成員國的國會簽署。

† 譯注：秘魯首都。

‡ 譯注：秘魯知名的調酒。

應歐洲議會（European Parliament），並學習怎麼用海外視角看我自己的國家，用執委會的話說就是「我最熟悉的國家」。有時我會為英國的立場辯駁，為英國的聲明作出最有力的解釋，同時也確保我不會成為英國的代言人。

二〇〇九年一月，我們需要處理美牛問題，歐盟禁止含有荷爾蒙的牛肉進入歐洲市場，而這件事激怒了美國。隨著緊張局勢不斷升級，聖沛黎洛（San Pellegrino）氣泡水和其他產品一同遭到禁止進口的報復打擊，義大利原先會大量出口這個品牌到美國。我到羅馬處理這個問題時，義大利總理西爾維奧・貝魯斯柯尼（Silvio Berlusconi）邀請我和他會面。我們在一間裝潢華麗的房間裡坐下，椅子塗成了金色，旁邊的小桌上擺放著當地烘焙坊的蛋糕。他身材矮小，有著紅棕色的頭髮。他咧嘴笑著說義大利語，手勢華麗，開玩笑說他有力氣與決心活得比反對者要久，同時他也催促我解決這場爭執。之後，公事時間結束，他放鬆下來，給我看他即將組成的新大學的照片。我之前有收到警告，不管對話一開始談的是什麼，最後都會不可避免的走向有關性的話題。果然，當他說他希望男女學生數量能持平時，指著建築周圍僻靜的長草區域說，他們可以一起在這裡找點事情做。他的官員們有些尷尬不安，不確定他會不會繼續說下去。他沒有繼續，而是帶我參觀他接見資深部長的房間，他又開玩笑說他不讓他們坐下，這樣討論就不會拖延太久。

二〇〇九年一月末，我第一次出發去莫斯科，同行的還有八位執委。我們抵達時氣溫只有零下十五度。酒店離紅場（Red Square）很近，他們的團隊招待我來了一場午夜散步，我們看了紅場、克里姆林宮（Kremlin），還有聖瓦西里大教堂（St Basil's Cathedral），很符合我對莫斯科的印象，雪覆蓋的城市，刺骨寒冷又美麗。不過在美麗的表面之下，俄國經濟正處於危機之中，經濟衰退已經帶走超過百分之三十的儲備。俄國經濟發展部部長艾爾薇拉・納比烏林娜（Elvira Nabiullina）*希望俄國能加入世界貿易組織，這樣未來的協議就能在世界貿易組織的規定下進行，談判會更加簡單。很多歐洲企業一直希望這件事成真，但我們其實不太樂觀。我保證會和總理弗拉迪米爾・普丁（Vladimir Putin）提這件事。

我們與俄國政府的會議在克里姆林宮進行。大廳裡綠孔雀石柱靠近門豎立著，高大的門一直延伸到天花板，上面用黃金包裹著。牆上有俄國過去的領導者肖像居高臨下的望著。我與時任總統德米特里・梅德維傑夫（Dmitry Medvedev）幾週前在尼斯（Nice）的一場會議上說過話，所以我們有過一面之緣。我們從他那裡轉移到真正掌握權力，或是我當時寫的「權力從他身上滲透出來」的人身上，也就是普丁。

* 現任俄國中央銀行主席。

我們一起坐下吃午餐，巴洛索邀請我先發表貿易和經濟議題，這些是普丁一直很感興趣的事。與一個和我過去遇到的人們相差極大的人坐在對面是種奇妙的體驗。我會做的第一件事是觀察，觀察他們如何應對，他們的風格是什麼。所有人都有自己的「敘事方式」，你可以從中學習的一種存在的方式。這些年來，每當有人問我某位領導者本人是什麼樣子，他們問的很可能會是普丁。他讓其他人既著迷又焦慮，各有原因。

他本人就跟電視或照片上看起來一模一樣，身高一樣，身材也一樣。他有一雙很明顯的藍眼，但不像有些人猜測的，他的眼睛既不會穿透人心，也不像鯊魚一樣有著掠食者的目光。我很抗拒將非凡的外貌特徵或神奇力量加諸在特定領導者身上。他不太常笑，周身沒有一點溫暖的感覺。在我和普丁的所有會面中，他表現出的態度都是不打算未來和歐洲同進退。他的不滿很深，在他眼中，事情是祖國母親遭受侵略，犧牲了數百萬人民，幾百年來都在苦痛之中水深火熱。他不是來表達善意的，他和歐盟互動只是因為這段關係有其用處，而某一天歐盟可能就無法再提供足夠有用的價值了。等到這一天，也許就在不久的將來，他會毫不猶豫的放棄這段關係，不會施捨一點餘光。

他會專注的看著能引起他興趣的事物。此時此刻他看著的是擺在他前面的幾張小卡片。我想像上面寫著坐在他前方的這群人簡略的經歷，但這大概只是我的幻想。上面最有可能寫著我們的身分，和他發言需要的短筆記。我說話時他會專注在我身上，同意我的話時簡單點點頭，不同意時就沒有任何表示。這些都不代表什麼，不過很明顯他才是那個掌權者。之後我一遍一遍發現，控制時間也是他策略的一部分。這次所有事都超出了預定時間，所以我們只能匆忙趕回飛機上，其他時候我們可能要等上非常久才能開始會議。他很少準時到場，不管是哪種情況，他都是掌握控制權的那個。之後幾年我常和普丁在某些議題上目光交會，最經典的例子是伊朗核協議。也有立場相對的時候，例如在面對烏克蘭議題時。

接下貿易專員後我開始吸引歐洲各國政府的注意力。要通過一項協議需要二十七國全數同意（這是在克羅埃西亞〔Croatia〕加入歐盟之前），而每國商界都會強烈影響政府。很多人都理解經濟繁榮成長帶來的整體好處，就算簽一項新的貿易協定只會給特定公司微薄的利益，也不會改變這點。但是這在政治上非常困難，我在柏林、羅馬花了很長時間和汽車業溝通，尤其是在處理南韓協定的時候。

詹姆斯對執委會的運作和成員國的想法有著超乎常人的理解。他也非常熱衷於修復他的舊款 Mini Cooper。他在布魯塞爾的家或貝爾萊蒙大廈的辦公室常常有從 eBay 或是 Mini 收藏俱樂部寄來的奇怪包裹。來自一九六〇年代 Mini 奇形怪狀的零件能讓他產生無窮無盡的熱情，相當具有感染力。他永遠都有至少三輛車在英國某個地方重新組裝。詹姆斯會親自前去參與車子相關的討論和工作，如果我在車後座小睡或是休息一下時，問了他最近發現或買了什麼，他會鉅細靡遺的跟我分析他的進度……

作為貿易專員這一年，我有預感這只是插曲。隨著二〇〇九年秋天到來，我收拾好物品和情緒回家。我在任期中將英國和布魯塞爾的生活調和的很好，雖然大部分時間我都在其他地方出差。里斯本條約已經獲得二十七個國家全數同意，即將生效，現在正在審查第一批上任兩個新職位的人，也就是高峰理事會（European Council）主席以及歐盟最高等級的外交官，歐盟外長。

我很難理解不同國家之間為了掌控歐盟內部的發言權而展開的拔河比賽，他們甚至都不了解歐盟的三個主要機構，那便是執委會、理事會以及議會。歐洲議會議員（MEPs）由直接選舉產生，各國席次大致按照公民人數分配，但是會確保小國能拿到一定數量的席次。歐洲議會議員共有七百零五位，其中包含議會議長。議會有立法權，同時有權控制執委會的預算與人事任用。議會可以要求執委參加全體會議與委員會。議會於一九六二年創立，卻尚未成熟，沒有一個機制能防止議員在議會中做出不端行為，或是胡亂指控一些不幸的執委，讓他們被迫回應，然後不等執委回答就直接離開去找媒體。多虧議會和理事會有不受審查的「君子協定」，儘管議會對執委會的所有行動抱著狂熱的興趣，議會從未公開過自己的支出細節。

執委會主席由各成員國指名，並經過議會同意，除去執委會主席代表的國家，其他國家也會各自指派一名執委。主席會給每位執委分配一項職務，職務分配期間會有很多人在幕後遊說，成員國都希望能拿到最重要、與自身密切相關的職務，或至少讓職務落不到其他國家手中。職務確定之後，執委們有幾週時間可以熟悉自己的職務，之後就要面對議會委員會審查。審查過程通常很殘酷，議會有權否決整個執委會，所以只要其中一位執委表現讓他們不滿意，他們就會換掉他，讓另一個人接手。對議會來說，這是一個能爭取執委承諾的機會，因為陷入絕境的候選人為了要避開棘手的問題會答應任何事。執委會花了很多時間說服候選人不要答應任何會增長議員權力的要求，不管這件事誘惑有多大。

高峰理事會由二十七個成員國的領導人組成，每季開一次會。里斯本條約生效以前，每六個月輪換一次高峰理事會主席和主席國，繼續現有工作的同時也優先關注自己國家的利益。所以，普丁首次當上俄國總統那八年，就有十六位高峰理事會主席負責舉辦歐盟與俄國半年一度的高峰會。每次歐盟關注的議題、優先事項和風格都不一樣，俄國與輪值主席國的關係也有差異。那時一切都相當雜亂無章。

里斯本條約生效後，高峰理事會誕生了一位常駐主席，由成員國選出，負責主持高峰會會議、代表所有成員國參與國際事務、與執委會主席合作。高峰理事會主席任期兩年半，可以連任一次，在這期間主席會保證歐盟政策走向保持一致。歐盟理事會下轄的十個子理事會，像是司法內政理事會和財經理事會（Economic and Financial Affairs Council），會六個月換一次輪值主席國，讓每個國家都有機會領導特定領域政策。唯一不會輪換主席的子理事會是外交理事會（Foreign Affairs Council），里斯本條約生效後外交理事會就由外長帶領，任期五年。各國的外交部長也不需要再跟隨國家元首出席高峰理事會了，外長會代表外交理事會的意見。

外長職位結合了三個職務，包括外交理事會主席、歐盟理事會高級代表，以及外交專員（external relations commissioner）。外交理事會主席還兼任安全防禦與發展理事會（Defence and Development Ministers' Councils）的主席，這兩個機構屬於外交理事會，只是較少召集成員。歐盟理事會高級代表是一份全職工作，負責處理成員國的外交政策。最後，外交專員會在全世界代表執委會行動，尤其要關注歐盟與土耳其、中東以及巴爾幹半島的關係。

歐盟外長是個艱鉅的職務，一半要負責執委會，一半要負責理事會的工作，兩邊有不同規則，需要服務不同的「客户」。執委會直接對議會負責，提出倡議的權力也來自議會，而議會一直渴望更多話語和控制權。不過外交理事會的權力則源於成員國，理事會不仰賴議會，只在各國政府間尋求一致的決策。理事會不會委派任何任務給執委會，也不會參與議會事務，尤其事關安全防禦議題時更傾向獨立運作。另一方面執委會希望能有多一些權責，認為這樣有助於他們的長期決策。兩方都帶著懷疑的目光打量彼此，設立外長的初衷原本是要調合這些矛盾，但實際上三個機構都會仔細盯著，看外長有沒有偏袒任何一方。接下這個職位的人等於站在三個前線，同時還要自我鬥爭。

如果這些機構間的角力還不夠看的話，也許歐洲政黨政治能讓你頭痛。共有三個主要政黨，那就是歐洲人民黨（European People's Party, EPP）、歐洲自由民主聯盟黨（Alliance of Liberals and Democrats for Europe Party, ALDE），與歐洲社會黨（Party of European Socialists, PES）。這三個政黨大致可以分別對應到英國的保守黨、自由黨，以及工黨或社會黨。歐洲議會選舉中勝出的政黨很有可能拿下高層職位，也就是說，第一大政黨可以指定理事會和執委會的主席，外長職位則會由第二大政黨拿下。剩下的議會主席職位通常會由兩大政黨分掉五年任期，一個政黨兩年半。

歐盟除了政黨政治之外還存在等級之分。六個創始國，包括比利時（Belgium）、盧森堡（Luxembourg）、法國、德國、義大利與荷蘭（Netherlands），預計都會擔任重要職位。葡萄牙（Portugal）或愛爾蘭（Ireland）這些小國想要有自己的代表，東歐國家也希望在歐盟能有一席之地。他們也知道如果這次沒有得到高層職位，下次還有機會，就像前波蘭（Poland）總理唐納德·圖斯克（Donald Tusk）在二〇一四年當上高峰理事會主席那樣。國家規模、地理位置、政治團體等因素都小心的納入平衡當中，偶爾也會考量性別平衡。

二〇〇九年，隨著對應保守黨的歐洲人民黨在大選中獲勝，拼圖逐漸成形。巴洛索如眾人預期的連任了執委會主席（歐洲人民黨、葡萄牙、南方、小國）。耶日・布澤克（Jerzy Buzek）成為議會這屆大選第一位主席（歐洲人民黨、波蘭、大國、東歐新成員國），接著二〇一二年由馬丁・舒爾茲（Martin Schulz）繼任第二位議會主席（歐洲社會黨、德國、大國、創始國）。

同時，檯面下也有聲音在討論誰會填補高峰理事會主席的空缺。大多人認為會從創始國中較小的幾個國家選出一人，也就是比利時、荷蘭和盧森堡，因為高峰理事會主席最主要的工作是主持會議，而其他大國領導人仍然保有自身權威。最終高峰理事會在二〇〇九年十一月九日召開會議，決定讓比利時的歐洲人民黨成員赫爾曼・范宏畢（Herman Van Rompuy）擔任首位常任主席。范宏畢當時還是比利時首相，理智的他受到眾人尊敬。他十分熟悉如何在比利時這個分為法語區和法蘭德斯語區的國家找到有創意的解決方案。他調解紛爭的這項個人能力非常重要，尤其是在金融危機嚴重影響到歐盟的當時。執委會和成員國最擔心希臘（Greece）經濟。基於范宏畢對經濟的深刻了解，他的任命代表成員國認為高峰理事會主席最重要的職責是主持和調解它們的政經衝突。

雖然北大西洋公約組織的總部和歐盟一樣設在布魯塞爾，但北約是個完全獨立的機構。儘管如此，北約祕書長也算其中一個「高層職位」。北約成員國和歐盟對比多了美國和加拿大，少了一些歐洲國家。按往例，北約祕書長會來自歐洲，而時任祕書長與其他歐盟職位的任命大約在同時間出爐，也就是二〇〇九年八月。最終決定由前丹麥首相安德斯·福格·拉斯穆森（Anders Fogh Rasmussen）出任祕書長（歐洲人民黨、斯堪地納維亞、小國）。

外長則與其他職位不一樣，和外交部長同等級，所以要等其他職位確定後，最後才會決定，到那時一切都差不多塵埃落定了。首先，其他職位都是由男性擔任，自從德國總理安格拉·梅克爾（Angela Merkel）宣布她不想接下執委會或理事會主席後，就沒有其他女性競爭高層職位了，這件事讓任命女性成為外長的機會更大了。再來，除了二〇一二年接任議會主席的舒爾茲，其他職位都由歐洲人民黨的人拿下了。歐洲社會黨在大選中表現得非常好，因此他們覺得外長職位該是他們的。而歐洲自由民主聯盟黨身為第三大黨，也認為他們應該至少獲得一個重要職位，不過另外兩黨不屑於分享。最後是英國的因素，英國原本覺得東尼·布萊爾（Tony Blair）可以借助法國的強力支持成功當上高峰理事會主席，而現實是英國連一個高層職位也沒拿到。有很多勢力支持英國分到點什麼，只要英國推的候選人合適。此時推選女性的勢頭也相當強。

外長人選確定前幾週，我到印度參加了一場會議。執委會主席巴洛索把我叫去他的酒店房間，直接切入重點。「外長得是英國人、女性，和立場中間偏左的人來擔當。」他帶著微笑。「歐洲各地那些做決定的人認識的人不多，但他們很快就會知道你了。」我笑了，當時我覺得這番話太荒唐了，唐寧街那邊沒有任何把我列到名單上的消息，我的背景也不適合這個工作。

不過巴洛索是認真的。他希望新任外長能記掛著執委會，而我作為執委會貿易專員的經驗能幫上忙。他非常親近英國，再加上對外事務部最好能由一個英國人建立。又因為外長職位必須讓大國拿到手，而英國剛好想要一個職位。一般會認為英國在國際外交上能站穩腳跟，並且有助於維持歐盟和美國這個關鍵盟友的關係。接下來幾週，巴洛索到處和媒體透露我是可能的候選人，我光是看這些報導就能知道他都訪問過哪些歐盟國家。英國國內倒是意見紛雜，首相戈登·布朗原先只想拿下經濟相關職權為英國謀利，不過隨著確定人選的日子將近，他也下定決心讓英國拿下更重要的高層職位，也就是外長。

大衛·米勒班（David Miliband）也是外長的熱門候選人，不過他著眼的是英國國內政治，而且他競逐工黨（Labour Party）黨魁最終也未成功，所以他把自己撇除了。之後他問我覺不覺得他其實應該試試看，他當外長會做得非常好，但同時他也不可能兼顧家庭。考慮到他的兩個小孩，他做了正確的選擇。而國際救援委員會（International Rescue Committee）顯然是最後的贏家[*]。

原本確定有兩位英國候選人，一位是曼德爾森男爵，不過他全心全意想成為副首相；另一位是杰夫・胡恩（Geoff Hoon），首席黨鞭、前任國防大臣和歐洲議會議員。布朗向歐洲的社會黨領導人承諾他會推出社會黨候選人，如果外長職位確定要給社會黨的話。這還只是一種可能，因為主席和其他位置都給了保守黨。時任西班牙首相荷西・路易斯・薩巴德洛（José Luis Zapatero）整理了各位社會黨領導人的意見，建議布朗推選一位女性，所以我的名字也出現在名單上。不管別人怎麼說，至少我的提名是出於社會黨領導人們的一致選擇。史都華・伍德（Stewart Wood）[†]打來祝賀我，聽起來有點不知所措。他是戈登・布朗的顧問，同時也是我的好友。我感覺很複雜，一方面我也一樣不知所措，儘管我深知我只是一個折衷選項，另一方面，我忍不住說要是有人先問我想不想做就好了。他很同情，但很清楚事情已經塵埃落定，他不可能改變，也不可能跟他們說我可能不想接。

戈登也打來祝賀。我很確定他比較想要彼得・曼德爾森，所以我提議我拒絕這份提名，然

---

* 譯注：米勒班於二〇一三年宣布從政壇引退，轉而擔任國際救援委員會主席。
† 現在是安菲爾德的伍德男爵（Lord Wood of Anfield）。

後他們重新考慮曼德爾森。戈登說不行。詹姆斯聽到這件事差點摔下椅子，我很確定他之後好幾次都希望我有成功拒絕。

雖然社會黨領導人們都支持我，但我還是不覺得他們最終會指定我，我猜很多國家會認為外交部長們會是更合適的選擇。高峰理事會開始幾個小時前舉行了數場雙邊會談。戈登・布朗希望梅克爾、尼古拉・薩科吉（Nicolas Sarkozy）還有貝魯斯柯尼能夠支持我。舒爾茲打來說議會裡的社會黨團體也有支持我的意向。我漸漸發現我離真正上任越來越近了。

高峰理事會在歐羅巴大廈（Europa building）舉行，就在執委會對面。當時我想他們會花上很久才決定人選，我又不需要在場，就打算回家享受長週末。但我帶著行李箱坐在辦公室時突然想到，在他們開會的時候搭歐洲之星從布魯塞爾回到倫敦實在不是好主意，所以我和詹姆斯開了幾罐啤酒，坐下靜靜等待。新聞開始一則則的出現，我甚至看到一則報導說我人在辦公室喝啤酒，媒體真的把我的一舉一動摸得清清楚楚。（之後甚至還有報導說我跟團隊講話時喜歡把腿蜷在身下坐著，我把這習慣改掉了。）

對面的高峰理事會上先是主席巴洛索提名我，接著戈登・布朗附議，梅克爾總理也跟進。其他人都點頭同意，然後就這樣了。我從巴洛索的首席祕書若昂・瓦雷・德・阿爾梅達（João Vale de Almeida）那收到了祝賀簡訊，他現在是歐盟駐倫敦大使。許多人開始出現在我辦公室祝我好運，其中某些人的誠意要比其他人來的深。詹姆斯接到一通電話，叫我們去會場見領導人們。我從行李箱挖出最不皺的一件外套，穿上後我們就出發了。

會場裡瀰漫著一股興奮的氣息，大家都鬆了口氣。他們一小時內就完成了所有程序，本來很多人怕時間會拖得太長。幾位首相、總理向我表達恭喜，梅克爾總理告訴我，她在會上支持了我，以後每天也都一樣。之後五年的起起落落證明，她確實遵守了諾言。

當時由瑞典輪值主持高峰理事會，因此他們也負責發布聲明。瑞典首相，同時也是高峰理事會主席弗雷德里克·賴因費爾特（Fredrik Reinfeldt）鎮定的把我、連任執委會主席的巴洛索，以及赫爾曼·范宏畢召集到一起。我們進到擁擠的新聞發布室，赫爾曼從口袋裡拿出一疊稿子，顯然他的任命醞釀已久，可以理解，因為他還得辭去比利時首相的職位，而我只能臨場發揮。

媒體那天還算友善，但很明顯他們對我們印象平平。他們沒把我跟赫爾曼當作強勢的猛獸看待，而是調停者，這是我們在媒體眼裡最好的形象，而最差的是妥協之下推出的候選人。妥協和讓步對成員國或各種機構來說是一種藝術，但是媒體通常都抱著嗤之以鼻的態度。媒體想看到的是強有力的形象和大大小小的衝突，所以某些人對這次平淡的任命非常失望。

記者會結束後我們步行到當地一間酒吧，叫凱蒂歐莎（Kitty O'Shea's），那是我第一次也是最後一次去那家酒吧。我在布魯塞爾的私生活差不多已經結束了，我之後從不在晚上出門，除了吃晚飯外，但這也很少發生，讓媒體看到我私下開心的樣子只會是一場災難。

我從酒吧回到英國大使家裡（似乎我遇到困難時總是會跑去那裡），因為我原本以為可以回英國，就停了布魯塞爾的租屋。直到我找到新房子之前，他們都會讓我和他們待在一起。那天晚上我和金、凡妮莎還有詹姆斯一起在廚房吃了義大利麵，又喝了香檳，與此同時，我也在試著接受我的未來。

夜晚難以入睡，我開始回想把我帶到這裡的旅程。有兩次我沒有主動尋求的工作找上我，雖然持強烈的保留意見，我還是都答應了。為什麼？一部分是因為首相叫我接下來，而我相信政府，就這麼簡單。即使政府輪替我也還是秉持著同樣的信念，一部分則是因為每次等我意識到什麼，我的任命已經確定了，如果要抗議的話會非常困難。但也因為我自己想嘗試這兩份工作，以我職業生涯的見聞來說，女性在公領域的機會不多，而我能成為第一位女性貿易專員和女性外長。不過我個人其實並不期待接下工作的前景，我比任何人都清楚我一路走來擁有的只有不怎麼相關的資歷，和不冷不熱的支持（如果有這種東西的話），甚至在我自己的國家也一樣。

幾年後我問詹姆斯，他印象中第一年是怎樣的。「雨下個不停。」他說。我們的工作除了要在全世界代表歐盟、舉辦部長級會議、處理所有遇到的問題之外，還得從零開始建立外交部門。詹姆斯承擔了很大一部分壓力，要擋下那些為自身理想或利益而來的人。我們必須為數千名員工，以及軍事與民事行動負責，還要將歐盟代表團轉變為對外事務部超過一百位的駐外大使。我們步履維艱的建立這個新機構，同時還要處理日常事務，以及平衡成員國、執委會和議會之間的願望和需求。英國乃至全歐洲的媒體都很殘忍，追著我到天涯海角，就為了問一句我什麼時候辭職。這件事對我造成了很大的傷害，不過等我知道高敏感對於談判非常重要後，就稍微緩解了一些，我把焦慮轉化為工作的動力。

終於等到一年後，就像詹姆斯說的「守得雲開見月明」，我們有了資源雇人，找到了合適的辦公室，能夠真正運作歐盟對外事務部。那之後開始有人能幫忙分工，利用他們在某個領域的專業與經驗帶領我們。這很不容易，難度相當於一邊開飛機穿過亂流，一邊還要把兩側機翼給裝上。但最後我們終於有了屬於歐盟的外交機構，旅途至此開始。

不過這些都是後話，現在，我只想好好睡覺，準備好開啟我的新篇章。

二、二十一世紀的索馬利亞海盜

索馬利亞（Somalia）位於歐亞中間，處於非洲之角（Horn of Africa）的角尖，非常好認。一八六九年蘇伊士運河（Suez Canal）開通連接了地中海和印度洋後，對要通過運河的船隻來說，有三千公里長的索馬利亞海岸就變得富有戰略價值。一九六〇年索馬利亞獲得了真正獨立，但很快，九年後索馬利亞總統穆罕默德．西亞德．巴雷（Mohamed Siad Barre）殘暴的獨裁政權讓岌岌可危的民主變得分崩離析。

一九九一年，經過多年的變亂，巴雷政權終於遭到推翻。之後內戰開始，戰火遍及全國，當地軍閥為區域控制權打得不可開交，成千上萬的索馬利亞人死去。農業被迫停擺，乾旱飢荒又帶走了幾百幾千條生命。索馬利亞海軍在動亂之中解散，非洲最長的海岸就這樣向他國非法漁船敞開了大門，漁民的生計正面對嚴重打擊。

自一九八〇年代起索馬利亞沿海就有傾倒有毒物質的事件發生，二〇〇四年的海嘯將不明物質的生鏽容器從海床沖到岸上，造成生態崩潰、人民生病。傾倒廢棄物的船隻離開時都滿載漁獲，讓當地漁民生活更艱難了。於是漁民在當地居民支持下團結起來，為了保護漁場而威懾外國船隻。這些漁民武裝起自己，部分開始綁架非法船隻要求贖金，以作補償，他們稱自己為「國家志願海巡隊」。其他人加入了當地軍閥勢力，開始攻擊穿越廣袤印度洋的商船，這些軍閥會提供工作給失業的年輕男性。

巴雷政權倒台到二〇〇三年這段時間內，索馬利亞人曾經多次試圖建立政府，不過都以失敗收場，整個國家陷入更深的混亂。二〇〇八年，聯合國安理會（UN Security Council）批准使用軍事行動阻止海盜，並提供平民食物與醫療援助。截至此時已經有超過一百萬索馬利亞人逃離本國，大部分逃亡去了肯亞（Kenya）、葉門（Yemen）與衣索比亞（Ethiopia），急需救助。

基於聯合國授權，歐盟展開了亞特蘭大行動（Operation Atalanta），旨在護送世界糧食計畫署（World Food Programme）的船隻運送援助物資給迫切需要的人，也負責阻止在蘇伊士運河與印度洋之間活動的海盜。在我的委任期中，亞特蘭大行動總部設在英國，由一位資深英國海軍軍官指揮。我共事的第一位軍官是彼得·哈德森少將（Peter Hudson），他手下管理著一支隊伍，成員來自各個地方，從歐盟內部到紐西蘭都有。彼得能充分利用他的個人魅力和仁慈，把各國政府空虛的承諾轉變為實際行動，提供船艦、飛機、人力，也讓他們願意關押、起訴那些海盜。彼得會穿著他那身整潔的短袖白襯衫，提著小公事包，沉穩的向歐盟使節等人說明他們為何應該出力，然後帶他們到海盜問題最嚴重的地方看看。與此同時他也會仔細聆聽使節們的意見想法，贏得他們的尊敬與支持。

外長任命出爐的次日早晨，我還在感到震驚時，有人敲兩下門。進門的是大衛・李奇中將（David Leakey），當時為歐洲聯合軍事參謀部（European Union Military Staff）領導人。他的行為舉止和聲音都能立刻讓人知道他來自桑赫斯特*。他向我說明我即將要負責的軍事任務，主要集中在亞特蘭大行動。

我不覺得他有發現我多震驚，新工作竟然還有這一面。但這是我的錯，我無視了「準備好所有預料之外的事」原則，從來沒想過我會上任，因此沒有事先做功課。不過亞特蘭大行動確實是一個里程碑，最多有十二個成員國在歐盟總部和海上共同努力，其他地方也展開了國際合作。未來也還有更複雜、更可怕的事件會佔據我更多的精力，但我剛接手工作時這就是頭號安全威脅。

很多海盜都還是年輕人，有些甚至只是青少年，幾千幾萬塊就誘惑了他們，索馬利亞慘澹

---

* 譯注：桑赫斯特皇家軍事學院（Royal Military Academy Sandhurst），位於倫敦的一所培養軍官的學校。

的經濟讓他們別無選擇。大衛來我辦公室時已經有超過一千個人遭到拘留，如何處置他們的問題也隨之而生。聯合國海洋法公約（UN Convention on the Law of Sea）規定劫掠事件發生在公海（high seas）時，起訴海盜的責任落在攔截海盜船的國家上頭。但是那些國家不願意把司法系統的手延伸太長，去起訴一群遠離家鄉、沒有家人在身邊支持的年輕人。所以聯合國和歐盟試著尋找當地的替代方案，例如提議在索馬利亞境內的邦特蘭（Puntland）設立法庭、建造可以安置海盜的設施，或與鄰國簽訂協議收容他們等等，但可行的辦法不多。二〇〇九年聖誕節前夕，這個日益嚴峻的挑戰來到我辦公桌上。一艘執行亞特蘭大行動的荷蘭船隻已經關押一群海盜兩週，正在尋找願意接收他們的國家。他們一直沒能成功，而且任務終止期限即將到來，船員很快就要返回。他們通知我是因為他們唯一的選擇只剩下釋放那些海盜，這會給其他海盜燃起氣焰，讓他們更加安心，也影響我之後採取行動。

隔年問題因為精密武器變得更加嚴重。二〇一〇年海盜對船隻展開一百二十七次攻擊，其中成功了四十七次。他們上船、控制船隻與貨物、用槍威脅船員。某些時候船員、船隻再加上貨物的贖金他們都要。截至年底，有四百人受到挾持，船員平均遭到俘虜的時間為五個月，有些還長達三年。到了二〇一一年，有五千名海盜從事現在可以說是蓬勃發展的事業，賺了一億四千六百萬美元，每艘船賺進將近五百萬。犯罪團伙和武裝分子逐漸參與，龐大的贖金也導致勒索活動擴張許多，有些攻擊事件甚至發生在離印度海岸不到四百公里的地方，全副武裝的人在船上搜尋獵物，一切已經和漁場無關了。海盜對海洋不甚了解，又缺乏食物和住處，劫持船隻似乎已成了他們唯一確定能回到陸地的方法。暴力事件正在增加，要求的贖金也急遽增長，即使我們成功確保世界糧食計畫署未遭襲擊，還是未能保護海上的安全。

我們必須轉換思路。二十年內戰後青年黨（al-Shabaab）興起，他們原本只是青年武裝團體，現在公開附屬於蓋達組織（al-Qaeda），讓這片沒有法紀的土地更顯混亂。非洲聯盟（African Union）派出兩萬人的軍隊試圖恢復秩序，他們傷亡慘重，不過人民的基本需求依然沒有得到滿足。只要陸地上的問題沒有解決，我們就幾乎不可能成功處理海上的問題。年輕人一天沒有其他活下去的方法，問題就一天不會改進。

索馬利亞雖然有幾項發展計畫正在實行，卻依然沒有一個首要願景。不同機構間的合作一直都很困難，只要在政府工作過就會知道。但我還是很訝異，亞特蘭大行動指揮官和布魯塞爾的開發團隊在我的牽線之下是第一次見面。各個團隊負責領導各自領域，資源沒有得到整合，本應該互相聯繫的眾人卻在獨自工作。

所有計畫都應該考慮到軍隊、平民、威懾力、發展前景和公平正義。凍結那些組織海盜的人的資產，就和在海上打擊海盜一樣重要。

我到執行亞特蘭大行動的船隻上參訪，討論他們的策略。索馬里海盆（Somali Basin）非常廣闊，有八百三十萬平方公里，以致於難以保持治安。要一一保護每年經過這片海域的三萬艘船隻是不可能的任務，但國際海事組織（International Maritime Organisation）、北約和周邊國家共同建立了「國際認證運輸走廊」（Internationally Recognised Transit Corridor），成功降低海盜襲擊頻率，從一個月二十一次降到最多五次。

我也想找辦法幫助受最多影響的國家。塞席爾（Seychelles）是個重度依賴旅遊業的小國，他們極度需要從海上運進來的物資。海盜完全摧毀了塞席爾的郵輪旅遊業，曾經有船隻短短幾天就回航，因為物資遭劫持導致燃料耗盡。塞席爾試圖反擊，其實他們有能力，因為塞席爾監獄裡百分之三十的囚犯是索馬利亞海盜。不過他們資源有限，很難在這麼多小島周邊安排巡邏，他們就快撐不住了。應總統詹姆斯・米歇爾（James Michel）的要求，我們尋找燃料並提供給塞席爾，為了避免恐慌，並未向媒體公開。

我想讓眾人的努力結合的更好，因此在跟當地領導人討論過後，我們在塞席爾首都維多利亞（Victoria）召開了一場會議，當時是二〇一〇年五月。選這個地點相當合理，這裡可以讓所有人看到海盜問題造成的破壞，也能展示政府付出的心血。來自吉布地（Djibouti）、肯亞、模里西斯（Mauritius）、莫三比克（Mozambique）以及南非（South Africa）的部長大臣們都來了。非洲聯盟、東部和南部非洲共同市場（Common Market for Eastern and Southern Africa, COMESA）、印度洋委員會（Indian Ocean Commission, IOC）、國際刑警組織（INTERPOL）、聯合國毒品和犯罪問題辦公室（UN office on Drugs and Crime）也都派代表加入我們。

我搭乘直升機飛過馬埃島（Mahé island）上空，維多利亞的所在地，這是我唯一能夠親眼看看這個國家的機會。我下定決心，在我作為歐盟外長這段期間內，我不會讓攝影機有機會抓到我在海灘散步或是泡在泳池裡。五年裡我一直有做到，但有時看到泡在冰涼泳池裡的人們還是會很心動，尤其是在大熱天開完冗長的會議後。我卸任後第一次走在沙灘上是和美國國務卿約翰・凱瑞一起，我們一邊考慮伊朗核協議的最後幾塊拼圖，一邊沿著阿曼（Oman）首都馬斯開特（Muscat）的沙灘漫步。我腳下踩著的沙感覺就像自由。

眾人在這場會議第一次努力一致，也讓非洲佔據領導地位。就跟其他國際會議一樣，枯燥的公報會宣布我們的第一優先事項是清除和抓捕海盜，中期目標則是讓該地區提升能力去起訴和監禁這些海盜。公報內最重要的是，只有處理好海上的危機，以及造成這些危機的經濟問題，才能真正解決事情。這給了我們一起合作的必要性。我們在布魯塞爾創立了區域海事戰略（Regional Maritime Strategy），讓歐盟國家共同出力處理海盜。非洲國家也是一樣，模里西斯要求加入肯亞、坦尚尼亞（Tanzania）和塞席爾，一同負責起訴以及監禁海盜，並且在二〇一〇年十月七日主辦接下來的會議。

截至那年夏天，我們有十艘船還有一千二百個人可以在該地執行任務。我們和北約還有其他國家的非官方合作效果都非常好，包括日本、中國、印度以及南韓，確保彼此的職責沒有重疊，資源也沒有浪費。不同行動之間能夠共享資訊與策略都是依靠歐盟的創新網路，名為水星（Mercury）。如果海盜盯上了一艘船，其他船隻就可以避免靠近該海域，軍艦則可以介入處理，簡單又有效。船隻也逐漸配備高壓水管、船頭罩著網子，有時還有帶刺的鐵絲網，越來越難以劫持。有些公司甚至會雇用私人武裝安保團隊，這也引起了爭議，關於他們到底有權運用何種程度的武力，這是船東要準備面對的議題。二〇一一年打擊海盜的行動通常都很成功，那時的航運成本為六十九億美元。等到一版行為守則出爐，伴隨對船隻的訓練有成效，才多少打消人們的疑慮。

海盜很懼怕武裝警衛，隨著武裝警衛的數量提高以及我們的協調效率上升，海盜襲擊成功率也隨之下降。不過只在海上採取行動還不夠，二〇一二年五月十五日，我們進行了第一次，也是唯一的陸上攻擊。歐盟派出直升機砲艇對索馬利亞海岸上的海盜基地開火，摧毀了岸上的海盜船。行動全程只持續了幾分鐘，直升機從離岸不遠的船上起飛，用機槍對擱淺的無人快艇射擊，這些快艇一般稱作「小艇」。直升機摧毀了他們的燃料庫和其他設施，期間沒有人「踏足陸地」，最重要的是沒有人員傷亡。

這場簡單、一擊即中的行動花了數個月的時間策畫。指揮官知道在海盜出海前摧毀他們的船可以拖住他們整整一季。但是歐盟成員國給他們的授權有限，只包括威懾擾亂海盜，絕不是像這樣的軍事行動。

海軍少將鄧肯・帕茲（Duncan Potts）在前一年秋天接手指揮權。他非常清楚，直接攻擊海盜在陸地上的船會讓歐盟的手段在外界眼中變質。一個擔心是年輕男孩們可能會在夜晚睡在船上，也許是為了保護船，也許是沒有其他地方可去。鄧肯只會在他極為確定不會有任何一個人死去時才會下令執行任務，但我和他都知道這件事有風險。

我給歐盟成員國亮了綠燈，讓他們能上船。我透過一個叫政治與安全委員會（Political and Security Committee）的大使級代表委員會才辦成這件事，它的職責包括制定外交理事會的議程到掌管全世界的軍事與民事行動。他們等同於各國政府的眼睛，因此鄧肯需要所有人同意他的提案。外交議題需要所有人一致同意，任何一個國家都能讓協議無法達成。這件事注定不會輕鬆，但鄧肯就是那個會完成目標的人。他冷靜理性又不失幽默地表達自己的想法，也仔細聽了各國的擔憂，包括愛爾蘭這類歷史上的中立國，以及其他同意這次行動但不想帶領兵力的國家。這是經典的「好啊但我不要負責」的回答，花了很多時間。最終，經過太多太多討論（對我來說）之後，行動確定了。接下來的問題是什麼時候行動。

鄧肯在五月十四日晚上打給我，說偵察確認船上沒有人，他的計畫該執行了。他其實不需要我的許可，但他得確定我在政治上是否支持他。這是我最後能喊停的機會，如果有哪個環節出錯，這會成為我政治上的失敗，我也得承擔後果。我從來沒有做過這麼重大的決定，那天我也沒怎麼睡。我在凌晨時分收到了訊息說任務完成，之後我焦慮的等待接下來的事。

我們考慮過的其中一項風險是海盜的報復。他們手上有來自不同國家的三百名人質，那時他們還沒傷過人質。襲擊之後他們立刻威脅我們，如果有第二次襲擊就要殺掉人質。當時我們沒有計畫再次攻擊。索馬利亞政府發言人阿卜迪拉赫曼．奧斯曼（Abdirahman Osman）公開聲明他們清楚也支持這次襲擊，甚至鼓勵我們繼續攻擊海盜。這非常關鍵，雖然索馬利亞還不算是法治國家，我們也必須尊重他們政府。接下來幾個月海盜們都在爭搶新的船隻，襲擊事件大幅減少，海盜因此元氣大傷。我們在陸地上動武的意願結合索馬利亞國內越來越不願意忍氣吞聲的態度，再加上海上兵力的威懾，讓海盜節節敗退。

我在二〇一二年八月參訪了索馬利亞。他們的首都摩加迪休（Mogadishu）不好抵達，安保也是一個大問題。當時人們常認為摩加迪休是世界上最危險的城市，但是我想向他們證明歐盟對索馬利亞未來的關注，我也擔心總統大選可能會延遲。

我沒有私人飛機，那裡也沒有商業航空可搭，我們也沒辦法雇一架小型飛機飛往戰區。就算機組人員願意飛，飛機主人願意冒這個風險，我們也不可能保到保險。我們找到一台聯合國運送援助物資的貨機，他們正要離開肯亞首都奈洛比（Nairobi），願意把我和團隊送去摩加迪休再送回奈洛比，我們不可能在那裡住上一晚。我飛抵奈洛比，準備出發。我穿了一襲黑色套裝，裡面是紅色上衣，很適合見總統，在貨機上也足夠寬鬆舒適，我還配了雙可以跑起來的鞋子。這次我的安保團隊非常清楚，我必須嚴格遵照他們的指示，他們也提前道歉說可能會把我整個人丟到車裡或丟到地上。如果丟我就能安全，我會很開心的聽從。

在這麼危險的地方保持微笑還要故作輕鬆一點都不容易。我從登機開始就很緊張，找地方坐下時心臟跳得猛烈。起飛之後我的呼吸輕鬆多了，因為意識到能出發就是一件幸運的事。貨機搭起來並不舒適，但聯合國的機組人員在這兩小時的航程中非常熱情。我們越過了肯亞與索馬利亞的邊境，對將要發生的事一無所知。我看向窗外，那是一片鬱鬱蔥蔥的農地和美得驚人的海岸，海浪一波波打在金黃色的沙灘上。這裡是衝浪天堂。內陸布滿了作物、樹木與灌木，大片綠色一路延伸至我的視線外。這裡會是非洲一角的麵包籃，只要農人有辦法把作物賣到市場，太美了。

索馬利亞境內唯一適合開會的安全場所就是機場。國土面積和法國相近的國家，政府真正控制的只有機場在內的約兩平方公里，所以我和對方領導人只能在航廈裡開會。我和哈桑・謝赫・馬哈茂德（Hassan Sheikh Mohamud）見了面，他不到一個月後就選上了索馬利亞總統。他年約五十幾歲，說話輕聲細語。他在內戰爆發前是老師，在聯合國兒童基金會（UNICEF）和其他非政府組織工作，之後加入國會成為議員。馬哈茂德和其他領導人明確表示他們決心要結束這個長達二十年的危機。這件工程十分浩大，我很驚訝這群擠在機場小房間的男女願意嘗試，並且是在知道這會讓他們成為目標的情況下。

讓我高興的是，在我參訪期間就能誕生我們的第一間「大使館」。其實就是一間鐵皮屋，裡面有床、床頭櫃和桌椅，其他沒有什麼東西。大使館建在安全區內，這棟面海的鐵皮屋會成為我們的非洲之角代表亞歷克斯・朗道斯（Alex Rondos）暫時的住處，他還開心的躺在大使館床上拍照。我們找來一根旗杆，在大使館外插上了藍底金星的歐盟旗幟。看著旗幟隨著微風輕飄，我們莊嚴的宣布任務開始。這只是一個表示，重要的是我們和索馬利亞建立起了長期關係。

我真的很想看看摩加迪休更多的樣貌，於是我問我們充滿活力的義大利危機規畫負責人阿戈斯蒂諾・米奧佐（Agostino Miozzo）可以去哪裡。米奧佐對這座漸漸恢復生機的城市懷抱充分的熱情，他告訴我這個時間當地人，尤其是女性，會待在咖啡廳或是逛街，可以去見見他們。

我跟安保團隊說了這件事，這是他們在我五年任期中第一次也是唯一一次說不行。他們可以接受在附近開車逛逛，但我絕不可以下車。看他們穿著防彈背心、戴著頭盔、配備很大的槍，全副武裝的樣子，這種體驗很不尋常，我毫不懷疑他們是認真的。規則很簡單，除非我答應遵照他們所有指示，不然我哪也不能去。我同意了。

索馬利亞政府向南非買了他們惡名昭彰的舊裝甲車。南非政府曾用這些裝甲車鎮壓索韋托（Soweto）*和其他地方的黑人示威者，之後重新塗裝讓它們看起來沒那麼恐怖，但要爬進去其中一輛的後座還是很可怕。裝甲車比一般車要高出許多，巨大的車輪能駛過崎嶇的路面。車內兩側各自有一排皮質長椅，小窗的玻璃厚到外面的景色都扭曲了。駕駛和助理坐在車前方，他們兩個中間有一面玻璃擋著，我們剩下其他人就坐在後面。我能想像全副武裝的南非警察坐在我現在的位置。即使身處這麼一個鋼鐵怪物之中，周圍還有強化玻璃，我的團隊也還是穿著全套防彈衣。我實在太熱了就脫了下來，沒有人跟我爭論。我搭乘軍用機飛越阿富汗（Afghanistan）時就穿過，我已經知道這東西有多重多不舒服了。

我們開車環繞整座城市。長達二十年的內戰痕跡在滿是塵灰的廢棄建築中清晰可見，街道

* 譯注：南非最大的黑人聚集區。

殘破不堪，曾經莊嚴亮麗的大樓現在只剩內裡暴露在外。即使現在毀壞的如此嚴重，還是能想見這座城市曾經的樣子，甚至可以想像它未來將要成為的樣貌。不管看過這種可怕的場景多少遍，我都還是會憤怒又沮喪。一棟毀壞的建築代表數百人失去了生命，儘管如此，新生的跡象仍存。人們坐在臨時建成的咖啡廳內享用飲品，臉上沒有緊張的表情。索馬利亞人和一些有開創性的人們正在重建和投資那些他們認為未來可期的事物，新大樓也拔地而起。整座城市看起來正在恢復生機，至少我透過車內的加厚玻璃能看出來。

我們穿過大門回到機場後，安保團隊肉眼可見的放鬆了下來，我這次「申請」的確非常有挑戰性。我向這裡的人道別，上了回程的貨機。貨機飛過的同時大地漸漸轉暗，這裡糅雜了金、橙、紅的日落是最美的，非洲這一角找不到比這更美的夕陽了。我看著光線隱入黑暗，耳邊是貨機震耳欲聾的嗡鳴，還有駕駛聊天的聲音。

幾週後，哈桑・謝赫・馬哈茂德獲選為聯邦總統，過渡政府至此結束使命，索馬利亞聯邦共和國（Federal Republic of Somalia）正式成立，國際社會也把期待都轉移到他和他的團隊身上。他為自己的政治生涯努力過多次，直到我參訪過後的那一次終於成功了。但當我照著永遠看不到頭的行程從奈洛比飛往下一個目的地時，我就知道新政府會需要大量的國際援助與支持。我們同心協力控制住了海盜問題，非洲聯盟那兩萬人的部隊也開始成功擊退青年黨，這是我有記憶以來第一次看到拯救一個失敗國家的希望。

索馬利亞和布魯塞爾自從合作開始，就制定了一系列的全面計畫準備應對索馬利亞的諸多挑戰。我們成功執行了海上任務，也在索馬利亞陸地上完成了開發計畫。現在我們得確定這些計畫不是各做各的，必須彼此交織配合去解決整個國家的需求，從醫療、糧食生產、工作機會，一直到警察系統都要囊括在內。

聯合國毒品和犯罪問題辦公室創立了一個新計畫，目標是拘留海盜並將他們轉移回索馬利亞。他們整修老監獄或是蓋新監獄，讓監獄都能符合國際標準。囚犯也能享有職業訓練和教育，這樣一來他們出獄後更有機會找到工作。我們想讓這些國家有自行處理海盜問題的能力，所以七月歐盟設立了針對吉布地、索馬利亞、塞席爾、肯亞以及坦尚尼亞的海事任務，教他們巡邏保護自己的海岸線、抓捕並審判海盜，還有最重要的，讓他們得到改造，並在刑滿釋放之後給他們對嶄新人生的希望。必須解決陸地上的問題才能解決一切。

擊退青年黨之後，民生需求明顯變得迫在眉睫。很多地方都缺水、食物和醫療設施。男性的平均壽命為五十四歲，女性則是五十七歲。建立良好的醫療與產婦照護設施非常關鍵。教育也一樣重要，可以提供下一代更多機會，避免孩子們走投無路加入青年黨或海盜團。總統投資了一項計畫叫「棄武從學」。這項計畫呼籲年輕人早點回家，戰爭已經結束了。我看過眾多研究證明，上學可以有效緩解戰火帶來的陰影，也能防止人們重新操起武器。

二〇一三年九月，我和哈桑．謝赫．馬哈茂德總統共同於布魯塞爾舉辦了一場會議，宣布推行索馬利亞新政。歐盟所有成員國都出席了，受索馬利亞動亂影響最深的幾個非洲國家，以及苦於海盜問題的國家也都參加了會議。新政內容包括投資索馬利亞的警察與法律系統、教育、小型企業等等，與此相對，索馬利亞也必須承諾根除政治腐敗、打擊犯罪、改善經濟以及善待人民。

哈桑．謝赫．馬哈茂德經歷刺殺並倖存後，於二〇一七年總統選舉中輸給對手穆罕默德．阿卜杜拉．穆罕默德（Mohamed Abdullahi Mohamed），並和平移交政權。索馬利亞還不可能舉辦全民普選，有可能發生大規模暴力事件，安全無法得到保障。因此是由國會在摩加迪休機場的機庫裡投票選出新總統。*

我看到新聞時回想起摩加迪休的那段經歷，還有我遇見的那些出色的人們，尤其是決心要結束紛爭的女性群體領袖。比起表現出對無盡紛爭的厭倦，她們展現了帶來變革的決心。通常情況下，她們要比男性更令人印象深刻。正如索馬利亞總理兩年前在紐約的聯合國會議上所說：

「我們國家的女性，我們的母親、女兒、姊妹，也值得無止盡的掌聲，因為她們挺過了最殘暴的戰爭。索馬利亞的生存本能在女性身上最能體現，她們在家園遭到轟炸的同時養家糊口，她們在缺水的情況下走上三十英里尋覓安全的棲身處，她們埋葬自己的孩子，同時繼續工作養活剩餘的家人。」

就算如此，我也知道這些女性很難觸碰到資源去改變什麼。但還有希望。新憲法規定國會議員至少要有百分之三十為女性。

我在世界各個地方遇見這些女性，她們敢於面對恐怖、暴力，以及帶來毀滅的災難，努力讓自己的家園變得更安全更繁榮。她們承擔著巨大的風險，尤其是因為很多地方的女性不能受教育，不能發聲。但我在索馬利亞看見了她們的身影，聽見了她們的聲音。這些女性的確值得「無止盡的掌聲」。

索馬利亞還有很長一段路要走。拯救一個失敗的國家需要長時間又繁複的過程。各國政府與組織未來必須持續投入資源與決心，要有效率的合作，把問題一步一步解決。為國家機構和

* 哈桑・謝赫・馬哈茂德於二〇二二年再次選上總統。

社群奠立穩固的基礎，還要讓接下來的世代在和平與安穩中長大，代表我們得投入數十年的資源。看起來很難，但要是不這麼做，後果就是每年花幾億美元處理海盜問題。把這些錢撥出一些來長期重建索馬利亞社會，對所有人都是最划算的方法。最重要的是，這樣可以拯救無數生命。如果要選一個範例說明為何二十一世紀外交需要各國合作來全面解決問題，索馬利亞就是那個範例。

三、大地震：海地與日本

不管一個國家有多先進，多習慣地震水災或火災，一旦災難真正到來，任何國家都可能束手無策。近來澳洲和美國的大火、德國、印尼（Indonesia）和英國的水災、土耳其、中國、伊朗和加勒比海國家的地震都重創了這些地區和人民。其中有些國家能夠自己調配資源處理善後，有些則需要外界協助才能滿足人民的基礎需求，仰賴外國專家建議和專業設備提供。災害發生後最優先的事項是救援與治療傷者、安置無家可歸的人、提供食物與飲用水等等。但要調度飛機、船隻、直升機、其他設備、食物、水去災害現場是一項艱鉅的任務。因為災害很少是單一事件，持續的餘震、降雨以及快速蔓延的大火都會阻擋救援隊的腳步。更別說除天災外還有戰爭動亂這類人禍的情況，救援隊可能需要額外保護才能免於武裝或搶劫團伙的侵擾。不管救援來的有多快，對迫切等待的人來說都太慢了。隨著現代科技發展，任何災害都能捕捉下來並實時轉播，採取應對行動變得更加迫切。

二〇一〇年海地大地震和二〇一一年日本的大地震與海嘯讓我認識到了這些挑戰。兩國都是地理位置的受害者，但他們的不同處相當明顯。日本是個富裕的國家，有能力動員自身資源救助人民，他們在災害發生後也很快地向國際尋求特定幫助。與此相對，海地是西半球最貧窮的國家，他們面對天災只能苦苦掙扎。可怕的死亡率、衛生條件缺乏和食物來源不穩代表就算海地人民願意互助，他們一開始就需要外界協助。

我在海地大地震發生一個月後，日本大地震與海嘯發生八個月後各自去當地參訪。我去海地是為了看還有什麼能做的，還要做什麼才能長期幫助受創的國家恢復。我去日本則是為了看我們的幫助是否有帶來什麼不同。參訪兩國的行程都是為了聽取人們的故事，證明我們沒有忘了他們，也為了提供更多幫助。我在兩國都見證了數秒內就有無數生命消逝的震撼，以及人心的堅韌。

海地

二〇一〇年一月十二日，我在歐洲議會勞累一整天後疲憊的上床。我要在委員會面前展現我對外交事務的了解，這是身為有抱負的執委必須做的。勞累的一天結束後最適合睡個好覺，但凌晨三點左右我的手機響了，把我從睡眠中拽起。是歐盟情報中心（Situation Centre）打來的，他們負責二十四小時監控全世界的新聞，並隨時和歐盟各地的代表保持接觸。四小時前，海地當地時間下午四點五十三分發生了規模極強的地震，三十五秒內就造成二十三萬人死亡。

海地位於北美與加勒比板塊間的斷層上，地震歷史悠久。但上一次有如此大規模地震的紀錄還是在兩百年前，這個赤貧如洗的國家毫無準備。這次地震規模七點〇，震源也並非像尋常地震一樣深入地底，只在地表幾英里之下，因此造成更嚴重的破壞。海地政府在地震中失去了大部分高官。國民議會、總統府、教堂和二十五萬民宅都倒塌了。大主教甚至死於教堂內。

情報中心暫時沒辦法匯報我們所有人員的情況。同一天稍晚我得知皮拉爾・華雷斯・博阿爾（Pilar Juárez Boal），我們代表團的副代表，一位傑出的西班牙外交官，死於聯合國大樓的附屬建築倒塌。她和聯合國海地穩定特派團（United Nations Stabilization Mission in Haiti）的代表赫迪・阿納比（Hédi Annabi）、副手路易斯・卡洛斯・達・哥斯達（Luiz Carlos da Costa），以及其他顧問和行政人員正在開一場會議，討論如何幫助海地拿到更多援助。在場所有人都遇難了。

但絕大多數遇難者還是海地平民，男性、女性、孩童，他們原本好好的過生活，卻突然遇難。除了眾多死者外，還有超過三十萬人受傷，數百萬人受到精神創傷。損壞的基礎建設也雪上加霜，通訊網路崩潰、醫院毀損、道路無法通行，機場也受到嚴重毀壞。

我在布魯塞爾向執委們介紹了情況，我們本來會在每週三早上開會。我提早到場去召集我覺得能幫到忙的官員，其中有各個成員國的軍方人士，他們就在對面的理事會辦公。人道援助部門的人告訴我，不能讓人看到他們和軍方坐在一起工作。他們擔心會影響到自身中立，就是這種中立才能護他們安全。我能理解他們的擔憂，可是他們也完全誤解了我的重點。只有軍方知道哪艘船能提供醫療協助、挖掘機、直升機救援、食物、其他物資等等。我絕不會對他們不利，我只需要他們在布魯塞爾好好合作，這樣才能知道我們有什麼、能用什麼。

簽訂里斯本條約那時本該處理他們之間的相互警惕，但是並沒有完全解決。籌組歐盟對外事務部的目的就是期望各部門之間可以更有效率的合作。但此時軍方和人道援助部門就好像隔著千里一樣，儘管他們其實就在街對面。

我請執委會主席巴洛索幫忙，他讓他手下的官員安心。他們相信巴洛索的判斷，不情不願地答應了合作。就算如此，歐洲公民保護和人道主義援助行動總局（DG ECHO）*的人手交叉坐著，散發出冰冷的生人勿近感。軍方的人則穿著全套制服，看起來一樣不舒服。我向他們說明這次的危機，並問軍方可以提供什麼。他們公布了當地醫療船的數量，也解釋了要如何用船把起重機載到島上，這之後劍拔弩張的氣氛開始緩解。如果有機會一起合作，他們都會把事情做到最好，只要這種合作不影響我們救援人員的中立性。一起計畫些什麼或多舉行例會應該會有幫助，我默默在心裡記下了。這是我在舉例說明需要聯合機構中不同部門的情況，以及我在其中會遇到什麼困難。

天災發生後的優先事項是盡快讓救援抵達。但想迅速提供救援和協助的話我得先處理一連串龐雜的事務，像是官僚體制、機構決策，以及成員國的政治立場。

我那時才上任短短幾天。事實上我只算半上任，因為執委會副主席那部分職責還需要議會投票才能確定。（部分成員很鄙視歐盟，認為新設立的外交機構根本就不該存在，應該廢除我的職位。）投票結果出來之前，我不該主動採取任何行動，因為還沒有對應我的職位。結果就是，有一半歐盟成員希望我馬上去海地，而另外一半很快提醒我沒有行動的權力。

至於高級代表那部分的職位，各國政府首長已經在十一月同意我這個人選，所以我有權力動員成員國提供援助和其他形式的幫助。但我還沒有團隊也沒預算，只能找未來會加入新部門的人幫忙，而他們當時散落在八棟建築三個機構。這些全部都需要時間，但是海地等不了。

這個時間我們還在努力把新職責的權限搞清楚。之後成為國際貨幣基金組織（International

＊譯注：因應天災或其他危機事件提供全世界緊急援助的執委會部門。

Monetary Fund, IMF）總裁的克里斯塔利娜・格奧爾基耶娃（Kristalina Georgieva）當時作為執委的職責和我重疊了。我和她都會負責危機處理，所以我們得找對方法效率分工。歐洲大陸上發生的事都歸克里斯塔利娜處理，歐洲之外的事務我們則會平分。她可以拿到更多執委會經費來支援非政府組織並獲得公眾支持，而我可以協調成員國之間的工作。我們兩個的合作通常都很順利，但偶爾會遇到一些問題。克里斯塔利娜會堅定立場，確保我能理解並接受她的立場，同時也保持幽默。

如果只要解決我們之間的關係就好，那事情就太簡單了。每次事件都會讓二十八國中的一或多國成為焦點。這次是法國。法國曾經殖民過海地，因此兩國長期保持著複雜的關係，海地也因為殖民歷史與法國講著同一種語言。西班牙當時是輪值主席國，換句話說西班牙有責任援助位於海地的歐盟公民。

執委會持續向在海地活動的非政府組織提供幫助。海地首都太子港（Port au Prince）的機場嚴重毀壞，只剩一條可以運作的跑道。機場主要建築已經倒塌，第二建築也出現了巨大裂痕，很快就不再安全。港口也只剩一片廢墟，唯一進入海地的方法是從多明尼加共和國（Dominican Republic）開一大段路入境。這個方法非常危險，會面對強盜的暴力襲擊。這代表必須優先讓物資進入海地，確保他們需要的一切都能送到。這是一項大工程，要和各個成員國協調誰可以提供什麼，誰又要負責運送，送什麼物資和什麼時候送。但這也讓我們的貢獻更有效率了，和正忙著協助非政府組織的人道援助總局密切合作。

我打給聯合國祕書長潘基文（Ban Ki-Moon），那時我還沒見過他本人。眾人普遍認為他在第一個任期的表現就算稱不上是非常好至少也很穩定，他面對的問題就是我的放大版。全世界的強權都在灌輸他聯合國應該要做什麼。他們更希望祕書長能締造共識，傾聽成員國的意見，不要太常獨立行事。潘基文就是這種類型。

我們通話時，他正在悼念聯合國在地震中死去的一百〇二人。我問他如果我馬上參訪海地的話對當地有沒有什麼好處。他的回答很明確，「請一定要找個時間去，但不是現在。」我問的所有聯合國機構都是這樣回答的。飛機得在空中等待五到六小時才能降落。其他交通工具根本進不去，只能找個地方補充燃料。所有人都想幫上忙，但缺少協調或計畫的情況下一味送物資過去只會造成麻煩。我跟希拉蕊．柯林頓談這次災難時她也這樣覺得。柯林頓家族與海地淵源已久，比爾．柯林頓前總統（Bill Clinton）於一九九四年派遣軍隊協助海地第一屆民選總統重新掌權。柯林頓前總統也成為聯合國特使。不出所料，海地總統要求希拉蕊到當地參訪，但她很不情願。不是因為她不想幫忙，完全不是，而是因為她知道她會占用本可以用在其他地方的資源。她只待在機場和總統會面，開了一場記者會，之後就離開了，只帶來最小限度的影響。

我以為天災發生後第一批發聲者應該是可以提供實際協助的人，一般來說不會是政治人物。但我後來發現要政治人物參訪當地、要讓人看到的壓力其實很大。來自各方的期待，也就是政治人物、媒體和公眾，都希望看到使節等人能親自造訪，在鏡頭前公開表示支持，讓人很難避免這類要求。這幾年下來我逐漸認識到必須讓人看見有在做事，要用精心拍攝的照片和錄音片段證明眾人的貢獻和團結，但這種情況真的讓我很困惑。我真的認為我的工作應該是處理各種通話和盡可能組織起更多協助。

法籍執委米歇爾．巴尼耶（Michel Barnier），之後英國脫歐的歐盟方代表，在幾個法國部落客的報導中表示如果是他就會去海地。這件事重新點起了英法之間長久存在的導火線，英國媒體欣然加入這場混亂。巴尼耶之後找上我道歉。他說他的意思是身為前任法國外交部長，考慮到法國與海地的關係，他會去的。的確，法國外交部長等人幾週後就出發前往海地了。不過我的立場非常堅定。對應保守黨的歐洲人民黨領袖約瑟夫．多爾（Joseph Daul）告訴議會我應該去，我反駁說我不是醫生，沒有受過移開碎石的訓練，而且我不想要我的飛機阻擋物資進入海地。我讓議會說明我在這麼早的階段造訪有何意義。聯合國很清楚最緊要的應該是把跑道讓給真正重要的飛機，已經有很多貴賓塞住機場了，他們甚至還需要人力到處護送。我認為我現在要做的是協調歐洲各國要提供的協助，水、食物、住所、醫療設備、清理殘骸與重建等。

儘管四周充滿噪音，我仍堅持著自己的觀點，但曝光度這點還是讓我不禁遲疑。能實質幫助海地的人應該優先造訪，但公開表示歐盟會到場協助也很重要。我又回到了這個難題。

地震一個月後，死者已經埋葬好、傷者得到照顧、物資也已經抵達，這個時候我才抵達海地。西班牙發展大臣邀請我搭他們的軍用飛機，我們抵達太子港前在亂流中一路顛簸。機場航廈正中間有一道巨大的裂縫。我們離開時，機場大廳天花板已經垮塌。

聯合國的護衛車隊也已抵達，我們代表團的一員就在其中向我們揮手。我和我的東道主，一位西班牙大使一起上了車，他幾週前就先抵達了，為了接手前一位西班牙常駐海地大使的工作。那位之前遭到碎石掩埋，現在人在醫院。西班牙使館已經完全損毀，所以我們去了新購得的建築，在山上更遠的地方，那裡受到的損壞較少。

這裡晚上很暖且潮濕，我們在街角和售賣簡單食物與衣服的人們擦肩而過。除了一兩棟政府建築外，這裡的景色幾乎看不出富裕的樣子。這次地震帶來的破壞對本就貧窮的國家來說是雪上加霜。我們經過一排房子時會看到其中三到四棟完好無傷，接下來會有一棟像是有人把它上下倒過來放那樣，接著四五棟翻倒的，一排看起來還可以的，然後是幾棟完全毀壞的。我靜靜坐著，凝望著這場大規模的悲劇。

我們抵達了暫時的西班牙使館，這裡相對平靜。我和美國、德國、法國和巴西的大使們一起坐在外面享用晚餐，聽了他們死裡逃生和同僚喪命的故事。深夜時餘震搖晃起整張床，連在夢中也不願放過我。我很早就起床前往歐盟代表團的建築，建築雖然還站著但已經損壞太多，需要拆除。所有人都有很多故事可以講。一位同僚給我看了他遭落石砸傷的腿，另一位開車帶著他背部受傷、腿斷掉、頭骨也受損的伴侶前往多明尼加共和國接受治療。我和當地職員聊過，他們都失去了姐妹、父母和朋友。大部分人都看著自己的家園倒塌，被迫睡在街邊的帳篷或是公園裡。他們害怕強烈又規律的餘震會把本來就搖搖欲墜的建築震垮。我只能提供他們一些能力範圍內的實質協助，也就是買物資的錢和安全的棲身處。

我出發前往一個確保嬰幼兒能得到必需營養而建立的計畫。我們經過的每一棟房子都嚴重受損或只剩一堆瓦礫。此計畫位於一頂又熱又擠的帳篷內，裡面全是女性和嬰兒，幾個男性坐在周圍。

愛爾蘭來的工作人員正忙於替嬰兒秤重，一邊和母親們聊著天，我則把帶來的遊戲墊、玩具和其他器材分發給他們。家長們把孩子抱給我看。一個大約三歲的小男孩緊抓著我，把頭埋在我肩膀處好長一段時間。他和他姐姐都很高興能有個女人帶玩具來給他們分心。攝影機捕捉了這個瞬間，照片出現在全歐洲的報紙上。幾週後，約瑟夫．多爾在議會中朝我揮手，臉上掛著大大的笑容。「這才是我們的高級代表」，他說。我也對著他微笑。我明白了。

帳篷後面有一小片營地，用來收容一百萬流離失所的人們中的一部分。我走在其中和居民交談。孩子們圍繞在我們身邊，拉著我的手為我介紹這個地方。這裡已經沒有學校了，之前的幾所大多都倒塌了，碎石掩埋了許多孩子。一位年長的女性身穿亮黃色和紅色的裹身裙以及上衣，正在攪著一大鍋「火上鍋」（pot au feu），裡面有肉和蔬菜，空氣中飄著誘人的香味。我問她要負責多少人的伙食，她笑了，指著圍繞著她的所有人——她會餵飽所有需要的人。物資已經抵達，但只有人們的善良才能把物資變成我面前的這道佳餚。一個眼神嚴肅、笑起來有酒窩的小女孩在我參觀期間都跟在我身邊，我問她最想要什麼，她說髮圈。不可思議的是，不久之後我就找到一個女性賣著小東西，其中就有一包綠色髮圈，這是我整趟旅程中唯一看到的髮圈。我買了下來，帶回給那個小女孩。她笑得很開心，還跑過去拿給她的朋友看。

我離開了營地，出發去見總統勒內．蒲雷華（René Préval）和總理尚—馬克斯．貝勒里夫（Jean-Max Bellerive）。他們的辦公室已經倒塌，所以海地政府現在只能在警察局開會。警察局也差不多只剩殘骸，但有間房間還算完好，於是政府人員就坐在房間中央的桌子旁開會。蒲雷華總統看起來還在震驚狀態，而貝勒里夫總理竟還能保持克制，雖然總理臉上嚴峻的表情已然昭示他很清楚前方還有什麼在等待著。這幾週以來兩位領導人都坐在這張桌子旁和各國首相、外交部長、救援專家和議員討論海地的未來，以及重建會遇到的挑戰，並且要考慮地震前海地就存在已久的經濟社會情況。很多人提供了幫助，但他們需要審慎決策。做出決策對兩位來說都非常困難，他們面對著難以想像的困境。很快就不會是這種平靜溫暖的天氣了，外面會下起滂沱大雨、颳起強風，他們必須讓所有人都能有棲身處。海地所有地方都充斥著貧困、缺乏機會，而那天最讓我震驚的是人民正在經受的苦難。兩個男人坐在這棟半毀建築內，他們失去過親友，傷痕累累，依然試圖找出一長串永無止盡的問題裡應該優先處理什麼。

我抱了抱他們兩個，之後出發準備搭上到太子港其他地方的直升機，這樣的航程還會再有一次。直升機機組非常珍貴，因為他們可以去到道路無法通行的地方，不過也非常危險。一週後就發生了一齣悲劇，一架西班牙直升機墜毀，機上人員全數喪生。我從直升機上往外看，能看到地震行走的路徑。地震把一間學校的金屬屋頂折成了巨型波浪，半公尺寬的裂縫昭示著地震在地面移動的方向，就像有人挖了一條溝那樣。我們一降落就有一群孩子圍過來邊笑邊揮手，孩子們領著我們到一個義大利團隊那裡。他們剛剛經歷過二〇〇九年發生在義大利中部的拉奎拉地震（L'Aquila earthquake），此刻正在移除碎石、重建學校。兩百名學生因為學校倒塌死去。義大利消防隊、非政府組織、建築工人、公民保護組織和其他人已經清理了現場並埋葬了那些孩子。

我隨後飛到離首都二十五公里的沿海地區，也是震央所在。有人告訴我這裡百分之九十五的建築都毀了，我甚至也找不到那百分之五倖存的建築。飛機著陸之後我們換了吉普車穿過幾個小鎮，路上躲避碎石和以奇怪角度立著的牆，也遇到半面牆都毀了的教堂。

司機指向一個已經清空的營地。那就是聯合國總部克里斯多福酒店（Christopher Hotel），它的倒塌讓眾多職員葬身此地。灰色的塵灰落在我的頭髮和嘴裡，形成一張單色調的畫布，只偶爾會有幾抹鮮豔的色彩閃過。我們轉了個彎，來到一間教堂廢墟。我跳下車，向幾位努力不懈的義大利醫生打招呼，他們在忙著為幾百人注射疫苗，臉上不忘給所有人一個微笑，也給孩子們擁抱。整天下來人們都安靜耐心的排著隊，確保孩子能打到針。

太陽城（Cité Soleil）這個在海地首都內龐大且不斷蔓延的貧民區，我來到此地一個井然有序的營地參訪，這裡由歐洲的志願者運營。孩子們唱著歌，拉著我的手，要帶我去看他們居住玩樂的地方。我問了個跟我走得非常近的九歲男孩住在哪裡。他皺了皺眉，說：「我跟媽媽一起……爸爸……我不知道。」（’Avec Maman … Papa … Je ne sais pas.’）他在地震發生後就沒再見過自己的父親了。我在之後一直握著他的手，我知道這樣能給他一點安慰，同時我也擔憂這些孩子要如何面對這道傷痕。

那天稍晚我在他們的機場營地見到了埃德蒙．穆雷（Edmond Mulet），聯合國代表團的領袖。他們的裝甲車和機關槍就算在戰區也不會顯得格格不入。浴室數量不多，告示上寫只有晚上八點到十二點之間才可以洗澡。穆雷來這裡是為了悼念喪生的同僚，接著收拾殘局繼續工作。穆雷非常有趣又聰明，他是瓜地馬拉人，非常熟悉海地。他指出對海地的第一次援助是在一九五五年，那之後就一直是國際社會在撐著海地。海地依然掙扎於殖民歷史遺留下來的複雜問題，以及來自一九八六年以前獨裁政權的壓迫。海地沒有投入長期國家建設，反而讓貪腐與政治癱瘓盛行，以致於基本建設日漸瓦解，人民生活在貧困之中。「多明尼加共和國和海地在同個島上，如果你飛過多明尼加上空，會看到美麗的林地。但一跨越邊界就會發現樹都不見了，海地把樹全都砍掉當燃料燒了。」

有百分之八十五的海地人在接受教育到十六歲後就離開了自己的國家，之後沒再回來。百分之六十五的國會議員在選上後才第一次收到來自國家的工資。這代表海地國會中過半成員在成為議員前從未賺到過一分錢，至少在檯面上沒有。很多國家試圖誘使成功的移民回國，或至少投資母國，但他們不能持有雙重國籍，並且政府不可能立法保護財產權，因為國有土地比例甚至不到百分之五。

這些例子已經能證明海地有很多挑戰等著他們。海地這個國家非常美，尤其是北部，絕對是合適的旅遊景點，但海地沒有利用好這點來獲利。舉例來說，有一艘美國郵輪經常在下午四點停靠海地，但是商家三點半就關門了，島上附近也沒有任何餐廳。遊客帶著錢上島卻沒地方可花。似乎沒有人知道要怎麼讓郵輪早一點停靠，或是讓店家開晚一點。

海地也有出產品質很好的芒果，但直接出口這類易腐爛的水果帶來的工作機會不多。加工成青芒果醬（mango chutney）再出口的話會大幅增加工作機會，生產、包裝、行銷、運輸等等，但海地沒有這項產業。這些年有很多重建發展海地經濟的提案，以後還會有更多。我和穆雷聊了很長一段時間，想法和話題沒有停過，直到我們都安靜了下來，沉浸在自己的思緒中。不管未來會如何，那都會是漫長的過程。

夜幕降臨時我向他道別，但這天還沒結束。我搭上直升機飛往停在海岸附近的歐盟醫療船，先在一艘義大利軍艦上降落，船上明亮的光和陸地的黑暗對比明顯。船員列隊吹笛迎接我登艦，上校在一段距離處等著。「我該怎麼做？」我自言自語。幸運的是，我的同事是前英國軍人。「看向上校，沿著隊伍走過去，他們會對你敬禮。看在上帝的份上不要回禮！」我照著他的話做，通過了這場測試。我和船員們還有其他來幫忙的人一起吃了晚餐，包括非政府組織、醫師、護理師、建築工人、消防員、陸軍、海軍以及直升機機組人員，負責把傷者送到醫院。眾人在目睹這場災難後疲憊地坐下，想知道如何幫助海地人從悲劇中恢復。

義大利人從拉奎拉地震中得到了很多慘痛的經驗，那時有超過三百人死亡，成千上萬個家園遭到摧毀。他們找了牙醫一起來，因為地震後人們牙齒容易出問題，也請了專治創傷的精神科醫師。他們之中有成員來自微笑行動（Operation Smile），一個治療兒童先天唇顎裂的慈善組織，以及從六大洲遠道而來的醫療志工，專門照護嬰幼兒。有人告訴我志工清除碎石時發現孩子們在霸凌一個大概八歲的男孩，跟地震完全沒關係，是因為他的耳朵畸形。微笑行動說服了男孩和他父親來船上動手術解決這個問題。我去看過他，他的臉用繃帶包著躺在床上，咧開嘴露出大大的笑容。「他從來沒這樣笑過。」他父親說。

男孩身處的醫療船已經全滿，我去看了每一位病患。其中年紀最長的是一位八十八歲的老太太，她的腳已經得救，免於截肢的命運。一個小女孩送來時嚴重燒傷，她的下巴已經黏到脖子上了。還有個年輕人告訴我他是因為大學建築倒塌而受傷，他的前臂因此截肢了。船上有原本用於「潛水夫病」的氧氣瓶，但對燒傷或四肢受到壓挫傷的病患也有用。那週他們救下了四個孩子，供給大量氧氣才讓他們免於截肢。我見過最小的受害者是一個兩歲的男孩，在太子港的碎石下發現的。他們不知道他家人是誰、在哪裡，也不知道他看到了什麼。他們讓人先照顧男孩，但他的哭聲讓所有人都難以忍受，沒有人有辦法安撫他。護理師眼眶泛淚的向我說，尤其是當夜幕降臨時。

我身心疲憊的回到西班牙使館，爬上我分配到的行軍床就立刻睡著了。整晚都有餘震侵擾，有時強到會把我弄醒，讓我坐起來思考要不要去外面。大使也時不時敲門確認我的情況。

我很難真正表達對眾人的感謝，並對他們道別。我們的同僚得在不安全、甚至半毀的地方工作，強烈的餘震也會時不時打斷他們。我和要一同離開的人在機場坐成一排，沿著跑道坐在學校椅子上等我們的飛機，腦中想著海地疲累又傷痕累累的人民還要面對的巨大難題。

二〇一〇年三月紐約，聯合國會議承諾將援助海地五十三億美元。我當時在現場貢獻了歐盟的十二億歐元，也討論了海地的長期發展。除去這件事，二〇一〇夏天太子港的民眾上街抗議重建進度太慢。有一萬六千名公務員在地震中喪生，上萬份地契遭毀，根本不可能在開始重建前一個個確認地主身分。由於海地缺乏國家重建計畫，外國政府警惕海地可能無力投入救援工作，因此加劇了援助機構缺乏協調的情況。

縱觀海地歷史，龍捲風、颶風、熱帶風暴、暴雨、水災和地震都未缺席。海地至今還是世界上最貧窮的國家之一，貪腐盛行、缺乏領導。人民要存活需要金錢支持，但這裡幾乎沒有投資，道路、供水、醫療、教育都不合格。各種暴力事件也讓這片法外之地更不穩定。我參訪海地至今共上任了十三位總理，其中任期最長的也只有兩年七個月。二〇二一年七月，總統若弗內爾·摩依士（Jovenel Moïse）於太子港的私人宅邸內遭到刺殺。幫派控制了首都，經濟崩潰，留在國內的少數民選領袖還在爭權奪利，以致海地脫離常態，更別論發展了。二〇二一年八月，另一場大地震奪去了兩千人的性命，摧毀了超過五萬個家園。二十五萬兒童因此需要援助來維持基本生活。總人口一千〇五十萬的國家有六百萬人處在貧窮線以下。三分之二成年人沒有正職工作，部分是因為有一半的孩子沒有上過學。

但海地依然存在小規模發展以及個別成功故事。地震發生三年之內，歐盟提供的金援已經讓五十萬人得以安居。從極度貧窮、動盪的政局和天災中活下來的人們，他們的堅韌不容置疑。就算多年以後再回來看，還是覺得還有太多事需要做了。

日本

我希望再也不要看到海地那樣的慘況，但十四個月後，二〇一一年三月十一日下午二點四十六分，日本本州東北部發生了一場芮氏規模達到九點一的大地震，震央距離東京超過三百五十公里。地震持續了六分鐘，是地震史上第四強，甚至讓日本偏離了軸線十七公分，比原先更靠近美國。之後地震引發了海嘯，海嘯（津波）這個詞源自日語，「津」表示港口，「波」則指波浪。葛飾北齋（Hokusai Katsushika）經典的木刻版畫〈神奈川沖浪裏〉（*Great Wave off Kanagawa*）能和日本畫上等號，畫作上就描繪了環太平洋火山地震帶上由六千八百五十二個島嶼組成的國家（其中四百三十個有人居住）所面對的威脅。海水灌進建築，車子船隻就像塑膠模型一樣拋來拋去。那天的慘況永遠會在紀錄片中循環播放。

日本氣象廳當時發布了警告，建議位於東北部海岸的民眾撤離，有些人移動到了高處。高四十公尺、時速高達七百公里的海嘯衝進內陸十公里的距離，造成超過一萬六千人喪生，其中大多死於溺水。超過兩千五百人因此失蹤。

歐洲國家一開始就以歐盟名義和個別國家名義提供了幫助。在對外事務部、執委會和我們的東京代表團一同協調下，總共七批援助物資中的第一批就有七十噸重，由立陶宛（Lithuania）、丹麥（Denmark）及荷蘭提供，漢莎航空（Lufthansa）*免費協助空運。裡面包含毯子、睡袋和水。之後也有法國、丹麥和英國提供的物資，基本上都是由漢莎航空、聯合包裹（UPS）†和其他貨運公司提供免費運送，或由執委會負擔費用。

日本與歐洲國家沒有像法國與海地那樣的歷史糾葛，所以我沒有立刻參訪日本的壓力。我在地震八個月後才訪問當地，確認歐洲提供的援助運用得如何，也要回報他們可能還需要

* 譯注：德國的航空公司。
† 譯注：來自美國的物流公司。

什麼。

距離仙台市（Sendai）六十五公里的福島（Fukushima）核電廠在海嘯中受到重創。日本核電廠一直以來都保持著安全紀錄，在這種強震下都沒有全毀，反應爐自動關閉，應急發電機持續為爐心周圍的水泵供電。但之後十四公尺高的海嘯將發電機沖走，核燃料開始過熱，最終造成爐心熔毀。核專家屏住呼吸看著十五萬人撤離。福島核電廠最後成功穩定下來，但善後工作至今仍在進行。

日本的建築不像海地，建造時就有特別做防震處理，並且人民也都很熟悉防災演練。日本自己就能實施救援和提供緊急援助，國內與國際的溝通效率也都很高，代表不管是調動援助物資還是救援行動都非常快速。日本很富裕，組織完善，因此能夠自己開展最初的救援行動，並在需要時尋求幫助。日本接受各方即時支援的同時也表示，除去福島核災造成的影響，他們會很快恢復過來。日本為逝者哀悼，可他們也能著眼於未來的重建。

我從東京搭新幹線到了仙台這座受創最嚴重的大都市。仙台市長迎接了我，那天很冷，光線很亮，廣場上是隆重歡迎我們的當地人。孩子們表演舞蹈，人們為感謝歐盟的幫助而熱烈鼓掌。很多人前來感謝我，地震後幾週是最需要毯子、衣物、食物和水的時候，多虧我們幫忙他們才能撐過去。我曾經造訪過很多受戰亂摧殘的國家，但我鮮少看到有國家能恢復到這種程度，儘管日本是個組織能力異常良好，且十分富裕的國家。

我又從仙台搭船前往日本三景之一的松島海岸（Matsushima Bay）。我們掠過令人屏氣凝神的美景，亮藍的海水之上點綴著兩百六十座小島。海鷗跟著我們的船飛行，時而俯衝下來帶走我們手指上的食物。每座島都相當獨特，有些小到難以供人站立，有些則大到足以形成植被與岩層。一些非常小的島嶼已經隨著地震從海平面消失。我們停靠後到了一間有著四百年歷史的茶室，在高處俯瞰著平靜的海面。我感覺到日本已經度過了三月那場可怕的災難，而我如今正在這個極美的國家享受這一天。

沿路生長的松樹為小路蓋上蔭影，路的盡頭是瑞巖寺（Zuiganji Temple）門口。瑞巖寺建於九世紀，瓦砌的寺院屋頂是熟悉的倒V形狀。我們抵達寺院時，嚮導指著地上的一條線，說海嘯帶來的海水剛剛好停在這裡。我們脫了鞋，盤腿坐下享用茶，漆成金色和綠色的滑門將海景框了起來。我可以待在這凝望大海一整天，享受平靜的時光。我無法想像不久前地震和海嘯帶來的巨大傷害曾如此接近。

我們開車前往受最多影響的幾個村鎮，從車窗外就能看到地震留下的痕跡。彎成奇怪角度的電線桿，還有堆在一起的各種汽車殘骸，好像很多壓扁的車子堆疊起來的廢棄金屬回收場。這些常見的車子出現在不尋常的地方，構成一幅奇異的景象。田中央還停著一艘船。我數了數還有另外四艘，全都困在平坦的農田裡。遠處傳來挖掘機微弱的嗡嗡聲，打破了原本令人毛骨悚然的寂靜。

當地嚮導告訴我這裡是日本最大的稻米和漁獲產地之一。大約兩千人居住在這個村子內，我們開進去時能看到一排排整齊的房屋現在只剩下地基。海嘯讓堅固的實心磚結構幾乎全毀。我從房屋缺口看到衣櫃裡掛著件男士西裝，隨著微風飄盪。另一間房屋的廚房內，海水讓鍋子碗盤全都散落在地板上。潮濕陰冷的空氣和面前的深水讓我以為我是在海邊，但這裡確實是陸地。嚮導說有大概二十人直接不見了，還有一些房子也是。要讓海水退去到能搜尋他們的程度需要五年，在那之前所有人就只能等。我往下看去，一輛兒童腳踏車還有漆成亮藍色和紅色的兒童汽車在水面下清晰可見。

一群志工說有一些地方他們還沒清理到，而且生還者可能會回來，大家不想去動他們的東西。我指向那些湯鍋，他們點頭。我發覺這裡到處都是湯鍋，我視野內就有幾百個散落在地上。

再之後，兩位志工在我們車前蓋上攤開地圖，要給我們看這區域前後不一樣的地方。因為太多海岸線受到地震改變或直接消失，誕生了新的「震災地圖」。光是這條海岸線附近就有約兩千人喪生。與海地的慘劇不一樣，海地是大地震造成傷亡，但日本主要是海嘯。我附近唯一還好好站著的建物是根電線桿。我問志工海嘯跟電線桿比起來有多高。他們說是它的兩倍高，最高達到九公尺，相當於三層樓的高度，還要加上海水的衝擊力。但這裡還不是受創最重的區域。沿著海岸線過去還有地方面對高達三十五公尺的海嘯。我低頭看向水裡，一個行李箱和一雙白色兒童運動鞋正漂過我身邊。

第一波海嘯二十分鐘後又接著第二波，掃走了那些以為已經結束就回去的人們。其中一位志工在海嘯中失去了女兒。他話語雖然平靜，但談到他女兒的身體還下落不明時難掩悲痛。我們在學校遇到了另外三位志工，其中兩人放下了東京的工作來幫忙，第三位是位高中教師，住得很遠但還是堅持每週過來。他們已經忙了六個月，很滿意他們的成果，尤其是重建學校禮堂。

他們邀請了我去看看。做教育大臣那幾年我曾訪問過很多間學校，這間也有如出一轍的木地板、挑高的天花板、表演或頒獎用的舞台，還有供人看表演的二樓露台。角落放著張桌子，上面擺著幾束鮮花。

志工向我解釋，日本有緊急集合地點的機制，地震發生後大家會集中在一個地方。這個禮堂就是村民的集合地點。搖晃停止後村民就會前往禮堂。很多人把孩子帶到了二樓露台，那裡視野很好，又可以免於下面的推擠。然後海嘯瞬間帶走了禮堂裡的兩百人。孩子們就在上面看著大人們消失不見。我問水有多高，他們指著牆上一道不明顯的標記，堪堪摸到孩子們當時站的露台下方幾英寸。

三月的那天還很冷，天也很快就黑了。孩子們不知道海嘯會不會又來一次，很多人還處於驚嚇之中，一動也不敢動。其中一個小女孩高喊著大家得要奮力求生才行，於是所有人開始一起大喊。搜救人員就是這樣才發現了他們。叫喊讓孩子們身體保持暖和，聲音也成功傳到了搜救人員耳中。我又問當時是什麼時間，志工指了指舞台側邊的時鐘，地震讓時鐘停在了兩點四十九分。失去女兒的那個志工靜靜的離開了現場，海嘯也從禮堂帶走了他的女兒。

我實在過於震驚，無法開口，很難真正感受那瞬間的驚恐。要如何想像自己和家人終於抵達一個安全的地方，結果又眼睜睜看著他們被大水沖走？

有人碰了碰我的手肘，是時候該去下一個地方了。往內陸再走幾英里是一座臨時搭建的村子，排列著井然有序的小型組合式房屋。年長的市長和他的夫人過來迎接，邀請我進他們的新家參觀。門打開直接連接到廚房，裡面非常整潔，有烤箱和冰箱，空間不大但功能俱全。廚房通向另外兩個小房間，一間是臥室，另一間是客廳，還有附有小型浴缸的浴室。他們和一個朋友共用這間屋子。我們坐下來，對彼此笑了笑，接著他們突然哭了起來。我能做點什麼嗎，我問，市長回答有人大老遠跑來他們這座小村子讓他們很感動。

他們給我看了一張海報，上面貼著各種表達同情和祝福的信件。翻譯說紅十字會（Red Cross）告訴他們廚房的捐贈來自丹麥，他們希望我可以代為轉達他們的感謝。我保證我一定會。

這裡住著三百五十户家庭，大多以漁業或種植稻米維生。他們幾乎都失去了自己的親屬、朋友和鄰居，所有人都沒了家園和生計。幾乎沒有人回去取回財產。一想到是否要回去看看以往生活的殘跡時，他們都搖了搖頭。

村子的設計以日本來說很反常。原本的計畫是把門開在房子側邊，讓對面鄰居看不到自家的隱私。但人們拒絕了，他們想面對面看著彼此，感受整個群體的凝聚，所以設計變成了現在這樣。

日本有成千上萬個這樣的臨時村落。原計畫中需要幾年的工程在八月，也就是地震五個月後就完成了。沒有人確切知道正式聚落該蓋在哪裡，這麼多產業受到重創的現在，人們需要尋找新生計。我訪問的臨時村落離居民原本住的地方有二十分鐘車程。不能再蓋得更近了，因為太多海水已經滲透土壤，建築蓋在上面不安全。這裡已經是有空間建造房子最近的選擇，還有一間小店。

那他們原本住的地方呢？我問。當地嚮導回答說特別蓋一座防海浪的屏障太貴了，也很難蓋得很高很長，而且資金是不是能優先用在這裡也有待考量。於是人們把那片土地還給了自然，那裡變得寒冷、潮濕、荒涼、陰森。

一群孩子邊笑邊向我們跑了過來，手上拿著沾了肥皂的木棍，很積極的要演示給我們這群外國人看他們是怎麼吹泡泡的。他們的照顧者說他們不是孤兒就是和幾代同堂的大家庭住在一起，居住空間很狹窄。冬天即將來臨，他們擔心這群受過創傷的孩子可能會很難熬。

我謝過市長和夫人，祝福他們一切都好，又和孩子們揮手說再見。接著我一言不發地回去東京。

我又一次發覺親自訪問受災地區的重要，也知曉了照片能訴說的重量比言語要重上太多，像是我在海地又熱又擠的帳篷內抱著孩子，以及日本學校禮堂那塊永遠停在地震瞬間的鐘。我還是堅信第一批有動作的應該是能提供實質幫助的人，但我也了解讓人民看到我們有多麼重要。實地參訪也給了我們機會用雙眼確認還需要做什麼，同時讓生還者知道我們沒有忘記他們。

兩國如何面對天災最能暴露他們根本的不同之處。海地與日本之間的對比極為明顯。海地自始至終都仰賴著外界援助，而日本有能力自己調配資源。日本展望未來，海地則還在為今天掙扎。

但不管是哪裡的人民都一樣會痛苦。他們的失去無法想像，他們的苦痛相同。實際看過天災造成的慘劇才得以體驗那種無助，自然那壓倒性的力量在一瞬間就能改變地形、帶走生命。

兩國都極需要立即協助，更不用說長期發展。面對天災的威脅我們有很多可以做的，例如處理氣候變遷、改善預警系統、建造能應對地震或颶風的建築、提早準備應急物資等等，所有的這些都會帶來改變。但最重要的是，我們必須為失去了太多的人們找到他們的未來。

四、阿拉伯之春（一）：埃及與穆西倒台

「不要叫它阿拉伯之春，」我的埃及同僚搖搖頭說。開羅（Cairo）的解放廣場（Tahrir Square）以往都塞滿車潮，如今卻充斥著人群，舉著告示牌高喊口號要求變革。「埃及的春天只會有持續好幾天的西洛可風*和它帶來的沙塵暴。春天只有混亂和破壞。埃及的春天跟歐洲不一樣。」

之後示威逐漸擴大，迫使突尼西亞（Tunisia）和埃及的領導者下台，也讓利比亞置身於混亂之中。這時我又想起這段話。事實是，就算我們知道事件起因是突尼西亞某座小鎮一個絕望的男人，也完全無法得知這場戲劇性的變革什麼時候才會畫上句號。

二〇一〇年十二月，穆罕默德·布瓦吉吉（Mohamed Bouazizi）因為找不到全職工作，在

* 譯注：sirocco，源自撒哈拉的熱風，風速非常快。

西迪布濟德（Sidi Bouzid）的一條街上販賣蔬果。由於他沒有申請執照，警察沒收了他的貨物，於是他因此自焚。布瓦吉吉最終在數週後不治身亡。哀悼和憤怒引起了一系列主要由年輕人組成的起義。抗議爆發幾天內，突尼西亞總統班・阿里（Ben Ali）就逃離了國家，他原本已統治突尼西亞二十三年，政治生涯充斥貪污和腐敗。布魯塞爾凍結了他在歐洲的所有資產。凍結資產的過程很複雜，通常需要好幾週才能得到所有歐盟國家的同意。不過這次我們只花了四天。這筆錢屬於突尼西亞全體國民，我們想要全數歸還。

這場示威從約旦（Jordan）擴散到黎巴嫩（Lebanon），從摩洛哥（Morocco）延燒至葉門。示威者要求終結貪腐和權力濫用、舉辦自由公平的選舉、保護人權，以及改善經濟。他們想要我們擁有的事物。

二〇一一年初，一百萬埃及人走上開羅街頭，周遭城市村落還有一百萬人，他們集體呼喊著「麵包、自由、社會正義」。「這是一場革命，」埃及大使說，她小心謹慎的前來和我見面。「因為只有到了這個地步有些人才會出來。」她從開羅群眾中點了幾位法官出來。我一位波蘭同事還是摸不清頭腦。「這裡沒有架舞台，沒有麥克風。如果是在東歐，就會有人演講、放搖滾樂，會有人出來組織，負責帶領大家，但這裡什麼都沒有。」她說的對，開羅這一大群人缺少領袖。

總統胡斯尼·穆巴拉克（Hosni Mubarak）已經執政二十九年，在位期間因貪腐盛行、基礎建設崩潰、民生凋敝遭受批評。他明顯正培養他兒子作為接班人，但受到廣大抗議。他甚至出動武裝警察，對著抗議民眾開槍。一月底短短兩天就有七十四人喪命，最終死亡人數超過八百人。

歐巴馬政府、歐洲各國和布魯塞爾都發出過要求停止暴行的聲明，卻收效甚微。歐洲和美國的媒體全都在催促我們趕快讓穆巴拉克下台。我擔憂地提醒自己：「埃及唯一有組織的團體是穆斯林兄弟會（Muslim Brotherhood），他們正等著這一刻。」穆兄會創立於一九二八年，有數百萬名成員，是遵循遜尼派傳統與伊斯蘭教法（Sharia law）* 的宗教與政治團體。穆斯林兄弟會在埃及和阿拉伯世界其餘國家都是違法的，不過他們透過設立醫院、學校、提供醫療照護以及職業訓練在埃及獲得廣泛支持。埃及正處於變革時期，他們很有可能趕在其他政黨成立前在選舉中得利。

穆巴拉克解散了整個政府，並承諾不會再競選連任。作為回應，白宮首先派出資深外交官弗蘭克·威斯納（Frank Wisner）挽回局面，但馬上傳達出過渡期需要立刻開始的消息。穆

* 譯注：又稱沙里亞，乃根據伊斯蘭教義所制定的律法。

巴拉克和其他阿拉伯國家領導人都相當震驚。穆巴拉克原本和美國走得很近，解決以阿衝突（Middle East peace process）的過程也有他的參與，在西方國家眼中算是盟友。他們震驚於西方這麼快就拋棄了他，至少他們是這樣看的。希拉蕊擔心需要好幾個世代才能看到埃及等阿拉伯國家步向穩定與民主。「謹慎處理。」她如此敦促。沒有人知道接下來會發生什麼。穆巴拉克最終認輸，於二月十一日辭職。

我的辦公室成了新聞輪播中心，哪一台把解放廣場拍得最清楚就轉到那台。我們得召集各方人士才能決定如何回應。對外事務部和歐盟其他機構的官員和軍事人員魚貫而入，前來報告和埃及軍事領袖等人討論的結果。我們打給所有認識的人，讓他們保持冷靜並傾聽人民的聲音。二月初那週我在紐約忙於聯合國的事，接著趕去了突尼西亞、耶路撒冷（Jerusalem）和拉馬拉（Ramallah）*，之後又去約旦的安曼（Amman）協商，最後到訪黎巴嫩。我呼籲歐盟全體外交代表：「我相信這是我們最大的挑戰。我們成立只有五週，很多職員還不在崗位上，但我們必須改變被動回應事件的傳統定位，主動處理我們和阿拉伯地區的關係，包括埃及和突尼西亞。」

開羅示威一平靜下來，我就立刻前往解放廣場。那裡不同於一般廣場，面積很大，中間安全島覆著一層草皮，道路從不同方向匯聚而來。埃及國家博物館（The Egyptian Museum）和其他宏偉的建築環繞著廣場。這裡通常塞滿車輛，充斥著喇叭聲。不過這天廣場上沒有車子，而是擠滿了微笑著揮舞旗子的人，他們喜悅地跳了起來。「這是革命，」一個年輕男性對我說，旁邊圍了一圈人同意的點頭。「我們只是不確定這個體制有沒有意識到這點。」人們衝上前來表明他們或要創立新政黨或準備參選。他們的熱情很有感染力，我也開心的回應了他們的笑容、握手還有偶爾的擁抱，同時環繞著廣場。「但現況不會持續太久，」我向自己低語：「『體制』顯然難以達成他們期望的改革規模。」

我前去和總理艾哈邁德·沙菲克（Ahmed Shafik）會面。沙菲克是前空軍軍官，受穆巴拉克任命為總理後只擔任了這個職位幾週。大窗外面是人民慶祝的聲音，我敦促他不要匆忙展開選舉：「總理先生，選舉是民主這塊蛋糕上點綴的一顆櫻桃，只有櫻桃不會帶來真正的民主，你必須先烤好蛋糕。」也許他沒有聽我說話，也許他覺得自己等不起了。他只擔任總理三十三天就辭職了，轉而投身二〇一二年的總統大選，以些微差距輸給了穆罕默德·穆西（Mohamed Morsi）。如果是沙菲克贏了選舉，一切可能就會有所不同。

我再次訪問開羅時對他的繼任者伊薩姆·沙拉夫（Essam Sharaf）重複了一次這段話。沙

* 譯注：巴勒斯坦一個重要城市。

拉夫共任職二百七十九天，在年底辭職。又一次，新任總理太急著要做出什麼改變，忽略了改革進度太快的弊端。很明顯他們還沒達到適合選舉的條件。

回到布魯賽塞爾後，高峰理事會需要決定讓歐盟提供什麼協助。英國首相大衛・卡麥隆（David Cameron）提議以尊重人權和民主為條件支持埃及。梅克爾總理指出如果其他國家也採取這種立場，將導致對阿富汗的援助中止。卡麥隆認識到我們必須加快援助的速度，也針對此目的提出了新策略，同時不忘推動人權和民主。會議結果是，我的任務是盡力幫助埃及人民。我會不遺餘力地去做。

埃及因為二〇一二年六月的總統大選成了優先事項。關鍵候選人有穆罕默德・穆西，代表穆斯林兄弟會新成立的自由與正義黨（Freedom and Justice Party），以及前總理艾哈邁德・沙菲克。沙菲克自稱是穆巴拉克政權的延續，爭取某些鄉村地區的支持，在那裡秩序安全還是問題。這兩人是最兩極分化的候選人。其餘更中庸的候選人有阿穆爾・穆薩（Amr Moussa），備受尊敬的阿拉伯國家聯盟（Arab League）祕書長，不過他在第一輪選舉就已經出局。

穆西不是自由與正義黨的第一選擇。他們原本的理想候選人是海拉特・艾爾—沙特爾（Khairat el-Shater），但他無法參選。他之前因與穆兄會的關係而入獄服刑十二年，一年前才出獄，而法律規定參選公職至少需出獄滿六年。穆西的背景很有意思。他獲得了南加州大學

（University of Southern California）的材料工程博士學位，之後在NASA負責開發太空梭引擎，接著返回埃及在札加齊克大學（Zagazig University）擔任工程學教授。穆西在穆兄會中的地位節節升高，於二〇〇〇年以獨立候選人身分當選人民議會（People's Assembly）議員（因穆兄會為非法組織），之後成為穆兄會最高機構，指導局的成員。新創立的自由與正義黨也由穆西出任主席。

第二輪選舉中，穆西以一百萬票勝過沙菲克。歐盟代表團在內的各個觀察團都認為選舉過程是公平的。於是穆西成為了埃及首任民選總統，於二〇一二年六月三十日上任。百分之五十二的得票率是決定性的勝利，但差距並不大，這代表穆西不能只關注自己的支持者，而必須看到另外百分之四十八的選民。

布魯塞爾將大多注意力放在了埃及經濟上。埃及基礎建設或搖搖欲墜，或一開始就不存在，太多年輕人找不到工作，前途渺茫。很多歐洲企業想要在埃及投資，但不確定埃及是否安全。我們把歐洲投資銀行（European Investment Bank）和歐洲復興開發銀行（European Bank for Reconstruction and Development, EBRD）帶進開羅的特別工作組，就跟我們在突尼西亞和未來的約旦做的一樣。義大利執委安東尼奧・塔亞尼（Antonio Tajani）成功說服了超過一百間歐洲大企業到開羅參訪。總體來說，特別工作組保證會為埃及帶來五十五億歐元的投資，再加上歐盟提供的政治支持。

十一月某個溫暖的一天，我到開羅去主持一場活動，是由兩位外交官伯納迪諾・利昂（Bernardino León）和克里斯蒂安・伯格（Christian Berger）組織起來的。伯納迪諾在與西班牙首相荷西・路易斯・薩巴德洛共事時我就認識他了，薩巴德洛也任命伯納迪諾為歐盟南地中海特別代表。克里斯蒂安是來自奧地利的外交官，在處理中東事務上經驗豐富，是我們在此的主事者。還有吉姆・莫蘭（Jim Moran），他曾帶領我們在利比亞的工作，由他來領導埃及代表團再合適不過。我很幸運能運用他們的經驗與能力。吉姆負責現場，伯納迪諾與克里斯蒂安負責布魯塞爾和整個地區，這是一個強大的組合。

我很喜歡待在開羅，十一月是個適合遊覽這裡的時節。尼羅河（Nile）的氣味、汽車排放的廢氣、不間斷的交通噪音全混雜在一起，實在無法讓人心曠神怡。我確實是在埃及，夏日的灼熱漸趨緩和，接近歐洲夏天的溫度。我步下雇來的小飛機，迎接我的是埃及外交部和禮賓人員。我知道流程，機場巴士會把我們送到一棟指定為貴賓區的小建築，男人們在裡面喝咖啡閒聊，他們會在我走過他們身邊時打招呼。接著我走進一個擺著許多紅天鵝絨沙發的大廳，茶很快送了上來，我感激地品了口。外交禮節結束後，團隊給我看了埃及公報（Egyptian Gazette）上的頭條「歐盟與埃及並肩作戰」，指的是隔天早上的會議。我很高興。

接著我們到了康萊德酒店（Conrad Hotel）內一間寬敞的房間，數百人坐成二十排。最前面的主席台上擺著四張扶手椅。後方天藍色背景上寫著「歐盟——埃及特別工作組會議」，以及歐盟星旗和埃及國旗。我和塔亞尼執委一起坐在現任埃及總理希沙姆．甘迪勒（Hesham Kandil）旁邊。他隔壁是穆罕默德．阿姆（Mohamed Amr），資深外交官，現任副總理兼外交部長。兩人都在隔年夏天辭職，雖然情況截然不同。

酒店等著我的是圖坦卡門（Tutankhamun）陵墓的仿製品。馬德里（Madrid）的事實藝術工作室（Factum Arte）派出團隊花了三年製作這項當時解析度最高、規模最大的仿製品。他們花費的心血讓仿製品與真品無異。我一直被要求正式把這項藝術品交給埃及人民，我想特別工作組的會議就是個很好的場合。它現今存放於帝王谷（Valley of the Kings），就在圖坦卡門的發現者霍華德．卡特（Howard Carter）的屋子旁邊。入口標示還寫著它由我正式開放。回歸正題之前，這是很值得品味的時刻。

我首先發表了一段簡短的演講，內容包括復興旅遊業、創造工作機會與鼓勵投資以振興埃及經濟。歐盟身為埃及最主要的貿易夥伴，也是最大的援助與投資來源，我們的角色相當關鍵。我也闡明有些事情不容商議：「這次過渡期政府必須確保尊重所有人的人權，包括女性，她們在二〇一一春天的事件中擔當了重要角色，但不只是她們的人權需要保護。」

我們談了一系列強硬的人權保護措施，埃及從未向外部政權做出這麼大的讓步，至少在正式文書上沒有，但我不會對他們抱持任何幻想，穆西政府早已表明他們不在乎人權。我和穆西的人權顧問要求他們立法保護同志權利，談話就匆忙結束了。我還是希望這份承諾能讓他們在需要歐盟援助時想一想。演講結束後，我與一群外交部長和企業家一同驅車前往總統府。政府最近的聲明讓其中某些人很擔心合約效力，其餘人則是在考慮投資前是否需要得到保證。

穆西在一間豪華寬敞的大廳迎接我們，那裡有著花紋嵌木牆和雕花木拱窗。四面八方通向大廳的大門由矩形木框圍繞，對比大廳的宏偉顯得相形見絀。天花板上是更多的雕刻紋樣。甚至連地板上都覆著花紋，雖然是稍微低調一點的幾何圖樣。明淨的木桌非常大，能輕鬆讓這裡的四十人入座，中央擺著綠植。

大廳一端懸掛著國旗，其上金色的薩拉丁之鷹頭朝右側。穆西坐在國旗底下，讓我坐到他左邊，穆罕默德·阿姆則坐在他右邊。其餘的外交部長、企業家和埃及官員穿插著在穆西對面坐下。穆西留著灰色短髮和鬍子，戴著眼鏡，看著還是像一位教授。他悠閒的態度很容易讓人誤以為是沉浸在自己的思緒中，事實上是他根本沒有實權，他不負責處理埃及如今面對的種種問題。然而他還是盡可能的讓企業家在合約效力上放心，打消桌邊一些人的疑慮，說政府聲明只是政治修辭罷了。他給人的印象不錯，離開時與會者這樣低聲對我說，但要說服他們還需要更多實際行動。

十一月底，穆西與國家的第一場戰役打響了。他頒布的新法令賦予總統無限權力，包括讓總統得以在沒有司法監督的情況下制定法律。他辯稱此舉，包含擴大總統司法權限在內，依然忠於穆巴拉克前總統，也還是將穆斯林兄弟會定調為恐怖組織。實際上，這意味著新憲法將先進行公投，然後憲法法院才能裁定起草新憲法的議會本身是否合憲。公投前夕，埃及爆發大規模示威，人們主要抗議婦女權利、新聞自由、宗教自由等議題。

美國和歐洲都在催促穆西調整施政方向。我又去了一次總統府，告訴穆西我們也很想支持埃及，但我們必須看到民主課責的實際作為。穆西最終撤銷了總統擴權的法令，但人民的恐懼仍然存在。之前的總統候選人穆罕默德．巴拉迪（Mohamed El Baradei）、阿穆爾．穆薩與哈姆丁．索比（Hamdeen Sabahi）成立了救國陣線（National Salvation Front, NSF）作為直接回應，將反對勢力全部集結起來。穆西應該要和他們溝通的，但他沒有。

修憲公投如期在十二月舉行，但受反對黨抵制，最後只有穆西的支持者參與。雖然他的支持者持續減少，公投還是以百分之三十二的低投票率通過了。示威與來自政治人物的批評聲量日益壯大，其中尤以年輕人最為反對。解放廣場又一次擠滿人潮。二〇一三年一月，伯納迪諾重返開羅，與所有反對穆希的政黨會面，他們對穆西採取的行動表達了強烈不滿。

二月我們從伯納迪諾那裡收到消息，他說希望我們能多介入。甚至埃及軍隊都謹慎的表示他們願意讓我們介入。

人民已經受夠了。貧困如影隨形的伴隨著埃及，那些本想給穆西和穆兄會機會的人，連他們也開始擔憂正悄然進行的鎮壓。四月初我再次回到開羅，這次氣氛相當緊繃。去和反對勢力領袖會面的路上，能見到大大小小的示威活動，坦克就停在一旁巷弄中，周圍有年輕士兵坐著。「穆西艾希頓今日會面」，報紙頭條如此寫著。但在我和穆西見面之前，伯納迪諾和吉姆希望我可以先聽一聽反對勢力領袖的要求。救國陣線的巴拉迪、穆薩和索比，我們之前在競選總部見過，他們希望穆西做出改變，就從換掉現任總理開始。他們也希望穆西革職的檢察總長能復職。上訴法院早已經下過指示，但穆西一直未遵守，這也讓司法體系認為穆西是在挑釁他們的權威。穆薩希望舉辦全國性的經濟會議。巴拉迪表示同意，他也同樣擔心埃及經濟缺乏競爭力。所有人都擔憂經濟正步向崩潰。我和反對者談話直到深夜，不只救國陣線，還有其他政治家、新聞工作者，以及年輕的積極分子。伯納迪諾、克里斯蒂安、吉姆分別在不同房間和各個團體對話，希望能制定出一個計畫。

第二天我和伯納迪諾一起上了英國大使館的車，因為這是台裝甲車，所以我能任意使用。我們穿過開羅繁忙的街道前往總統府。前一天晚上的討論不容樂觀，但只要穆西明白該做的事到底有哪些，就還有希望。

一片霧濛濛的天空襯托下，總統府的高牆格外顯眼。開羅的春天總是塵土飛揚，但今天尤其嚴重，因為總統府牆外每隔幾碼就停著一台坦克。我想他如今身處包圍之下，能掌握的只剩下牆內的事物。街上緊繃的局勢顯而易見，一觸即發。新增加的警衛向我們問好，帶我們到那個接待過我們很多次的大廳。

穆西跟以往一樣坐在一張高背椅上，在一張長茶几旁，離窗户有一段距離。他熱情的迎接了我們，我們在茶來之前寒暄了一陣。我直言問他打算怎麼做。他說宮殿外面都是他的朋友和支持者。我們不客氣地問他說街上的示威、各種反對意見，還有法院的決定又是什麼。我一次又一次告訴他必須有所作為，得要表態他不會容許任何攻擊，要跟自由與正義黨之外的其他政治團體合作，最重要的是他得表現出領袖的樣子。我把主要訴求一一表明，改組政府、讓檢察總長復職。這場會議原本是要讓他有機會提出意見，但他的表情陰沉下來，之後又似乎沒在聽我說話。很明顯他對政府和這些事都沒有掌控權。我轉向伯納迪諾，用口形對他說我們該離開了。最後我們憤怒又失望的走了。

我們在夕陽時分驅車到了金字塔風景區。我曾經來過很多次，白天和夜晚都有，我總會讚嘆的觸碰、感受那些美麗古老的遺跡。我爬上去，坐著俯瞰整座城市，這次我的眼裡匯聚著淚水。埃及似乎即將爆發內戰，而他們的總統不願面對現實。回到酒店後，我從房間窗戶看到了四場大火在開羅肆虐。我知道其中一場火在科普特正教會（Coptic Church）。我打給穆西的顧問伊薩姆・艾爾—哈達德（Essam el-Haddad），他向我確保開羅局勢穩定。「那我看到的大火是什麼？」我問他。他沒有說話。我猛地掛斷電話，隔天離開了開羅。

局勢越來越緊張。我每天都能從吉姆和團隊那收到消息。伯納迪諾持續定期造訪開羅，克里斯蒂安則負責歐盟內部協調。五月七日穆西改組了政府，他將所有經濟部官員革職，但處理政治問題的部長沒有變動，而這才是反對勢力主要要求的。他也沒有擴增政府職員，而是增加了行政部門中穆兄會成員的人數。

六月初伯納迪諾告訴我：「我們正在過渡期中的過渡期。」街上沒有示威活動，但表面之下並不平靜。經濟狀況依然極為窘迫，政府毫無作為，資源無法給到最窮困的人民手裡，歐盟執委會不願意傾注資源給這樣的國家。

青年積極分子號召眾人連署讓穆西下台，共收到兩千萬份簽名。穆西執政滿一週年時，全國爆發大規模示威，整個國家在崩潰的邊緣搖搖欲墜。但穆西依然無所作為，一直待在總統府高牆內。伯納迪諾前去見了海拉特・艾爾—沙特爾，穆兄會總統候選人原本的人選。伯納迪諾之後描述了當時的場景，桌上放了一碗水果，他拿起碗裡大部分水果說：「你們以前有的支持有這麼多，現在只剩下碗裡這些。」但穆西一如既往毫無動靜，不知是不能還是不想採取行動。

我為了開一個波斯灣阿拉伯國家的會議去了趟巴林（Bahrain），接著到汶萊（Brunei）主持歐盟部長和亞洲官員等人的會議。我覺得自己好像在一個我不應該在的地方，這不是第一次，也不會是最後一次。

七月一日，軍隊向穆西發出最後通牒。如果他不在四十八小時內對國內危機做出回應，軍隊就會出兵干預。隔天半夜，穆西發表了演說，不是關於改革，而是呼籲他的支持者保持堅定：「如果捍衛合法性的代價是我的鮮血，那麼我就會犧牲我的鮮血。」

七月三日突然發生巨變。阿卜杜勒・法塔赫・賽西（Abdel Fattah el-Sisi）率領的軍隊罷黜穆西。他消失之後，歡呼雀躍的埃及民眾湧入解放廣場。很多人都很高興這些人能聯合起來，包括賽西、救國陣線的代表巴拉迪、光明黨（the Nour Party）*、大伊瑪目（the Grand Imam）†、科普特正教會和其他勢力。科普特正教會牧首塞奧佐羅斯二世（Tawadros II）告訴媒體：「我們在埃及國旗下相聚。」這是政黨、軍隊和宗教的聯盟。

---

* 第二大伊斯蘭教組織。

† 遜尼派最高領導人。

賽西在國內聲望非常高，很多人相信他拯救埃及免於混亂。到處都有他身穿軍服的海報，稱他為「祖國守護者」。但其他人很緊張，擔憂埃及今後會由軍隊掌權。吉姆告訴我們穆兄會和軍隊之間屢有衝突。兩方在總統府前展開對峙，大量啟用步兵和裝甲車，無可忽視。

七月七日，我和幾位埃及政要通話，包括巴拉迪、阿穆爾．穆薩、穆罕默德．阿姆，與阿盟新任祕書長納比勒．阿拉比（Nabil Elaraby），以決定要給外交理事會提什麼建議。歐盟需要討論埃及領導層的劇烈變動，才能決定要採取什麼對策。克里斯蒂安、吉姆、伯納迪諾都清楚我們應該繼續追求埃及民主化，並提供幫助。廢黜穆西是民主化必不可少的一步，必須謹慎處理才能讓所有成員國都同意這點，畢竟只有我們曾經這麼近的見證過所有事件。我們也得決定和美國保持何種程度的合作。開羅的反美情緒很嚴重，也針對美國駐埃及大使安妮．帕特森（Anne Patterson），她是位有才又備受尊敬的外交官。有些人認為美國和穆兄會走得過近，讓美國不願與他們敵對。整座城市到處貼著歐巴馬形象的海報，上面的他留著白色長鬍鬚，看起來就像穆兄會成員。同時，「巫婆滾回家」的字樣橫在安妮．帕特森的臉上。吉姆在幕後很努力的說服反美人士停下。

我打給了臨時總統阿德利．曼蘇爾（Adly Mansour）。曼蘇爾在五月受指派為最高憲法法院的院長，並答應在過渡期間擔任臨時總統。我告訴他，我們正密集注意局勢，希望合法政府能盡快回歸，我也特別向他表明埃及對歐洲的重要性。曼蘇爾回答他們正忙著籌組新政府，這還需要幾天，之後他們會修訂憲法、舉辦公投、舉行國會和總統選舉，六到七個月內就會完成全部流程。他明顯擔憂埃及經濟，希望我們可以協助他們。他說沒有人會無故遭捕，穆西人在一個安全的地方，和其他前總統一樣享受著良好的待遇。我很好奇，我唯一能想到的前總統是獄中的穆巴拉克。他邀請我盡快造訪埃及。

我接下來打給了阿卜杜勒．法塔赫．賽西將軍，他此時還是國防部長。他強有力的解釋道，軍隊的介入是在回應急欲改變的人民，而軍隊為此指派了臨時總統與過渡政府。穆兄會迄今為止都拒絕參與過渡政府的討論，賽西問我們能不能幫忙把穆兄會的人帶回來，因為他認為我們對穆兄會有影響力。他指出輿論對他們不利，穆兄會只能在公平選舉中獲得百分之十到十五的選票。他也提到穆西很安全，不過他和曼蘇爾的說法一樣，都覺得釋放他會催生暴力事件，讓局勢更加緊繃。

隔週的七月十七日，我回到了埃及。吉姆來機場接我，順便為我介紹瞬息萬變的局勢。我先去了總統府，曼蘇爾用了跟穆西不同的房間來接待我們。回來看到一批不同的負責人感覺有點奇怪。曼蘇爾在七月四日宣誓就職，但他似乎從來都不喜歡這個職位。頭髮灰白的他已經快七十了，充滿屬於法官的莊嚴。他很冷靜、有分寸，與政治也不沾邊，我能看出為什麼他們選了曼蘇爾作為象徵性的領導人。他講的很清楚，穆兄會必須知道他們已經不能回頭了。利益聯盟的合作代表了人民的願望。如果穆兄會接受，他們還是可以回歸埃及的生活，只要沒有犯罪，就不會有人追究他們。他說穆西未能遵守民主規範，所以他們拘禁了他和親近的顧問，以「保護他們人身安全，也阻止更多暴力事件發生」。他也表達了對埃及經濟的擔憂，補充說他們現在正忙著處理修憲和選舉的事。然而，他強調軍隊沒有參與這些。「這不是政變，」他說。「而是修正。」

結束會議後，我和克里斯蒂安打算休息一陣，前往哈利利市集（Khan-el-Khalili），市集十四世紀就已存在，一直延續至今。我喜歡到那裡和人們互動。一開始，咖啡店裡的人站了起來對我們鼓掌歡呼，但很快一群人帶著賽西的海報圍著我們，喊：「賽西好，穆西壞。」氣氛逐漸緊繃，安保團隊決定我們得馬上離開。車隊好不容易才重新駛回主幹道上。

接下來我見了巴拉迪，以及組織連署的青年，我建議這群年輕人趕快正式參政。他們想讓全國人民寫下希望憲法有的內容，我們擔心這樣風險太大了，會為偏好傳統秩序方法的人所不喜。我也見了自由與正義黨代表，也就是穆兄會創立的政黨，還有前總理甘迪勒。最近的發展讓他們既迷惑又恍惚，也開始好奇接下來會發生什麼了。

我這次來主要是為了和賽西會面，這是我們第一次見面，地點選在開羅中央的指揮總部。

他準時抵達，穿著一塵不染的制服。他和氣的迎接我，告訴我該坐哪裡，之後才自己在一張大椅子上坐下。我告訴他，我來的目的是表示我們會持續協助埃及，也知道過去幾週有多難熬。他認真聽著，我問他如何看待接下來的埃及。

他首先說明埃及遇到的挑戰，表明他們很歡迎外國協助，但絕不是干預。軍方曾經努力要找出折衷方案，但穆西不領情。最後穆西願意提供軍隊所有他們想要的，但賽西都拒絕了，為了國家。他們不得不給穆西設了個一週的期限，後來又增加了四十八小時。「我還能做什麼？」他問。他講了很久，跟很多國家領導者一樣，但談話內容比我想像中來得有哲理，也很詳細。他關心國內年輕人面對的困境，還有經濟問題。他了解國家安全問題的嚴重，但也指出，如果沒有工作機會，沒有給人民未來，長期下來會產生更大的危害。我提起穆西時，他只說他很安全。我提議等會我親自去見他，確保他有受到良好對待。賽西說他們會看看可以怎麼辦。

但這次我先不去看他，我還得先回布魯塞爾主持外交理事會，同時心裡還想著一個問題：「埃及發生的算政變嗎？」如果歐盟部長等人認為是，那我們是否要主張讓穆西復職？在我眼中，穆西復職絕不會給埃及帶來利益，我們也不該與目前掌權的聯盟敵對。但如果這是政變，我們應該要繼續支持、資助現在的政府，還是應該拒絕金援？這看起來完全不對。但如果這不算政變，又應該算什麼呢？

部長們都有不同的看法。密集關注事件的人鬆了口氣，而其他人則擔心軍隊掌權，所有人都希望選舉可以盡快舉行。最終「政變」這個字眼沒有出現在我們公開發表的結論中。我們同意武裝勢力必須接受並尊重憲法中寫到的，人民作為民主國家的基礎這件事。現今最重要的是，埃及正展開過渡期，準備將權力移交給非軍事的，且是人民選出的政府。我終於放心了。我們站在同一陣線，可以繼續提供支持。現在這樣就夠了。

七月底，我真的需要休假了。我沒有去哪裡度假的問題，待在倫敦的家裡就很理想。我在二十六日抵達，那時是週五晚上，接下來幾天我都沒有工作。希拉蕊說她會清理衣櫃和櫥櫃，來減緩政治帶給她的壓力。我則是會寫一份待辦清單，列滿各種家務，再津津有味的勾掉每一項。週六早上，我寫好了清單，準備放入第一批待洗衣物時，電話響了。

是約翰．凱瑞，新任美國國務卿，在歐巴馬第二個任期接替了希拉蕊．柯林頓。他是資深參議員，在接任國務卿前也擔任過參議院外交委員會（Senate Foreign Relations Committee）主席，因此他對外交關係或美國政治了解甚深。他非常誠懇，說話直切重點，但也很溫暖，讓你覺得你是他那天唯一想對話的人。我們曾在伊朗對話、以阿衝突中密切合作過，所以我知道接到他的電話代表有什麼事發生了。埃及局勢非常緊張。穆罕默德．穆西下台，和不定調為政變這件事都進展的很好，但主要在開羅之外的反示威活動正猛烈增長，暴力事件亦同。社會對軍隊鎮壓感到不安，死傷人數節節攀升。凱瑞徵求過埃及人民的意見。副總統穆罕默德．巴拉迪也說他很擔心，擔心面對人民究責，因為他的形象一直是溫和派、真正的民主主義者、痛恨暴力的人。他無法接受成為混亂局面下唯一好的那個，儘管他非常支持罷絀穆西。

凱瑞也和阿拉伯國家元首聊過接下來的發展，尤其是卡達（Qatar）和阿拉伯聯合大公國（UAE）。阿聯和沙烏地阿拉伯（Saudi Arabia）對穆西下台普遍抱持正面態度，但所有人都擔心埃及會爆發內戰。凱瑞催促我盡快回到埃及，最好當天就去。我解釋說我還得找航班、訂往布魯塞爾的機票，他簡直不敢置信。你不能搭英國政府的飛機嗎？他問。我回答他不可能。更重要的是，埃及得先邀請我，如果我能說服歐盟讓我到現場，尋找和平的解決方案，我就必須親自確認穆西的安危，不管他們到底把他帶到了哪裡。凱瑞覺得這樣可行，所以他掛斷電話後再次與埃及聯絡。

巴拉迪接著打來。他很不滿意「這些人」，也就是根本不想解決問題的強硬派。他怕他們會直接派軍隊殺死穆西的追隨者，已經有兩百人因此喪命了，他不能成為「這些人」的一分子。他邀請我再次造訪埃及，我同意了，但前提是我要見我想見的人，其中必須包括穆西。之後他回撥給我，賽西同意我可以見他。我相信賽西會遵守諾言，穆西還活著。

伯納迪諾不在，所以我隔天晚上約了克里斯蒂安和吉姆在開羅見面。

那天的最後一通電話來自謝赫・阿卜杜拉・本・扎耶德・阿勒納哈揚（Sheikh Abdullah bin Zayed Al Nahyan），阿聯的外交部長。他對我的埃及之行表達感謝，他的禮貌感動了我。他的擔憂非常明確，要是埃及真的崩潰，就沒有人能知道這個混亂主宰的地區會發生什麼事情了。

我把另一批衣物放進洗衣機，加了「打包去埃及的行李」到那天的清單上。因為我突然多出了工作，彼得很體貼的說：「你要走之前可以多睡一點。」我笑著上樓去整理我的手提行李袋。（我從來沒有托運過行李，不管航程有多長。因為我的行程太密集了，一旦行李不見就再也跟不上我了。）

隔天晚上，七月二十八日，週日，我抵達了埃及。開羅就算是夜晚也很熱。我因為航班延誤遲到了，不過巴拉迪還是急著見我。英國的裝甲車來接我，駕駛穿越開羅車陣的技術簡直無與倫比，開羅交通也堪稱另一種程度上的無與倫比。交通歸好幾個不同機構管，但他們彼此間很少合作，後果就是交通號誌沒有同步、道路永遠堵塞、常常要過不可能的U型彎，總是一片混亂。因此短短的距離可能需要開好幾小時。但我的司機卻還是能一路擠過去，抄近路開過擺著攤位的小巷，直接開過分隔帶，帶我到巴拉迪面前。

他的小辦公室在一棟黑暗的建築內，我們先是在那裡單獨談了超過一小時，吉姆、克里斯蒂安和巴拉迪的幾位顧問才加入我們。他聲音很輕，但語速很快，說到重點時會皺起額頭。他的眼鏡和鬍鬚讓他看起來與眾不同，很符合他學者的身分。這些暴力事件帶給他太多焦慮。就在前一天，軍警與開羅示威者發生衝突，至少一百二十名穆西支持者遭到殺害。現在穆西支持者們集結起來抗議，在市內各個廣場紮營，很難想像這一切會有個和平的收尾。我有一種感覺，過渡政府官員對軍警的角色感到越來越不安。我仔細聆聽觀察了他的話語神態。必須找到解決方法，理想情況是穆兄會也得以保留政壇一席之地。但穆西的統治已經結束了，對此他態度明確。這樣很難說服穆兄會，畢竟當時的總統大選經過了我們所有人的認可。

巴拉迪擔心，他眼中的「強硬派」會讓埃及倒退回從前，退回穆巴拉克統治時代，他不確定賽西到底如何打算。他希望一切都能穩定下來，我們討論了信任建立措施（confidence-building measures）這個外交用語，應用在這裡代表讓人民安全從廣場離開、譴責暴力行為、將政府交由文官治理等等。巴拉迪希望歐盟能協助實施這些措施，並擔任保證人，所以我在埃及待越久越好。

我、克里斯蒂安和吉姆在去康萊德酒店的路上不發一語，各自想著要如何參與、與誰合作。酒店經理是位和藹的法國人，已經把開羅當作他的家了，雖然已經過了午夜，他還是和善的迎接了我們。他說酒店入住率只有百分之五，聽到此我並不驚訝。我不害怕埃及，反而其他很多國家會讓我感到懼怕，但近期街上有很多混亂，國外遊客已經收到了警示。經理堅持讓我入住最大的套房，房間佔據酒店正面，能欣賞美麗的市景。我邊吃著水果邊站在陽台，感受微風拂過面孔，看著腳下的城市。隔天的戰役會很漫長，大概也會很艱難，但我睡得不好。最終我還是抓緊睡了幾小時，七點半下去吃早餐。我穿了一條傳統的深色長褲、低跟鞋，再加上奶油色刺繡絲綢外衣，是北京一位有才華的裁縫專門為我縫製的，我非常高興能遇見這位師傅。

康萊德的員工總是洋溢著喜悅，他們就像是在和老朋友打招呼一樣。他們上了所有我喜歡的中東開胃菜（mezze），我們飛速扒著食物，他們兩個一邊讓我了解最新情況。那時是賴買丹月（Ramadan），白天必須實行齋戒。外國旅客可以免除，但我在早餐之後就一直沒有進食喝水，一整天的會議都是。等到天終於黑下來，又因為開羅夏日氣溫很高，我又渴又餓。

眾人開始準備舉行各方和解會談，但穆兄會拒絕參加。西奈半島（Sinai）發生了多起對軍警的攻擊事件，甚至有人在警察局引爆了炸彈。臨時總統曼蘇爾呼籲穆西支持者離開廣場，表示他們不會受到攻擊。軍隊為穆兄會設了一個期限，他們必須在週六下午前參與政治和解會談，但穆兄會早已準備在週五發起示威，支持穆西。接著賽西在週五徵求全國集會授權他「對抗恐怖主義」。兩邊都號召了數百萬人到場。八人死於亞歷山大港（Alexandria）爆發的衝突，但納斯爾市（Nasr City）靠近穆西支持者靜坐點的死傷數應該是最高的，大約有八十至一百二十人死亡。情勢相當嚴峻。

我們離開酒店前往外交部，與出生於美國的新任外交部長納比勒・法米（Nabil Fahmy）會面。他父親在前總統穆罕默德・艾爾・沙達特（Anwar Sadat）任內做了很久的外交部長，法米自己也長期擔任埃及駐美國大使。此時法米坐在我們對面，他是個直來直往的政治家，闡明埃及已經走上一條明確的道路，雖然他很歡迎我們的幫助，但他不會一味接收指令。國家安全雖迫在眉睫，但電視上的暴力示威並不是埃及的全部。他個人不喜歡穆兄會的意識形態，但他們的確在埃及政壇中有一席之地。當前埃及正面臨日益嚴重的兩極分化，人民對政府寄予厚望。他願意承認國家如今面對的挑戰，也決心要面對。我立刻對他萌生了好感。

那天最重要的會議是與國防部長賽西將軍的會面。會議室和上次一樣，他和藹的迎接了我，並讓我坐在他旁邊，他的顧問和軍方人員四散在房間內。我告訴他之前我覺得他像哲學家將軍，他很喜歡這個稱呼。我不是要奉承他，而是認可他的思考廣度。我先前沒料到一位國防部長竟然會如此關注青年失業率，或是埃及在國際媒體上的形象。現在他語氣誠懇，用字精簡（至少從翻譯聽起來是這樣）。賽西也想知道國際媒體把埃及塑造成什麼樣子，他說這是一場內部鬥爭，自罷黜穆西以來二十五天，人民逐漸意識到穆兄會的目的是掌權後施行他們的意識形態。他也認為正當政治程序有其必要，所以國際態度很關鍵，他堅持這不是政變，而是對壞政權的抗爭。埃及人，他說，不想要獨裁統治，也反對暴力，但理想破滅的年輕人想走別條路。穆兄會支持者現在約有一百五十萬人，他擔心事情在他們推動下會超出掌握之外。他預估埃及真正轉變為民主國家需要六到七個月，期間軍隊必須參與。但他強調人民依然有權利選出新的領導人。「國家不會交由軍隊統治，軍隊也沒那個意願。」

我那天和每個人都表達過同一個論點，賽西也不例外，那就是埃及需要自己解決這些問題，但我們願意幫忙。我還不認為事情超出了掌握，至少目前如此，但局勢確實必須快速穩定下來。把大家關起來對國家安全毫無幫助，政府得證明埃及容許各種意見存在。面臨刑事指控的人需要妥善對待，但在沒有犯罪事實的情況下撤銷指控，可能有助於釋放善意的訊息。

下一個是臨時總統曼蘇爾。他召開了一場和解會議，不過穆兄會拒絕參加。薩拉菲派（Salafist）也未參與，他們在埃及約有五百萬成員，觀點保守但涵蓋了多種意見。他們的長鬍鬚很有辨識度，當時很多照片都可以輕易認出他們，因為我遇過的代表全都是男性。曼蘇爾講得很清楚，不能再有人披著宗教的皮行政治之實，宣布執政的是文官而不是軍人。他一再堅持他邀請各方對話的用意非常誠懇，也很包容，不過從所有的和解會談看來，這個國家已深深分裂。

穆兄會沒有心情回應這些表示，部分拒絕了參與會談。我想可能是擔心自己一出現就會遭到逮捕。支持的民選總統就這樣受到罷黜，然後消失，讓他們相當氣憤。他們拒絕和任何一方對話。

為反對穆西而開始的反叛運動（Tamarod）表示他們期待歐洲尊重罷黜穆西的舉措。他們直言不諱的告訴我，不想看到他復職。我並不擔心這件事，我怕的是埃及不再有邁步向前的機會。

我也見了伊斯蘭聯盟代表，包括中央黨（al-Wasat）和穆兄會。穆西的總理希沙姆・甘迪勒也加入了討論。我知道人民佔領了開羅的廣場，尤其是復興廣場（al-Nahda）和更大的拉比雅・阿達維亞清真寺（Rabaa al-Adawiya），他們擔心軍隊插手。那可以說服他們回家嗎？穆兄會表示，他們已經堅守了好幾週，不給他們一點什麼是不會離開的。我問他們的目標為何，穆兄會說他們可以談話，但希望遭關押的人先得到釋放，對他們的仇恨運動也必須先停止。

甘迪勒在二〇一一年從非洲開發銀行（Africa Development Bank）回到埃及，協助重建國家。他第一份工作是水資源與灌溉部長，之後他就成為了埃及總理，儘管他沒有加入任何政黨。穆西離開後他還留在崗位，但開羅發生了五十一名示威者遭殺害的事件，五天後他就辭職了。從他臉上能看出壓力有多大。他完全不知道自己會如何。他於年底被捕，但在上訴後於二〇一四年七月獲釋。

那天我和所有政黨團體都見了面，也仔細聽了他們的訴求。歐盟在這種時刻最大的長處就是我們能和所有人聯繫上，也受他們信任。眾人異口同聲的說他們想要和平，但卻無法信任彼此，也不確定軍隊的立場。有些希望穆西回來執政，有些希望他可以回來正式辭職，但更多人根本不希望他回來。我們談了許久，關於受關押的人、憲法、歐盟會如何影響局勢、個人前往廣場是否會有用等等。甘迪勒問能否讓人權觀察組織（Human Rights Watch）和廣場的示威者溝通。不例外的，各處謠言四起，說廣場群眾在囤積武器，如果出動軍警很可能會讓他們展開攻擊。所有人都表示願意談判，但各方的出發點和先決條件都完全不同。太陽落下，開齋時分到了，食物飲品送來了會議室。此時我在等賽西的消息。

等到討論的休息時間，克里斯蒂安說消息來了，那天晚上就可以見穆西。他們說只能在晚上見面，我想是因為在黑暗中才比較容易把我弄進他的所在地。我沒說什麼。會議在八點結束，正好車也來了。只有克里斯蒂安一個人可以陪同我去見他。出發前他們告訴了我整趟行程的規則。我們身上不能帶任何東西，手機、護照、現金，所有隨身物品都得留下，也不能帶任何種類的包包。會面現場不可以拍照錄音。我們到了阿瑪哈空軍基地（al-Maha air base），在開羅中心的赫利奧波利斯（Heliopolis）。基地占地很大，但經過仔細遮掩，光是找對的大門就花了我們一段時間。這棟建築讓人想起機場貴賓休息室，裡面擺著華麗的座椅，身穿制服的男性戴著一塵不染的白手套，我禮貌的拒絕了他們要給我的茶。

埃及團隊迎接了我們，並對吉姆還有我的安保團隊解釋接下來的流程。我們接下來會搭十五分鐘的直升機，我跟克里斯蒂安可以和穆西會面半小時，之後就得返回。此時是八點二十分，他們預計我會在九點三十左右回來。這樣很合理。賽西已經告訴我穆西人在軍事基地，我解讀作他住在基地宿舍裡。我和巴拉迪約了十點的會議，向他簡短敘述我的見聞。

角落的雙開門打開是停機坪，那裡停著一架黑鷹 VIP 直升機（Black Hawk VIP helicopter），夜空中漆成深色的機身在聚光燈下閃閃發亮。我和克里斯蒂安走向直升機時彷彿置身於電影場景，只缺了激昂的配樂。我們上機後，駕駛員發動了引擎，我們隨即升入開羅夜空中。原訂十五分鐘的航程延至四十五分鐘。我完全失去了方向感，不知道我們在哪，尤其是在陌生的土地上，又置身一片黑暗中。但克里斯蒂安對埃及地貌很熟，他說我們正往北邊去。

向我們介紹的官員說我們不會知道穆西的具體位置，穆西自己也不知道。這是為了我們和穆西的安危著想，他這樣解釋道。我答應不會洩露任何地點資訊，一部分是因為他們可能會因此將穆西轉移到更糟的地方，我不想承擔風險。

接近一小時後，我們降落在一座廢棄的小機場，前往一間非常老舊、非常髒的貴賓室。有六或七個軍方人員在那裡等待，堅持讓我們走過金屬探測門，又重複確認了我們身上沒有帶東西。他們很有禮貌，但非常堅決。這裡很明顯是某個大型軍事基地之類的地方。

出了建築，負責的上校又一次問我們是否有帶隨身物品，像是相機，他舉例。我們搖了搖頭。路邊是兩輛落滿塵灰的車，甚至還撞凹了。上校指著其中一輛破舊的 Toyota Corolla，後車窗和後擋風玻璃都用黑垃圾袋和紙板擋住了，他讓我們進到後座。兩個身穿T恤、牛仔褲的年輕士兵坐到了前座，帶著機關槍。上校靠過來道別，也提醒我不要問自己在哪。我往上看，越過機場頂部，後面有個暗著的巨大標誌，上面寫著「亞歷山大港」。有點晚了，我想，但還是點點頭。車門關上了，我快速確認門無法從內部打開。

我本來以為車程會很短，只是到基地其他地方而已，沒想到前方的車直接領著我們上了一般道路。這是埃及非常貧困，且受到忽略的地區，到處都是堆疊起來的垃圾。車開過路上深一個淺一個的洞，簡直要把我們的骨頭都顛出來了，有時整輛車還會被迫停下來。我們以步行速度行駛著，一路上要避開垃圾、狗群、騎著驢子或坐在推車上的人們，甚至還有因主要水管破裂而成的小湖泊。車程持續了一個小時，但體感更久。

我對克里斯蒂安半開玩笑說，要是車翻了，沒人會知道我們是誰，來這裡又要做什麼。前面的兩個年輕士兵以為我們來自紅十字會，是來檢查穆西的狀況。他們說在這種艱難時期已經盡了最大的努力，希望我們可以回報這點。他們很努力在展現友善的一面，還遞了瓶裝水過來，我們高興的接受了。我小口啜飲，因為我們不太可能有停車去洗手間的機會。很多人問過我那晚有沒有害怕，答案是沒有。我只對路況感到緊張，但我絕沒有懼怕那些人。我相信埃及軍方會把我們安全帶到那裡，再平安返回。不過這的確是我最接近綁架的一次體驗了。

一小時後我們離開臨時道路，上了沙漠中的一條高速公路，開了幾分鐘就到了一所很大的軍事基地。雖然周圍漆黑一片，我還是能分辨出每棟建築的輪廓，還有零星痕跡證明有人在這裡活動。前座的士兵轉過來，說穆西答應見我們。（他之前拒絕過與別人會面。）花了這麼多功夫才來這裡，這樣才對，我說。我沒見到他是不會回去的。車輛駛往基地最角落的一棟建築，車門開了。這裡沒有照明，但可以看出這是棟鋼鐵和混凝土蓋成的圓柱形建築，像是大型儲藏設施。波狀鐵皮大門就像足以讓大型車種通過的機庫門。進去是一扇小一點的門，專門給人員進出。這裡很明顯是作為工業用途使用，之後我們才知道這裡是修理小型潛水艇的廠房。我透過黑暗瞥見士兵環繞著建築站著。

之前那位負責的上校，他制服上的徽章沒有逃過我們的視線，寫著「總統衛隊」。他向我們介紹自己，同時門也開了，光線傾瀉出來。我們邁步進去，我記得曼蘇爾總統和賽西將軍都保證過，穆西如同我期望一樣接受著前總統的待遇。我從來沒想過他和兩位顧問會住在廠房裡。

我四顧這間屋子，眼睛逐漸習慣刺眼的霓虹燈。長方形的屋子長將近二十公尺，牆和地板都是混凝土製成。門邊角落的桌子擺著熱水壺，讓他們泡茶用。屋子一邊是一排辦公室，上半是窗下半是磚牆。對面是一間小浴室，標示著「WC」。裡面有淋浴噴頭，但下面沒有浴缸。我試著打開水槽幾個水龍頭，只有一個能用。第一間辦公室有個填滿外帶食物的大冰箱，就在置物櫃旁。我沒看到烤箱和微波爐，我猜他們會把食物熱好再拿回來。臨時臥室裡放了三張折疊床，沒有桌子，沒有檯燈。屋子盡頭還留著廠房工具。如果穆西或他的團隊成員走近那裡，一直在場的軍方人員會嚴厲制止他們。

穆西坐在房間中央的棕皮沙發上，兩側還有兩張皮椅。他面前有張茶几，下面墊著花紋地毯。突然一道嗡嗡聲讓我注意到牆上有個捕蚊器，像某種小小的電子煤油燈，但裡面是紫色的發光條。捕蚊器時不時放出電流殺死害蟲。之前的司機說他們有空調，埃及七月非常炎熱，但實際上只有兩架大風扇放在地毯兩邊。沙發後方有兩張禱告毯。這裡唯一的光源是廠房的霓虹燈。

我震驚的說不出話。我上次見到穆西只在幾週前，那時還是在開羅豪華的總統府見面。而現在他和顧問都穿上了灰色運動服，和嶄新的白色運動鞋。他們狀態很好。穆西等人大概已經待在這裡好幾週了。

穆西笑了下，邀請我坐到沙發上。他轉而坐到椅子上，身體前傾，說：「我不知道這是哪裡，你呢？他們不讓我到外面看看。我想這裡離亞歷山大港很近，因為能聞到海的味道。」我低聲說不知道，尤其是因為穆西背後就站著持槍的上校，他站得很近，已經靠到穆西椅背上了。他全程都待在那。他一個手下也一直待在房間裡，站得更靠近門。穆西好幾次邀請他坐下，他都拒絕了，不知道是為了恫嚇還是他認為這樣不妥，我無法分辨。上校沒有開過口，沒有加入我們的對話，但光是他的存在就讓我們難以暢所欲言。我感覺到他對我們的戒備，因為我們是穆西免職後第一批和他聯繫的人。

穆西看起來是真心高興看到我。首先他問我開羅怎麼樣了。我告訴他，他不會喜歡我的回答，並解釋說，儘管他的一些支持者在廣場上抗議，但開羅大部分地方跟平常一樣。他又問我記不記得上次在總統府說的話。「記得很清楚。」我說，復述了當時的話：「光是選上還不夠，總統先生，重要的是你選上之後要做什麼。你的國家正陷入深深的危難。」他點點頭，說起他是否有可能回去改正他犯下的錯誤。我和克里斯蒂安都搖頭。我直言說不可能。他想了一陣，提議讓他回去正式辭職，這樣一來他的支持者也比較容易接受。我再次搖頭，這也不可能。沒有人能相信他真的會辭職，而且他重新出現只會火上加油。他變得惱怒，他是合法民選總統，而且他遭罷黜時憲法未廢除，所以之前發生的是政變。

我告訴了他各方聯盟、各方領袖都支持他免職，所以為了埃及好，他得接受現實。他不接受，認為這太荒唐了。他不相信他下台就能解決國家的問題。局勢一直在惡化，穆西支持者和軍警間更加劍拔弩張，賴買丹月後還會再次升級，尤其是西奈半島地區。穆西逐漸冷靜了下來，他承認自己犯了錯，因為他沒有執政經驗，但他也指責前政權抵制了他的計畫。其中一個顧問更尖銳，他說穆兄會「有大眾支持，但那些菁英總是和他們作對，尤其是穆西」。「深層政府」（deep state）從未認可過穆西政權，他們早已準備要發動政變，日期都制定好了。他認為軍方統治埃及的反抗情緒會增加。

穆西宣稱他任內沒有強行逮捕過任何人，也沒有關閉過任何一家電視台。他也為他離開後喪生的兩百多人感到惋惜，並說他應該有和政黨聯繫的權利。最後他催促我趕快提出一個各方都能接受的方案。

我駁回了，又提醒他這個國家剩的時間不多了，他作為總統的時間更是已經沒有了。目前局勢很複雜，我們所有人都能同意的事情，只有短期內想辦法阻止更多人死亡，長期目標則是幫助埃及的民主紮根。「我非常想幫忙，」我說。「但我不會干預。最終必須由埃及人自己解決。」

但他還是不了解，已經沒有回頭路了。罷黜他的聯盟代表了埃及社會廣大民意。他疏遠、辜負了太多人，除了最熱切的那群支持者外，沒有人會歡迎他回去。環視他的處境，我認為沒必要一直爭論顯而易見的事。這個話題到此結束。

我問他怎麼接收新聞，他給我看了一台一九六〇年代風格的電視，小小的電視螢幕是圓的，頂部還有天線。可以收看國有頻道，但打開電視時畫面呈雪花狀。讓我驚愕的是，新聞正好在播我稍早與曼蘇爾總統會面的事。我對他說，我真的不希望他看到這個。他搖了搖頭，這對他無關緊要，因為那是我該做的。我又問他只有電視這個新聞管道嗎？他給我看了他每天會收到的兩份報紙。

看來他們沒有苛待穆西。他強調過好幾次，他們有良好對待他，也給了他需要的東西。有食物、飲品、藥物，還有可以坐、可以睡的地方。但也僅此而已。克里斯蒂安後來說這是他們對穆西的輕視。我說服賽西的一點就是，歐洲外交部長們對穆西的情況都很感興趣。

快十二點半了，是時候離開了。我們一共談了兩小時。穆西開玩笑說他很久沒講這麼多英語了。我對他說我會讓他家人知道他一切都好，他們已經二十六天沒有聯繫了。道別時，我告訴他，我會想辦法再來見他一次，但其實我知道不太可能，我也不知道他的下場會是什麼。他還是總統時我花了很多時間和他討論這個國家的事，我也漸漸愛上了這個地方。穆西明顯是一個有智慧的人，他有時會給我希望，然後又用自己的作為將希望打碎，或者說，他的不作為。

我懇求過他，對於他的自滿感到挫折過，有時則是純粹的憤怒，在我心中他就是個很糟糕的總統。但他如今身在這裡還是讓我感到訝異，而且他的情況有可能會更糟。

我們和兩個士兵回到車上，又開了很長的一段路回到開羅。一位保全過來送我們離開機場，再次焦急地強調他們有盡可能好好對待穆西。他也提醒我們必須保密，我請他放心，也謝謝他讓這次行程得以實現。

這是個漫長的一天，但我們的腦袋還在加班。回到自己的空間前，我們陷入沉思，不發一語，因為不想讓人聽到我們的想法。直升機在開羅基地降落，那位戴著白手套的男性又一次迎接了我們，領我們走過紅地毯。我和一個安保團隊成員開玩笑說，考慮到我已經失蹤了幾個小時，他看起來好像非常平靜。他微笑說他知道埃及軍方會顧好我的。

回康萊德酒店的路上，我和克里斯蒂安討論過要不要發推文說我們見過穆西了。早些時候我們走出酒店時，已經有幾位記者等在接待處，喊著：「你們要去見穆西，是真的嗎？」在開羅沒什麼祕密可言。我沒有回答。我們聯絡了穆西的家人，告訴他們穆西很安全，一切都好。我不希望他的妻子先在推特上看到這個消息。這時已經是凌晨三點，但新聞團隊一定還醒著，在等我們回來。我們決定公布點簡單的就好，之後開始煩惱要如何稱呼穆西，最終決定叫他穆罕默德．穆西就好，不加「前總統」或其他頭銜。這篇短短的推文幾乎一瞬間就變得熱門，成了隔天早上各大新聞頭條。我們驅車回酒店，跑上樓梯遠離等在那裡的記者，然後倒頭就睡。幾週後，有家新聞台聲稱他們手上有那天的逐字稿。我本來還很沮喪，直到我讀了那篇「逐字稿」才發現完全是假的。那只是媒體為了噱頭假造的，那天晚上沒有洩露任何消息。

我們持續在找尋方法抑止暴力事件，也要幫助埃及向前。時任美國副國務卿比爾·伯恩斯（Bill Burns）*、伯納迪諾和克里斯蒂安負責主導，與美國的部長官員、埃及政壇的人們一同合作，找出眾人能接受的折衷辦法。伯納迪諾到廣場和示威者保證不會有人對他們使用武力，幾位著名伊斯蘭領袖也會得到釋放。作為交換的第一步，不能再有新的示威者加入，並要和平解散在場的人。但很多支持者還是拒絕接受他不再是總統的事實，要求他復職，儘管他復職也只能馬上辭職。而穆西反對者則不能冒著事態惡化的風險讓他再次出現。

八月八日，我和約翰·凱瑞發表了一篇聯合聲明，表示我們堅定致力於建造「強大、民主、包容、繁榮的埃及……這些是只有埃及人才能做的決定，每一個抉擇都不容易。」政府與反對黨都還未找到打破危險僵局的方法，令我們很失望。我們也深深擔憂緊繃的局勢每小時惡化下去的後果。

---

* 現任中央情報局（Central Intelligence Agency, CIA）局長。

我見了巴拉迪，重申我們想幫上忙的意願，也擔心軍警會進入仍舊人滿為患的廣場。我參訪了埃及十次，每次都與才華洋溢又勤奮的外交官合作，也有團結的歐盟成員國作為靠山，但最終我們的努力還是失敗了。

八月十四日，軍警清空廣場時殺死了數百名示威者。副總統巴拉迪在同一天引咎辭職。我們理解他的困境，但還是和他談了很久，多次試圖說服他留下。我和凱瑞一同撰寫了回應。這齣悲劇本應可以避免。我在公開聲明裡表示：「我在過去幾天帶著沮喪及擔憂的心情關注了埃及的事件。死傷人數非常驚人……這場悲劇應由過渡政府承擔大部分責任，埃及國內廣大的政治領袖也不能免責……我再次呼籲各方終止暴力……共同使埃及重新走上民主之路，也治癒埃及社會所受的創傷。」

八月二十一日，我召開外交理事會會議，討論近期發生的事。冗長的爭論之後我們發布的聲明強調了我們「與埃及民眾長久親密的友誼」，也表示我們會站在他們身邊，共同參與「追尋民主、人權、尊嚴、社會正義與安全的過程」。在我的堅持下，我們也強調歐盟有必要持續對埃及進行社會經濟支持。

賽西在二〇一四年五月競選總統，歐盟也準備好派出選舉觀察代表團。對某些人來說選舉過程很難熬，因為這代表穆西的免職已成定局。儘管埃及要求我們派出代表團，但事實證明後勤任務是項艱鉅的挑戰，克里斯蒂安和吉姆花了數小時開會和講電話才解決。

我和賽西開了三小時的會，這是他第一次穿常服。他向我說明了他對埃及未來的展望。看他的高人氣，無庸置疑，他會贏下大選。人民眼中他是罷黜穆西的聯盟中那個關鍵角色，是他保證給埃及一個更好的未來。埃及軍隊是一股強大力量，與經濟深有關聯，民眾也認為軍隊能平定混亂，帶來穩定。我希望他能專注於埃及的下一代，他們蘊含著才能與能量，值得更好的未來。「有建議嗎？」他問我。「確保你最後會辭職，」我說。「埃及歷史上沒有一位總統辭職過，並正式移交權力。請你當第一位。」

我準備離任那時，剛好得以啟用新的歐盟代表團辦公樓。我們成立對外事務部並接管執委會代表團時，我就繼承了世界各地的建築。有些屋況實在令人震驚，開羅辦公樓就是一個例子。老鼠啃食電線，搭電梯途中有百分之五十的機會故障，前提是電梯一開始能動。我為團隊的新家剪綵時，我很高興能看到他們洋溢著喜悅，看到門上掛著我的名字讓我一樣高興。我寄了封道別信給賽西總統。他禮貌的回覆了，信裡重覆了他希望「我們的下一代和區域和平穩定」都能有個更美好的未來。他也再次邀請我隨時回到「埃及，第二個家」。

穆西一直待在監獄中直至二〇一九年六月去世。賽西總統競選連任時獲得了壓倒性勝利，儘管埃及人權惡化的疑慮逐漸增長。二〇一九年，賽西延長了總統任期期限，讓他到二〇三〇年為止都得以掌權。雖然他表示他的用意是為了國家穩定與安全，但各界對他鎮壓和平反對派的批評越來越多。

回到埃及依然是我的願望。

左：2009 年，首相戈登・布朗在宣布凱瑟琳・艾希頓被任命為首位歐盟外交和安全政策高級代表兼歐盟執委會副主席後，向她致意。

任命宣布後的記者會合影，從左到右依序為：歐洲理事會主席赫爾曼・范宏畢、瑞典首相弗雷德里克・賴因費爾特、歐盟委員會主席若澤・曼努埃爾・巴洛索、以及凱瑟琳・艾希頓。

索馬利亞總統哈桑・謝赫・馬哈茂德與凱瑟琳・艾希頓出席 2013 年 9 月在布魯塞爾舉行的「索馬利亞新政」會議。

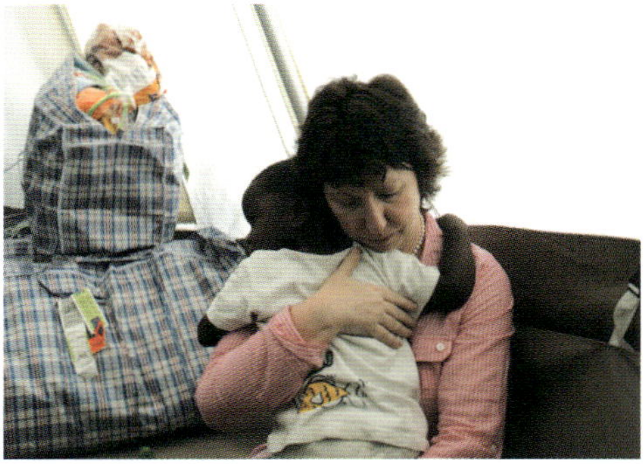

上圖：2010 年海地地震後，非政府組織（NGO）搭建的帳篷內部，用來協助兒童與各個家庭。

中圖：阿戈斯蒂諾·米奧佐（左）與凱瑟琳·艾希頓在海地討論重建計畫，歐洲的軍方與非政府組織共同參與。

下圖：日本仙台附近一處村莊在 2011 年地震與海嘯過後的殘骸景象。

上圖：2012 年在埃及舉行的工作小組會議，旨在支持民主與經濟成長。當時的總統穆罕默德．穆西召開此會議，以安撫歐洲商界領袖。

上圖：穆西遭罷免後，凱瑟琳．艾希頓於 2013 年夏季拜會時任國防部長阿卜杜勒．法塔赫．賽西，商討當時局勢。

上圖：2011 年，凱瑟琳．艾希頓與歐盟團隊在班加西自由廣場與積極分子會面。

上圖：歐巴馬總統與凱瑟琳．艾希頓出席 2014 年於布魯塞爾舉行的歐盟－美國峰會。

上圖：塞爾維亞總理伊維察・達契奇（右二）與科索沃總理哈辛・塔奇（左二）於 2012 年 10 月首次會面。義大利外交官費爾南多・真第利尼與凱瑟琳・艾希頓坐在兩方代表團之間，地點為歐盟對外事務部（EEAS）大樓內凱瑟琳・艾希頓的辦公室。

上圖：2011 年 6 月，美國國務卿希拉蕊・柯林頓與凱瑟琳・艾希頓在立陶宛維爾紐斯舉行的「民主國家社群」活動中合影。

上圖：2013 年，科索沃與塞爾維亞總理於布魯塞爾握手，展開一輪對話，最終促成了《布魯塞爾協議》的簽署。

上圖：2013 年 11 月 24 日凌晨 5 點，六國與伊朗代表召開記者會，宣布就伊朗核計畫達成臨時協議。

上圖：伊朗外交部長穆罕默德·賈瓦德·扎里夫與凱瑟琳·艾希頓在伊朗核協議談判期間，步行前往記者會現場。

上圖：伊朗核協議宣布後，美國國務卿約翰·凱瑞擁抱凱瑟琳·艾希頓。

上圖：2014 年 1 月 28 日，在烏克蘭危機初始時，俄羅斯外交部長謝爾蓋·拉夫羅夫與凱瑟琳·艾希頓會面。

上圖：2013 年，凱瑟琳．艾希頓在基輔的邁丹，由後來成為烏克蘭總理的阿爾謝尼．亞采紐克陪同。

上圖：2014 年夏季，俄羅斯總統普丁與凱瑟琳．艾希頓在明斯克等待會議開始。

上圖：2014 年於明斯克召開的首次烏克蘭危機會談。由左至右依序為：哈薩克總統努爾蘇丹．納札爾巴耶夫、俄羅斯總統普丁、白俄羅斯總統亞歷山大．盧卡申科（會談主辦人）、烏克蘭總統彼得．波洛申科、凱瑟琳．艾希頓、歐盟能源事務執行委員歐廷格（Günther Oettinger）、歐盟貿易執行委員卡雷爾．德古赫特（Karel De Gucht）。

五、阿拉伯之春（二）：利比亞的瓦解

飛機盤旋降落至班加西（Benghazi）機場時，我能看見下方黃灰色調的石建築。時不時就有一座建築遭到精準的「夷平」而消失不見，留下兩邊完好無損的建築。我乘車離開機場的路上，看到海報上用潦草的字大大寫著「我有一個夢想」，人們驕傲地宣布班加西成為了自由的新利比亞一部分。街道布滿瓦礫堆的同時，人們依然忙於日常生活，道路擁擠，店家都開門營業，男人們肩上扛著槍隨意走過。就在城市之外，戰鬥仍然激烈。

二〇一一年五月，利比亞正處於一系列危機之中，班加西更是混亂中心。這裡是媒體所說的「反叛據點」，也是反抗穆安瑪爾．格達費（Muammar Gaddafi），以及他專制政權的象徵所在。

當我走過新命名的自由廣場（Freedom Square），那裡還滿是示威活動留下的殘骸，人們認出了我。「歡迎凱希，歡迎歐盟。謝謝你們來！」法院大樓頂部飄舞著巨大的歐盟旗幟。我聽人說旗幟拉起來展開時有利比亞人哭了。有個騎自行車的男性在車把上插了面法國國旗。「薩科吉答應要保護我們，」他高興的對我說。「他真的做到了！」到處都瀰漫著自由的氣息，人們自在的做自己想做的事，有種輕微的無政府感。眾人大喊著，隨心所欲的鳴槍。這個景象很新穎，因為利比亞的獨裁者格達費不允許普通市民持槍。然而，在班加西，舊規則已經消失得無影無蹤。

格達費於一九六九年透過政變掌權，之後壓制改革、製造分裂、打壓異議。就如同其他獨裁者一樣，格達費宣稱此舉是為了維持國家穩定，因此他的行為是必要的。利比亞以往是個富裕的國家，能讓所有國民得到完好照顧，但格達費蓄意切斷一些區域的資金，作為反抗的懲罰。他執掌大權就代表利比亞只能原地踏步，民主也只會是遙遠的夢。但他帶來的壓迫也讓國家成了一個高壓鍋，隨時會炸開。席捲中東的戲劇性事件，也就是後來聞名的阿拉伯之春，迅速蔓延到了利比亞。

二〇一一年二月，示威主要在班加西爆發。軍警直接朝示威群眾開槍，造成超過一百人死亡，也招致世界各地的強烈譴責。聯合國安理會凍結了格達費的資產，但他依然召集軍隊，向東攻往班加西。

作為回應，法國總統薩科吉向英國首相卡麥隆提議設置「禁航區」，以保護班加西民眾。

英國和法國很快就同意了這個選項，其他不願直接涉足利比亞戰場的國家也紛紛支持。設置禁航區的決定得到了各國關注，但禁航區的定義卻是眾說紛紜。布魯塞爾軍方指出，設置禁航區代表有責任採取行動，包括準備擊落飛機、先發制人摧毀機場、干擾雷達等，甚至還可能直接毀掉一個國家的防空系統。隨著「禁航區」這個名詞在各國領袖、評論員、非政府組織口中出現，可以發現有些人只覺得是在和善的巡邏空域，就連明白這是軍事行動的人也對禁航區的定義眾口難調。

在利比亞，格達費的反對者建立了國家過渡委員會（National Transitional Council, NTC）。歐洲議會邀請他們到史特拉斯堡（Strasbourg）參與會議。受到突尼西亞總統班・阿里遭罷黜，以及最近埃及總統穆巴拉克辭職的鼓舞，國家過渡委員會的代表馬哈茂德・吉卜里勒（Mahmoud Jibril）在議會上爭取歐盟支持。吉卜里勒是個輕聲細語的人，曾在格達費政府任職。然而並不是所有人都了解這個組織，很多國家都對其成員組成持謹慎態度，更重要的問題是，他們代表著誰。也許他們想領導自己的國家，但人民是否願意跟隨他們還是未知數。再者，我也不確定能否讓歐盟國家統一立場。委員會主席穆斯塔法・阿卜杜勒・賈利勒（Mustafa Abdul Jalil）是格達費的前司法部長，曾於一九九九年控告五名保加利亞（Bulgaria）護理師蓄意讓超過四百位孩童感染愛滋病毒。原本這五人遭判死刑，後來縮減至無期徒刑，但他們在返回保加利亞得到赦免前還是在獄中待了八年。無可避免，保加利亞人會因此警惕賈利勒。再說，我們對委員會三十一名代表幾乎一無所知，不可能因為他們與格達費為敵就輕易接受他們。

國家過渡委員會代表離開史特拉斯堡，前往巴黎，薩科吉總統向賈利勒確保法國會支持他們。他的表態在歐盟和利比亞眼中是一則強烈訊息，意思是如果利比亞人民願意跟隨賈利勒和他的同僚，歐盟就接受和委員會合作。

三月十日，北約召開了會議，請各國國防部長前來與會。我穿過布魯塞爾，短短的旅程，來到當時的北約總部。這棟奇怪的建築原本是作為醫院設計的，這解釋了為什麼他們的走道和門都寬的誇張。北約成員國組成大多和歐盟一樣，但最主要的不同是北約有美國主導，他們是這個同盟的核心，擁有最龐大的軍隊。我坐在美國國防部長勞勃．蓋茲（Robert Gates）旁邊，他任內經歷過小布希（G. W. Bush）和歐巴馬兩位總統。在場大多數人都是為了聽他的意見而來，但令人驚訝的是，他對美國參與利比亞的任何行動語帶保留。我想白宮、國務院和五角大廈（The Pentagon）那邊還在討論，所以蓋茲部長只能先含糊其辭地應對。不過這好壞兼有。雖然重點移到了法國和英國身上，也突出了禁航區的前景本身，其他國家卻難以在缺少美國主導的情況下統一意見。

隔天週五是史上第三次特別召開高峰理事會，我們主要討論利比亞問題。我知道薩科吉總統與卡麥隆首相會敦促歐盟採取行動，不過在那之前，我和執委會主席若澤·曼努埃爾·巴洛索先提出了三項準則：資金、市場准入（market access），以及人才流動。資金能幫助國家發展基礎建設，歐盟市場准入能提振經濟，而人才流動可以讓年輕人來歐盟國家唸書工作，豐富未來選擇。還有第四項準則：軍事行動。我將這個留給薩科吉和卡麥隆主持討論，只提到七千名歐洲公民已得到協調疏散。每架歐盟國家的飛機都不止載了本國乘客，他國公民也一樣能搭機撤離。例如兩架英國 C130 力士型運輸機（Hercules aircraft）總共只載了四十名英國公民，其餘都是他國人。（其他英國人已經全數撤離。）事實上，我們只剩七十位歐盟公民等著離開。

高峰理事會轉而討論禁航區。我指出就算我們同意設置禁航區，歐盟也沒有能力實施，所以我建議把任務轉交給北約。薩科吉總統與卡麥隆首相都搖頭，很明顯他們已確定要在北約之外帶領此次行動。如此一來，他們就必須在取得所有成員國同意的框架下建立領導地位。這個例子說明了為何歐盟共同防禦政策很難實施。北約主要的存在目的就是防禦，也掌握著武力，但他們還是很難達成一致意見。現在，至關重要的美國內部還在討論，所以所有目光都移向了領先各國的英國與法國。

卡麥隆向我指出，我們可以畫設禁航區，然後只干擾格達費的軍用雷達。我沒有否定，只說如果理事會要參與行動，我們必須有個共識。目前眾人還無法達成意見一致，會議好幾次變成幾個領袖分別圍在一起，試圖找到大家都同意的說詞。德國與羅馬尼亞（Romania）對此存疑，而法國與英國明顯相當挫折。眾人主要爭論的是，在理事會公開結論中直接描述禁航區的意義會造成什麼影響。梅克爾總理詢問，公開宣布禁航區是否會讓大眾期望我們實施，尤其這可能不是最佳方案。卡麥隆反駁了她，他說如果沒有把禁航區這個選項列出來，外界會認為歐盟退縮甚至放棄了。各國無論立場站在哪邊都不愉快。一部分人覺得自己被迫同意法國和英國，其他領袖則擔憂不採取行動會讓歐盟在侵略面前顯得事不關己。會議一路持續到深夜，期間時不時中斷讓眾人思考，或和其他領袖私下討論。

與此同時，我陷入了一場小型媒體風波。我的新聞團隊犯了個錯，讓英國媒體振奮了起來，以為我反對禁航區以及卡麥隆。事實上我只是在試圖澄清他說的話。薩科吉和卡麥隆擔心一切都是我自導自演，我堅決否認了。我們一發現這個錯誤就趕緊處理掉了，但這幾個小時還是相當令人不適。卡麥隆最終接受了這只是陰差陽錯下出的亂子，之後沒再提起這件事，讓我鬆了口氣。

我們慢慢擬出了一份聲明草稿。隨著各方激烈爭論，我們一度把禁航區列進去，又拿了出來。最後梅克爾和卡麥隆決定妥協，用「一切可能的手段」來描述我們可能會採取的行動。聲明中沒有直接提到禁航區，如此一來，支持設立禁航區的人可以說它包含在「一切可能的手段」

內，而反對的人也可以說對他們而言禁航區不在考慮範圍。有時為了要往前推進，要特意留出一點可供詮釋的空間。通常這種模糊用字不會成為最終定案，但這能讓正式會議之外的討論更容易進行。

協議規定，必須先達成三項條件才能採取行動。第一，行動需有法律依據，例如有聯合國安理會的決議授權。第二，該地區必須支持這場行動，尤其是位於開羅的阿拉伯聯盟，他們代表所有阿拉伯國家。第三，我們要先確定行動有何必要。這是所有人都能支持捍衛的立場，理事會明顯鬆了口氣。不管是國家元首還是部長階級，都很難達成共識。因為各種政治、地理、歷史因素混雜的關係，每個國家都有不同的立場，因此我們難以找出答案。不過，至少在理論上，我們一致同意的結果也更強而有力。無論如何，一切都需要時間。

高峰理事會結束後幾天，開羅的阿盟擔心班加西民眾的安全，投票通過了禁航區。高峰理事會設的三項條件已經達成兩項，接下來就看紐約的安理會如何決定。與此同時我飛去開羅，與阿盟祕書長阿穆爾．穆薩會面。七十幾歲的穆薩，已經帶領了阿盟十年，一直堅定捍衛民主與人權。所有外交部長來開羅都少不了他的建議，穆薩的知識和見解都是無價的。

我們先談了埃及的事，接下來專注於利比亞。他堅定的說：「我們已經做了份內的事，投票通過了禁航區，所以現在我們要看到禁航區實現。」出於好奇，我問他阿盟有沒有一致同意禁航區的哪種定義。他很清楚。我們應該先阻擋利比亞的雷達，並為格達費的回應做準備。

三月十四日，法國主辦了八大工業國組織（G8）高峰會，外交部長們是這次非正式會議的主角。與會代表來自法國、德國、英國、美國、日本、加拿大、義大利，以及當時第八個成員國，俄國，歐盟代表也一直在場。（之後俄國因為吞併克里米亞而遭凍結會籍，G8正式恢復成G7。）高峰會的焦點取決於哪個國家擔任主辦國。這次薩科吉總統為他在利比亞問題上的立場爭取支持，並讓法國占據領導地位。我抵達時，法國、英國正努力推動行動，俄國、德國較為謹慎，美國則是刻意保持了沉默。根據美國媒體報導，國防部和國務院之間產生了分歧，因為他們考慮到又一次干預該地區會帶來的後果，也可能影響他們在伊拉克（Iraq）和阿富汗一直以來的行動。週一晚上，我在法國外交部和希拉蕊·柯林頓聊過了。她當然有謹慎考量過美國要採用哪個選項。她早早就離開了會議，回到華盛頓特區（Washington DC）繼續討論。

所有國際會議中，最後發出來的公報都是討論焦點。公開聲明要讓全部與會者都同意，通常得經過一番激烈爭論。令法國團隊非常不滿的是，他們原本希望法國能強勢占據領導地位，但各國意見卻出現了分歧。薩科吉總統說法國擔任歐盟輪值主席國時，他在解決俄國喬治亞（Georgia）衝突中扮演了重要角色，而現在他希望他在G8的主席地位也能像那時一樣穩固。週二下午高峰會結束時，我還是擔心我們除了在阻止班加西受到攻擊這點有共識外，對禁航區定義沒有共識，對於各自定位更沒有。

從「採取軍事行動會改善現況」這個預期，到預期真的實現有很長一段距離。要是沒有準備好面對行動的後果，會帶來毀滅性的災難。當地充滿了暴力與革命，我們在這種背景下行動，沒人知道最終結局。資源終究有限，他們要求資金來重建搖搖欲墜的經濟，加總起來也十分龐大。而雖然和平過渡在某些地方相當有希望，整體來說也並不確定。換句話說，我們不知道利比亞究竟會變成什麼樣子，不知道誰會掌權，也不知道推翻舊政權的勢力上位後是否會帶來民主，或是換一種壓迫和腐敗的形式。

但目前的問題是，聯合國安理會是否會通過利比亞決議，達成高峰理事會設下的第一項條件。法國、英國正與黎巴嫩共同起草決議，法國和英國是安理會五個常任理事國之二，而非常任理事國席位兩年輪換一次，黎巴嫩當時就占其一。

他們正琢磨用字時，美國提供了一份更強硬的決議草案，將展開空襲以支持班加西的可能包含在內。我向副國務卿比爾．伯恩斯說，他們用一步就從「毫無地位」跨到了領導地位。「我們喜歡越過所有人。」他回答。「我們一決定要做，就會直接做。」

所有人都等著看這份決議會不會通過，五個常任理事國又會不會動用否決權。法國、英國和美國站在同一陣線，但俄國和中國的心思較難猜測。非常任理事國根據選舉輪換，沒有否決權，但他們的意見依然重要。決議拿到越多票，行動時就更有權威依據。巴西外交部長對此表示不安：「這場騷亂中到目前為止還沒有一面歐盟或美國旗幟遭到燒毀。我們希望保持這種狀態，所以必須小心。我們和南非、印度皆反對軍事行動。」幕後，支持決議的人正努力說服其他人也投贊成票，或直接棄權。法國堅持一定要展現領導地位，派了外交部長阿蘭·居貝（Alain Juppé）親自參加安理會，而不是交給大使處理。

最終，他們的努力成功了。沒有國家對軍事行動投下反對票。德國、巴西、印度都棄了權，中國和俄國也是。俄國總統梅德維傑夫同意某些分析，但不是全部，這些還不足以讓他同意，只夠棄權。之後莫斯科表示他們棄權是因為受到誤導，尤其是美國的誤導，這才誤會了軍事行動的重點及範圍。普丁再次當選總統後，他們這次棄權成為了美國表裡不一的證據，俄國也更常動用否決權。當時我認為俄國之所以會棄權，更多是因為受了阿盟的影響。俄國很注重與阿拉伯國家的關係，而且非常多人反對格達費。

最終，高峰理事會設下的三項條件都達成了。我和高峰理事會主席赫爾曼·范宏畢共同發表了聲明慶賀決議通過。我寫信給巴洛索：「挑戰正懸在我們頭上，必須立刻緊繃起來……處處都是經濟與政治困境，陷入混亂的風險也時刻存在。我們必須像經歷過革命的人一樣，幫助那些想要改革的人。」我希望我們都能清楚自身的角色：「我們是，在外人眼中也應該是，各國可以一直依賴的夥伴。」

不出所料，薩科吉總統宣布下週六他打算在巴黎舉辦會議。這種會議通常不會公開，因為與會的達官顯貴相當多。另外，大家都知道，出席實際上等同於答應參與軍事行動，而有些人不想輕易表態。非洲聯盟有不少國家非常不樂意看到任何和格達費對峙的行為。非洲聯盟委員會主席讓．平（Jean Ping）就表示他因「政治與後勤因素」而無法出席，因為五位非洲元首要在同個週末前往利比亞進行調解。

我的團隊也頗為憂心。德國與法國依然無法站到同一陣線。去巴黎等於支持法國，不去等於站到德國那邊，要做出決定就勢必會偏向其中一方，簡直是我的噩夢。幸運的是，兩國達成了協議。梅克爾總理同意出席，但德國不會直接參與軍事行動，而是以其他方式協助。「我們希望朋友能獲得勝利。」她說。我鬆了一口氣，準備前往巴黎。

會議在美麗的愛麗榭宮（Élysée Palace）舉行，這裡是法國總統官邸。每位與會者都走了紅毯，還有拍照時間，一旁軍方與外交團隊隨時待命。到場人數不少，而且薩科吉總統看起來最為高興能成為這場盛會的焦點。現場有加拿大、德國、西班牙、義大利與挪威等十一位國家領袖，以及阿聯、約旦、卡達、摩洛哥的外交部長。希拉蕊．柯林頓、聯合國祕書長潘基文，以及阿盟代表也都有到場。歐盟由我和高峰理事會主席作為代表。

華麗的桌旁標示了我們各自的座位，我坐在西班牙首相薩巴德洛，與加拿大總理史蒂芬．哈帕（Stephen Harper）之間。薩科吉總統的對面是潘基文，他明顯正擔憂聯合國會和軍事行動扯上關係。我和潘基文在會議休息時間湊到一起，各自表達我們對軍事行動後果的擔憂。

薩科吉總統用輕快的語調為會議開場，相當有效率。他不打算邀請大家討論，而是直接進到結論。「我們聚在這裡是因為利比亞正處於危急情況。我們必須採取行動，這是種道德責任。我們已經確認過需要做的事，有法律依據，也獲得了當地支持。我們是否能共同向前？」他邀請了潘基文向與會者強調聯合國決議的重要。潘基文答應了，他強調「國家保護責任」（the Responsibility to Protect）這條聯合國一致認同的原則，目的是保護所有人民免於謀殺等危險，並賦予安理會在極端狀況下行動的權力。利比亞的現況似乎就符合要求。薩科吉也邀請了其他與會者上台發言。眾人都表明他們支持此次行動，其中有些用詞較為模糊，有些較為明確。義大利願意提供他們的軍事基地，而西班牙、加拿大、丹麥、挪威和其他國家提供了飛機。九十分鐘後，薩科吉再次發言：「我們的飛機將在兩小時內抵達利比亞。」他宣布。沒想到行動會這麼快開始的人聽到這番話感到了些許驚慌。法國又一次穩穩占據主導權，儘管大家都知道最後還是會由美國的武力主導行動。

不過還是有很多問題懸而未解。雖然高峰理事會的三項條件都已達成，確保歐盟能團結，但我依然不確定我們是否會公開討論空襲的事。就算先把這放到一邊，我們也沒討論過要是格達費撤退，等待時機再次進攻怎麼辦，或是空襲要持續多久。這場會議不打算討論這些細節，幾個小時後就會投下第一批炸彈。我希望有人在處理這件事。阿盟和國家過渡委員會都堅決不容許外國軍隊踏上利比亞土地，美國、英國和法國也都不打算挑戰他們。所以我們達成的協議前提是空襲有效，而要是證實空襲無效，我們也沒有共識該如何推進。最特別的一點是，會議上幾乎所有人都說格達費該下台。「他已失去合法性」這句話出現的最頻繁。聯合國決議並不包含政權更迭，但我們期待這樣的結局。

歐盟所有成員國似乎都同意巴黎那場會議的決定。某些國家相較起來參與更多，但沒有國家提出反對意見。這已經是最好的情況了，尤其問題關乎軍事行動。空襲在接下來幾天正式展開。第一批飛機是法國派出的，如同薩科吉先前的承諾。一開始的十國聯盟擴張成了十九國。三月二十四日，北約正式接管禁航區，而地面部隊仍由聯盟管轄。三月底，北約接手了軍事行動計畫。總體來說，北約共執行了兩萬六千次飛行任務，其中九千七百次為空中突襲。

我在第一階段空襲的最後去了班加西。格達費之前揚言要掀起屠殺，不過空襲扼殺了他的計畫。但這個時候已經有超過二十五萬民眾逃離了戰場。其中很多人原本屬於石油業和食品業，我們也聽說所有埃及烘焙師都離開了，導致利比亞現在鬧起麵包荒。不管真相如何，大批人民離開、經濟崩潰都是事實，影響十分深遠。勞工無法再把薪水寄回家裡，以致他們原本國家的家庭出現經濟狀況，包括鄰國突尼西亞和埃及，或是更遠的菲律賓與印度。最終將近一百萬埃及人離開了利比亞，在動亂不安中回到家鄉。

我這次來利比亞主要是為了見國家過渡委員會，和志在給國家帶來嶄新未來的人們談話。有謠言說委員會內部分裂，我希望確認這點，但我更急切想聽聽看他們的計畫。天還沒亮，我就搭上義大利空軍的飛機從羅馬起飛，但他們堅持我不能在這過夜，太危險了。事實上，我是轟炸停止後來這裡位階最高的外交官。

國家過渡委員會集會地點在一棟低矮、平頂、外觀毫無特色的政府建築物中，可以在任何地方看到類似的建物。一個叫法蒂瑪的小女孩在門前迎接我，她穿著傳統服飾，手指、手腕和腳踝上都戴著捶打紋銀飾。她才六歲，卻已經長得很高，成為注意力焦點時還有點害羞。她遞了一束花給我，歡迎我來到利比亞。儘管情況特別，人們還是沒忘了禮節。法蒂瑪和母親還有兩個弟弟住在一起，她父親死後是她叔叔在照顧她們一家。我牽起她的手，我和委員會談話時她就一直坐在我身邊。她象徵了委員會想創造的未來。那年我再次造訪利比亞時，法蒂瑪給了我一封乾向日葵裝飾的信，還有她和弟弟的照片。

委員會共有三十一人，其中九位是女性，這個性別比例已經比很多政府組織都要好了。成員都來自利比亞不同地區，有些在格達費政府任職過，有些則放下了海外的工作回國。負責重建的人就是從世界銀行（World Bank）回來幫忙的。他們各有不同的背景，來自不同的地方，所以他們更能知道整個利比亞需要的是什麼。我也看不出委員會有何分裂之處。

我聽了很多關於重建、醫療一直到教育的短講。他們聽起來就像等著正式上任的政府，我說，他們很開心。「我們想一切自己來，」他們告訴我。「只是有些地方需要妳的幫忙。」一國家過渡委員會一旦上台，就會拿到相當於六百億美元的國家預算，準備處理最急迫的需求。他們必須說服重要的石油與天然氣勞力回來，才能重振經濟。我問賈利勒他們打算如何管理財務，他知道要以透明包容的方式把資金給到各個地區手上很困難，他們還需要很長一段時間才能打理好所有事情。

一個要立即處理的問題是國防。利比亞邊境正漏洞百出，國內也有武器氾濫的問題，其中一些武器來自尋求戰爭的傭兵。委員會需要培養警察部隊和邊境管理部門才能平息這場混亂。我們在這部分可以幫上忙。年紀長一點的群體較為在乎國防安全問題，而年輕一輩更在意建立民主。但不管他們著眼的是什麼，他們都不會忽視眼前的難題。城市外圍的戰爭十分殘酷，格達費也還未有落敗的跡象。他們都有家人朋友在前線戰鬥，我坐著和他們對話時，能感受到那種對模糊未來的緊張恐懼。

我們談了好幾小時，之後餐點到了。我本來就很喜愛中東食物，過了這麼長一天也早已飢腸轆轆。但我們拿到的是炸雞薯條，裝在白色紙盒裡，旁邊還附上了塑膠叉。不過食物在路上就冷掉了。在班加西吃這個實在是很奇怪，我們笑著調侃這特別的幾天，恐懼也不能阻擋我們的好心情。我帶著祝福離開了委員會，去見一群十二個年輕人組成的團體，他們在城市其他地方集會。他們有在運營廣播站，發展女性支援網路，以及參與慈善工作。有些人曾是關押多年的政治犯，像是穆罕默德，他快三十歲了，現在在人權團體內工作。穆罕默德出乎意料的對自己的過去很樂觀。「關在監獄還不是最糟的。」他告訴我，但我很難想像。「最糟的是格達費要殺死我們的靈魂和夢想。」雅季德在一旁點頭表示同意，他是前工程師，現在在運營報社。他是典型的「青年黨」，崇尚民主的革命派。他們很多人都辦了報紙或建起廣播站，此時班加西至少有五十五家報紙。有些女性充滿熱情地說，希望她們未來可以在國家占有更重要的地位。「女性必須相信自己，我們可以一起建設民主。我們之前都沒有這種機會，所以我們需要幫助。」娜達說，她是個年輕的積極分子。穆罕默德用關於民主的論述來結束會議，我在太多年輕人口中都聽到了這些。「我們不只是想要選舉，」他說。「我們想要你們擁有的，能選擇民主作為生活方式的權利。」

要和國家過渡委員會直接合作，我們得先在班加西有個基地。阿戈斯蒂諾．米奧佐是我們的危機規畫負責人，他與執委會密切合作，提供現有的資源。對外事務部成立還不到六個月，這會是一項大挑戰，我們也要面對與先前代表團截然不同的期望。一般來說，衝突看起來一觸即發時，代表團就會撤回。現在衝突已經爆發，對外事務部才正需要留在現場，直接提供援助或利用外交手段解決事件，而不是隔著大老遠幫忙。我們雇用的人都是自願的，而我有責任照顧他們的安危。但我們現在要處理的，是比預期還要艱困的挑戰。我們得改寫政策，才能考慮到對外事務部在這種情況下的新角色，也確保人員安全絕不受影響。外交官、開發人員、安全專家，還有全歐洲來的援手，他們對利比亞付出的熱情實在讓我歎為觀止。

電視播放著利比亞武裝分子奔跑著與格達費軍隊交戰，然後轉身逃跑的混亂場面，促使英國和其他國家派出軍事顧問。隨著戰鬥往首都的黎玻里（Tripoli）推進，我方勝算越來越大。在北約轟炸支援下，他們進了首都。此時利比亞已經成了布魯塞爾的頭號緊急事項。八月三十一日，一支歐盟團隊抵達的黎玻里，把旅館房間當成長期統籌中心，同時也和國家過渡委員會商量在哪裡建歐盟兼成員國使館。投入行動迫在眉睫。

隔天九月一日，薩科吉舉辦了「支持新利比亞會議」。他邀請了之前也參與過巴黎會議的大部分國家與組織，這次額外找了中國、俄國還有印度。大家都對這次依然在巴黎舉行毫不意外，卡麥隆也信守承諾，沒有和他爭論這次應該輪到倫敦。我期待薩科吉和卡麥隆盡快參訪利比亞以表支持。兩週後他們飛抵的黎玻里，媒體拍下了他們走在城市中的樣貌，人們的雀躍歡迎也讓他們相當愉快。

到這個階段，二十七個成員國終於可以相對直接的支持利比亞了，現在我們只需專注在如何讓利比亞轉變為和平、民主、成功的國家，而先前我們還得考慮軍事行動的問題，很多國家都鬆了口氣。

每個歐盟國家都知道，歐洲走到二十世紀的自由民主之前，經歷的是漫長、血腥、痛苦、緩慢的一條路。歐盟是在各種衝突和民主崩毀中孕育而生的。就算我們主張民主是人類不可或缺的根基，我們也得保持謙卑。前面等著我們的是又長又複雜的深民主塑造過程，光是可以自由選出或推翻厭倦的政府還不夠。如果要讓民主長存，就同時需要確立其他原則，像是法律、言論自由、財產權、自由貿易聯盟、強力的公民社會、獨立司法系統，還有很多很多。或者借用班加西的年輕人穆罕默德的話，利比亞要讓人民有「能選擇民主作為生活方式的權利」。

與此同時，還是沒發現格達費的蹤跡。這個階段已經不太可能再出現長期僵持導致混亂的情況，但我們有些人還是很緊張。聯合國已經承認國家過渡委員會為利比亞的合法政治代表，不過他們現在很難再做出什麼決策了。因為歐洲的外交部長們正一個接一個飛來，親自提供援助。委員會甚至還打來問我能不能叫他們不要再一窩蜂的來了。他們困在拍照和會議的循環中難以脫身。因為實在不好意思拒絕任何會面，他們能做事的時間所剩不多。

我希望能協調出一系列的連續計畫，來幫利比亞度過艱難的時光。我向聯合國、阿盟、非洲聯盟和伊斯蘭合作組織（Organisation of Islamic Cooperation, OIC）提議一同合作，自稱開羅團隊（Cairo Group）。我們時常會對軍事行動有不同，甚至是相反的意見，但我們想幫助利比亞的心是相同的。

歐盟團隊也在布魯塞爾頻繁開會，確定了我們能提供援助的四個領域。第一，透過無國界醫生（Médecins Sans Frontières）、紅新月會（Red Crescent）、紅十字會等組織送去食物與藥品，還有重要的水泵所需的燃料。第二，訓練新警察部隊和邊境管理部門，並提供顧問。第三，解除制裁，讓外國勞力回流，並讓現金流通透明化。一個一個裝著利比亞鈔票的行李箱就在倫敦，一等到銀行營業就會馬上送過去。第四，協助公共建設，這是構成民主社會的基石。

九月，資歷老練的英國外交官吉姆．莫蘭抵達的黎玻里，準備設置歐盟代表團。敵對民兵和格達費擁護者還在試圖重掌控制權，因此情況很危險，而且吉姆能動用的資源也很少。銀行沒開門，也只有聯合國的飛機能搭。所有東西，包括一捆捆的現金，都需要飛機載進利比亞。米奧佐和吉姆在極其艱困的情況下，出色地將一切事情組織的井井有條。

格達費逃離了抓捕。等待新政府建立的同時，我們開始了第一天就制定好的計畫，將援助帶進利比亞。發展、安全和人道援助專家組成的評估小組將立刻部署，加入當地的聯合國團隊。他們會確定哪裡需要什麼，什麼時候需要。與此同時，歐盟政治與安全委員會的大使們會批准解除制裁。其他團隊則會處理抵達的資源和分配，以配合評估工作。

但所有計畫的前提是利比亞確實有主導權。我們可以馬上運送、分配食物和藥品，接著轉向國防安全問題。歐盟國家已經準備好派遣專家來訓練當地警察和海關官員，以建立邊境管理。但首先得有個掌權者邀請他們，尤其是因為他們自己也需要保護以及後勤支援。如果國家過渡委員會不挺身而出，就沒有人能推進。

十月二十日，格達費在蘇爾特（Sirte）遭到俘獲並殺害。二〇一一年十月二十三日，全國過渡委員會正式宣布結束戰爭、解放利比亞。要是事情有這麼簡單就好了。馬哈茂德．吉卜里勒很快就成為了臨時總理，也表明一旦蘇爾特得到「解放」就會下台。他最後也辭職了。他任職期間不太好過，總有人指控委員會動作太慢，還有他花太多時間在國外。我只在二〇一九年再見過他一次，他告訴我，他怕追求民主是個錯誤。我說的確是錯誤，這是終極答案，他搖了搖頭。他看不到任何能讓利比亞通往民主的路。他在二〇二〇年因心臟疾病以及確診 Covid-19 住院，最後死於開羅。

二〇一一年十一月，我飛抵的黎玻里，見了國家過渡委員會主席穆斯塔法．賈利勒，以及新總理阿卜杜勒．凱卜（Abdurrahim el-Keib）。我正式啟用了第一批歐盟代表團，也在利比亞婦女權利論壇（Libyan Women's Rights Forum）發表演說。社會很歡迎女性參與示威等活動，但是女性若想在新政府任職就難很多。我看過這種情況很多次，最近一次是在開羅。我在解放廣場遇過一位年輕女性，我講了她的故事。「我們要求穆巴拉克下台時，男人們非常希望我在這裡。可現在他真的下台了，他們卻叫我回家。」她這樣對我說。她決意留下來。我敦促在場的女性：「不要輕易回家！」

幾週前，我們帶了來自利比亞十二個不同城市的女性，前去觀察突尼西亞選舉。作為回應，利比亞也在的黎玻里設置了選舉觀察協會（Association for Election observation）。她們精力充沛，我也答應要催促賈利勒來這裡看看，這裡有兩百位女性立志要為利比亞的未來努力。她們給了我一個金色的大金屬板，上面仔細刻了日期、活動名稱，還有我的名字。我深深為此感動，至今都留著它。

啟用代表團對我來說尤其感慨萬千。情勢一直都不容易，隨時有可能遇到民兵攻擊。參加婦女權利論壇時，我隱隱約約意識到團隊臉上不安的表情，以及他們時不時接到的電話。我問怎麼了，他們只說一切正常。之後我才知道，帶我們飛來的黎玻里的飛機遭到劫持，是控制津坦（Zintan）的民兵組織做的，民航局正和他們爭論能否讓我們離開。幸運的是，等到預定出發時間，整件事已經解決，飛機也回到了我們手中。但這次經驗也證明了情勢有多麼不穩，沒有人能控制局面。過渡政府無法決定他們究竟需要什麼，也拿不出能讓聯合國或歐盟入駐的授權。他們甚至還懷疑自身合法性，以致於不敢向外界求援。聯合國團隊的領袖伊恩．馬丁（Ian Martin）和吉姆．莫蘭都表明，只有他們才能給出授權，但他們似乎一直無法下定決心。歐盟援助依然在流入，截至此時共值一億五千五百萬歐元。但我們還有太多事要做，尤其是研究如何收編與格達費戰鬥過的武裝人員，格達費的庫藏無人看守，他們從那裡拿到了武器。他們需要工作，需要未來。但現在他們正全副武裝在街上遊蕩，佔領了高速公路檢查站。

凱卜說國家過渡委員會有個計畫，算是吧，讓他們一個一個併入軍警系統，或給他們找別的工作。這個計畫聽起來太慢、太沒效率了，事實上也是。凱卜非常謹慎，我想一部分是因為委員會五十一人中，只有二十六人投給了他。擴增後的委員會內部更有多樣性，卻也多了分歧，明明眾人曾經齊心協力推翻了格達費。要讓國家回到正軌，就得採取大膽的做法，但很明顯我們是看不到了。非但如此，委員會在意的是即將在七月舉行的選舉。

國家權力真空的同時，國內意見分歧也逐漸擴大，分成追求民主與否兩派。殘暴冷酷的獨裁者下台後，換來更多人試圖掌權，就算不能掌控全國，也要控制自己的區域。隨著民兵勢力壯大，局勢越來越不穩。利比亞這樣一個充滿潛力的國家，正逐漸走向無政府狀態。在軍事行動籌備期間，羅伯特・庫柏爵士（Sir Robert Cooper），一位帶領了布魯塞爾幾年外交事務的資深英國外交官，用一句不言而喻的老話提醒了我：「沒有任何作戰計畫在遭遇敵軍後還有用。」我在本書中一直強調的就是這個。雖然國際社會決心要拯救班加西人民，也支援了反對派，但我們沒有給予接下來發生的事足夠的關心。

安理會決議不包含廢黜格達費，如果有的話俄國與中國一開始就不會支持，但巴黎會議中大多數人都以此為目標。英國國會的外交事務委員會（Foreign Affairs Committee）得出結論，二〇一一年夏天，英國政府對利比亞政策已經改為支持政權更迭。即使我們從伊拉克的錯誤學到許多，眾人還是毫不懷疑地相信，解放利比亞的結果會不一樣。

不幸的是，利比亞隨之而來混亂的政治情勢就是伊拉克的翻版。當時決定軍事行動的勢頭很猛烈，甚至建議暫停或改變策略的人都會受到懷疑。我見證過，也曾參與其中。討論轟炸班加西那幾天，特別是在高峰理事會，有幾個與會國家表示擔心軍事行動的後果，就遭到如此對待。三項條件確實都已達成，有聯合國決議、阿盟的要求，以及明確的威脅。各國在行動期間也大力支持。但依然令人不安的是，我們沒有去想這場行動之後會發生的事。我們回頭看向伊拉克，感到不寒而慄，我們可能又讓另一個國家陷入了相似的混亂。

這個決定相當艱難，完美的解決方法並不存在。要是國際社會沒有對格達費發起軍事行動，他可能就會屠殺班加西人民，並向反對黨發起戰爭。成千成萬的利比亞人可能會遭到殺害，或在日漸殘暴的獨裁者統治下受盡折磨。不過我們只著重展示了硬實力，而缺少運用軟實力的長期規畫。面對陷入危機的廣大地區，我們拚命去理解眼前的情況，並想出最好的回應方法。與此同時，社群媒體咆哮著要一個強而有力的口號，而忽視了混亂的現實。急著採取行動之前，沒有人諮詢過有利比亞工作經驗的人，就算有，他們的意見也無人在意。之前提出過要阻止劫掠來的武器繼續流動，卻也沒有下文，一開始是因為軍事行動迫在眉睫，沒有人力去做其他事，而後來又因為無政府狀態太危險了。

利比亞境內的暴亂升級，不久後我不得不下令讓歐盟人員撤離，為了他們的安危著想。十一月啟用歐盟代表團的景象感覺是很久之前了，令人難受。

既然我們沒能取得進展，各方注意力自然也轉移到了他處，關注其他問題和要求。危機與災難不會有條不紊的來，而是一團亂的撞進視野裡，中間不給喘息的機會。我聽到正義、民主、自由的呼聲迴盪在各個城市與國家，來自同樣想要更好生活的人們。這些年裡，我看著他們的夢想受到其他勢力的打擊破滅，因為另一群人對他們想創造的社會有著截然不同的想法。我們要做的可以用一句話來說明，那就是締造即使經受打擊也能生存的深民主，以及長期投入時間資源來達成目標。

六、西巴爾幹半島：塞爾維亞與科索沃的對話

雪布尼查（Srebrenica）這個地方充滿了悲痛。

這裡是位於波士尼亞與赫塞哥維納（Bosnia-Herzegovina）的小山村，第二次世界大戰後南斯拉夫（Yugoslavia）解體，自那之後衝突與恐怖就蠶食了此地，甚至出現了種族滅絕，成千上萬的人民死去，更多人失去蹤跡。

拉特科．姆拉迪奇（Ratko Mladić）帶領波士尼亞塞族軍（Bosnian Serb fighters）屠殺了將近八千名穆斯林男性。

塞族軍為了遮掩罪行，將屍首挖出，重新埋到八十多個地點，有些地方離雪布尼查非常遠，導致不可能完好無損的找到一個人。

姆拉迪奇逃離了抓捕，但在二〇一一年五月落網。此時我剛好搭乘飛機降落在塞爾維亞機場，這是我第一次正式造訪首都貝爾格勒（Belgrade）。我得知他已經遭到逮捕，總統鮑里斯．

塔迪奇（Boris Tadić）熱切的要和我分享他落網的照片。* 不管是不是巧合，總歸是令人高興的消息。

二〇一三年春天，我造訪了雪布尼查紀念址。我是從波赫首都塞拉耶佛（Sarajevo）過去的。那裡還殘留著戰爭氣息，建築物遭到砲火掃射的痕跡依然可見。我見了雪布尼查母親（Mothers of Srebrenica），她們是一群在屠殺中失去兒子、丈夫、兄弟的女性。她們帶我參觀了緬懷逝者的地方。每個墓穴都有雕得像箭矢的白色墓碑，上面刻著受害者的名字。墓碑一排接著一排，一直延伸到遠處。這些年來，不少家屬靠著去氧核糖核酸（DNA, deoxyribonucleic acid）檢驗、美國衛星科技，還有分析土壤、衣物、殘骸的方法，才得以埋葬親人或他們的物品。一位女性走近我，輕聲說她正在埋十二歲兒子剛找回的一根骨頭。已經過了十八年，這就是她能找到的全部。她說，也許之後會找到更多，有些家庭什麼也沒找到。

母親們帶我進入紀念堂，這裡以前是電池工廠，當時他們就在這拆散等待處決的家人們。一個一個玻璃罩裝著死者的照片和個人物品，訴說著他們的故事。有些人摸著玻璃啜泣，那些是她們摯愛的生命所剩的碎片。

他們請我坐在一條長而窄的板凳上，面前是一塊螢幕。接下來三十分鐘，糟糕至極的日子在螢幕上緩緩展開。我們的代表團領袖彼得・索倫森（Peter Sorenson）已經來過雪布尼查很多次，但他還是攬著一位母親默默哭了。這些故事實在令人心碎，我沒有完全崩潰只是因為要維持女性的尊嚴。她們經歷了強暴與折磨，見證了所有的恐怖與創傷，被迫看著她們的丈夫兒子遭帶走殺害。活著就是一種地獄。我永遠無法忘記那痛苦的一天，尤其不到二十四小時之前，我所帶領的塞爾維亞與科索沃之間的談判破裂了。

南斯拉夫解體後爆發了可怕的戰爭與種族滅絕，歐洲對此承諾讓七個前南斯拉夫國家都加入歐盟。幾個國家除了希望政局穩定，也想追求經濟安定。許多人還生活在貧窮之中，戰爭的痕跡也隨處可見。走在街道上，一定會看到建築布滿了彈痕，或整個炸飛。戰爭已經結束二十年，可旅館卻還在用塑膠布代替窗户。我任職時斯洛維尼亞（Slovenia）早已加入歐盟，克羅埃西亞也在二〇一三年加入。但要讓其他國家也加入歐盟，得先處理戰後諸多問題。

其中一個最難解的問題就是塞爾維亞與科索沃之間的關係，他們在數百年前就結下了樑子。塞爾維亞自十二世紀以來就統治著科索沃，建了許多美麗的修道院和教堂，今日仍能得見。十五世紀鄂圖曼土耳其帝國（Turkish Ottoman）征服了這塊土地，一直統治到了二十世紀。第一次世界大戰結束時，種族與語言上的科索沃阿爾巴尼亞人（Albanian Kosovar）成為了塞爾

---

* 海牙法庭判姆拉迪奇犯了種族滅絕罪以及反人類罪。

維亞的次等公民。第二次世界大戰期間，科索沃大多土地都歸屬於義大利控制的大阿爾巴尼亞（greater Albania）。二戰後，在總統約瑟普・布羅茲・狄托（Josip Broz Tito）率領下，科索沃併入了南斯拉夫，並於一九七四年獲得了高度自治權。狄托死後，動亂頻發，一九八九年塞爾維亞總統斯洛波丹・米洛塞維奇（Slobodan Milošević）撤回了自治權，關閉阿爾巴尼亞語言學校，也開除了科索沃醫生與公務員。他們有些人就此離開，也有些遭流放到邊陲地區。

一九九五年，西巴爾幹地區的戰爭終結，阿爾巴尼亞也陷入崩潰，進入權力真空期，導致科索沃解放軍（Kosovo Liberation Army, KLA）的興起，他們要求科索沃獨立建國。塞爾維亞對解放軍的反擊相當殘酷，各種挑釁和報復逐漸升級。西方曾與俄國合作，試圖談出雙方能接受的條件，但都失敗了。南斯拉夫剩餘政權，也就是塞爾維亞和蒙特內哥羅（Montenegro），共將一百二十萬科索沃人驅逐出家園，這已經超過半數人口，有時還有當地塞族協助。女人小孩只能拔山涉水尋找庇護所，全世界都看到了他們的照片。

一九九九年三月，北約對米洛塞維奇發起空襲，企圖讓他撤退。轟炸持續了七十八天，傑出的聯合國調解人馬爾蒂・阿赫蒂薩里（Martti Ahtisaari）提出了北約的條件，一旁也有位俄國代表協助。米洛塞維奇最終同意撤軍。北約部署了五萬士兵作為科索沃維和部隊（KFOR），至今依然存在，只是規模小了許多。聯合國安理會第一二四四號決議批准了這些行動，但裡面沒有提到科索沃的歸屬。

二〇〇七年二月，阿赫蒂薩里提出了一份「主權協定」，也就是科索沃二〇〇八年宣布獨立所用的「受監督獨立」。協定內容讓國際社會在一段時間內監督科索沃，以保護少數群體，尤其是無法離開的塞族人，或者依附於塞爾維亞正教會（Serbian Orthodox Church）中世紀修道院的那些人。塞爾維亞正式拒絕了阿赫蒂薩里的提案，並主張科索沃屬於塞爾維亞的一部分，不承認他們獨立。科索沃宣稱他們有權決定自己的未來，塞爾維亞則表示他們的領土完整也應得到尊重。

之後幾個月內，大約一百個國家陸續承認科索沃獨立。但五個歐盟成員國未承認（至今尚未承認），他們有不同原因，其中包括擔心國內也發生領土分裂。聯合國安理會承認科索沃的決議遭到俄國阻擋，中國也出了力。二〇〇九年末，塞爾維亞的塔迪奇總統按照競選承諾申請加入歐盟。有些成員國因為他們對科索沃的立場而拒絕申請。塔迪克請求國際法院（International Court of Justice, ICJ）裁決科索沃獨立宣言的合法性，以此爭取時間，也讓他得以抵抗國內要求他果斷回應的壓力。

兩年後，國際法院終於有了結論。與此同時，歐盟也向聯合國大會（UN General Assembly）遞交決議，大會表示歡迎歐盟要促進「各方談話」的提案。塞爾維亞也提出了他們的決議。兩份決議都在審核時，我和鮑里斯．塔迪奇在布魯塞爾共進了晚餐，想看看能不能把兩份融合，但那晚我們沒能達成協議。就在隔天，塔迪奇在壓力之下傳來消息說願意放棄他的草案，轉而支持我們的那份。就這樣，塞爾維亞要和他們不承認的、分裂出去的省份展開第一次談判，而我們得負責相關事務。同時，國際法院認定「二〇〇八年二月十七日的科索沃獨立宣言並無違反國際法」。

從歷史來看，也難怪二〇一四年慕尼黑安全會議（Munich Security Conference）時眾人會目瞪口呆，因為我讓塞爾維亞總理伊維察．達契奇（Ivica Dačić）與科索沃總理哈辛．塔奇（Hashim Thaçi）聚到了一起。畢竟達契奇是米洛塞維奇的發言人，而塔奇是科索沃解放軍的領袖。當我們坐下來討論開啟兩國關係正常化的布魯塞爾協議（Brussels Agreement）時，我很驚訝他們同處一室變得如此稀鬆平常。這些時刻很容易忽視，不過這確實是很了不起的成就，尤其過去發生了這麼多事。正當我思考這兩人是怎麼走到這一步時，我也驚豔於生活要回到正軌可以非常快。

我們先從小規模的討論開始，召集雙方顧問討論那些最無害的問題，比如塞爾維亞帶走的户政資料，以及貨物來往兩邊領土時使用的海關印章。聯合國第一二四四號決議雖然並未提到科索沃是獨立國家，但認定他們為個別關稅領域。我們提議設一個獨立的「科索沃海關」，但塞爾維亞拒絕討論，所以會議取消了。科索沃關閉了與塞爾維亞的邊境，並派遣準軍事警察部隊前往科索沃北部的塞族居住地。當地塞族朝其中一位警察開槍，也燒毀了海關。

科索沃北部的局勢緊張已久，這裡的居民主要為塞族，一千平方公里的土地上居住著六萬五千人。法律秩序已然崩壞，到處都有臨時路障隨意棄置在橋樑與街上，邊境走私盛行。米特羅維察（Mitrovica）這個塞族主要城市劃分成了兩區。科索沃維和部隊、歐盟的警察部隊與法律專家都在監控區域情況，並嘗試遏制暴力。

當地塞族依然認為自己屬於塞爾維亞，氣憤於國家和文化遭到撕裂。一九九九年六月衝突落幕，此時已有二十萬塞族、羅姆人和其他民族從科索沃逃至塞爾維亞，讓塞爾維亞成為當時歐洲收留最多難民、流離失所之人的國家。這些人同樣表示科索沃應該是屬於塞爾維亞的一部分。有些人提議將伊巴爾河（Ibar River）以北區域歸還，讓住在北部的塞族人遷移回塞爾維亞。不過科索沃首都普里斯汀納（Pristina）和國際社會都不想這樣做。長期目標是確保兩邊政府都願意為所有公民付出，人民也願意和彼此住在一起。

可我們逐漸失去了討論的動力。不管處理什麼議題，總繞不開北科索沃。但若是沒有政治上的共識，雙方都無法解決這個問題。科索沃團隊在回普里斯汀納的路上甚至遭到國人投擲番茄，就因他們和塞族這群敵人交談過。二〇一二年塔迪奇卸任，塞爾維亞選出了新總統。新上任的政府認為自己沒義務受過去訂下的協議約束（儘管那時根本沒真正實施過什麼），導致整個討論成了無用功。雙方似乎都對之前的協議有不同的解讀，讓我們的進度更難推進了。

哈辛・塔奇曾任科索沃解放軍領袖，在結束戰爭的談判中成為科索沃的實質領導人。他的黑髮經過時間和戰爭的摧殘成了一頭白髮，就如同他讓自己從軍人轉型成政治家一樣。他的目標是讓科索沃加入聯合國，最終也成為歐盟成員國。他深知，如果要加入國際組織，就得和塞爾維亞交流，並讓關係建立在正常基礎上，即使很多科索沃人完全無法接受任何討論，更不用說妥協。塔奇的批評者包括阿爾賓・庫爾蒂（Albin Kurti）率領的自決黨（Vetëvendosje），他們反對在沒有先決條件的情況下進行任何對話，其他政黨充其量也只是抱持懷疑態度。不過塔奇表示關於科索沃主權的話題一律免談，因為科索沃過去是獨立國家，未來也一樣。我欣然同意。

塞爾維亞近日選出了托米斯拉夫・尼科利奇（Tomislav Nikolić）作為新總統。他的勝利出乎意料，因為所有民調都顯示塔迪奇會贏。我和尼科利奇在紐約會面時，他說自己就像一匹老戰馬。我問他如果在布魯塞爾召開會議，他會不會派人過來。他表明，塞爾維亞百年內不會有任何一位總統承認科索沃獨立，然後答應了這場會議。我非常驚訝，又向他確認了一次。他大笑，說：「為什麼不相信我？」近年來他的聲譽有所下降。「只有傻瓜才從來不改變心意」，他說道。塞爾維亞已經負債三億歐元，隔年就會增加到七億，為了要拿到經濟投資，他必須和歐盟走近一點。但他重申，要承認科索沃是不可能的。我了解這一點。他明確畫出了底線。尼科利奇提名由總理伊維察・達契奇來帶領談判。達契奇來自新聯合政府中最親歐的政黨，在先前政府任職過，還和塔奇同齡。我很好奇他收到指名會做何反應，但至少我們有兩位總理準備好要展開談話了。不管他們各自在戰爭中有多麼恐怖的經歷，我都準備要與他們合作開創更好的未來。

我先飛回了布魯塞爾去見費爾南多・真第利尼（Fernando Gentilini），一位有著豐富經驗的義大利外交官。他非常了解該地區，也和塞爾維亞、科索沃共事過好幾年。費爾南多和他們打交道時而語帶幽默，時而惱怒，有時甚至會結合兩者。他表現得冷靜又理智，雙方都相當尊敬他。要是沒有他，談判一開始就會失敗。既然有費爾南多，我們就有最大的勝算。

我們不需擔心承不承認科索沃的事。會由個別成員國來決定要不要承認一個國家，而不是歐盟整體。某些國家高度關注著西巴爾幹地區，尤其是與他們接壤的國家，但沒有人期待這次討論會取得什麼進展。塞爾維亞與科索沃的關係一直都是件棘手的問題。不過既然大家都不抱什麼希望，我就有大把喘息空間能穩定推動談話。沒有人對我和費爾南多想做的事提條件，他們根本就不覺得我們會成功。

二〇一二年十月十九日星期五，兩位總理前來布魯塞爾，準備在我對外事務部的辦公室第一次會面。當天下午高峰理事會也結束了會議。我懷著越來越強烈的興奮和擔憂度過那天。他們會出席嗎？人來了會留下嗎？消息傳開後，幾位領袖祝我好運，我面帶微笑回應，但表情不禁有點扭曲。我用最快的速度衝到馬路對面，看到底怎麼樣了。

費爾南多告訴我兩位總理和各自的小型代表團都抵達了，雙方外交部長也在其中，他們已經在沿著走廊的不同房間內安頓了下來。我們準備先單獨見他們，所以我先請了塔奇進來辦公室。他身量很高，打扮得體，很有風度，但能看出他很緊張，因為這對他來說是未知的領域，無法為他贏得盟友。他的擔心是有道理的，達契奇也一樣。達契奇進來後解釋了塞爾維亞的處境。他和尼科利奇總統分屬不同的政黨，因此他知道能夠迴旋的餘地有限。但他很聰明，我真心想幫助他改善塞爾維亞的處境。

我和他們說明了這次會面的流程。他們彼此不需要握手，到時會拍一張照片，拍完之後會在他們面前從相機取出記憶卡，交到我手裡。我保證除非雙方同意，否則這張照片絕不會流出。我帶他們看了各自的座位，他們會坐在我辦公室的紫色沙發上，面對彼此，身旁是口譯員。我和費爾南多則會坐在中間的沙發上。整個流程會持續一小時，我會負責開啟對話，也說明了到時候會涵蓋哪些議題。會面有時間限制，所以更不可能談會引起爭論的領土問題，這是我在第一階段極力想避免的。

我們兩個事先列出了要做的事，盡可能地多，畢竟這些是相對簡單的事情。耶誕節前，雙方必須在對方首都設立聯絡辦事處，以促進溝通交流。我對達契奇說，塞爾維亞得公開送進科索沃北部的款項，這樣他們才知道自己在資助什麼。還有實施邊境管理計畫，這是之前在布魯塞爾就定下來的內容。我對塔奇則說，科索沃必須保護好塞爾維亞重視的宗教和文化場所，例如修道院，也得考慮從普里斯汀納下放權力。最終，我表明會尊重雙方對科索沃主權的定位，討論中不需要承認科索沃獨立。

目前一切順利，兩位知道流程之後都很自在，而我感到不是那麼有自信，我不確定他們進到同一間房間後會怎麼樣。我和費爾南多拉上了所有窗簾，從周圍建築看不到這裡的會議。我深吸了一口氣，請他們兩位進來辦公室。他們帶著翻譯一起現身，我說：「塔奇總理會見達契奇總理。」一出乎我的意料，他們竟然握了手，雙雙身體前傾面帶微笑。之後攝影師拍下了我們坐在一起的照片。

我先讚美了他們有多麼勇敢，然後說這次會議的目的是改善科索沃北部民眾的生活。我不是要求塞爾維亞承認科索沃，也沒有要科索沃不把自己當國家看，我只是希望他們可以著眼北部人民面臨的現實，從而找到解決方法。接下來我介紹了一系列希望他們一同處理的問題。

達契奇先發言了，大約講了十五分鐘，話語相當直接。他很高興我們能在這裡會面，但也重申塞爾維亞不會承認科索沃。但是，他準備好要談「各項議題，包含財產、雙方戰爭罪等等」。他希望能討論經濟和基礎建設，尤其是高速公路。

塔奇隨後對達契奇說：「我們共同的未來都在歐盟，我們屬於同個世代。來談談未來吧。」他表示需要為北部找到解法，也表達了他對國防安全的擔憂。最重要的是，他準備好要展開與塞爾維亞關係正常化的過程了。

我趁氣氛正好時結束了會議。我告訴兩人，我看到了他們想推進的意願。這次會議讓我很享受，我原先還不確定結果會怎麼樣。我邀請他們十一月初繼續這次的對話。我還叮囑他們要現實一點，以免進度卡住。我的工作是說服二十七個成員國和他們一同前進。他們拍拍彼此的背，再一次握手。兩人不約而同露出了如釋重負的表情。

塔奇欣然同意馬上發出照片，但達契奇擔心塞爾維亞人民會爆發反對，因此更謹慎一些。但隔天早上他同意了把照片發給媒體。這張照片轟動各國。全世界都發來消息說看到這兩人同框有多震驚，同時也祝對話一切順利。我發表了一份簡短的新聞聲明，強調對話符合雙方利益。我說，我們的目標是「改善人民生活、幫助解決問題，從而使塞爾維亞和科索沃離歐盟更近一步」。我是認真的。

美國國務卿希拉蕊．柯林頓也支持這場對話，但她抱持著的熱情有異於團隊其他人。美國和柯林頓家族對西巴爾幹地區依然保持著影響力，因為北約為了阻止米洛塞維奇攻打科索沃，對塞爾維亞展開了轟炸，而正是比爾．柯林頓總統主導了這次行動。位於普里斯汀納的比爾柯林頓大道（Bill Clinton Boulevard）上就矗立著他三公尺高的雕像。但希拉蕊團隊無法確定對話是否能達成什麼進展，擔心這只會惡化雙邊關係。我理解他們的疑慮，但我還是認為值得一試。我向她說明了我打算做什麼，用的是北約在布魯塞爾的安全通訊，因為我們自己沒有。希拉蕊仔細聽過之後否決了團隊的想法，她認為現在就是對的時間，我應該放手去做。她還建議我們一起參訪當地。

兩位總理會面的幾天後，我上了希拉蕊的波音七三七（Boeing 737）改裝貨機，一同前往貝爾格勒。走上台階看到主座艙前藍白色的牌子不可謂不興奮，因為這代表這架飛機是專供美國國務卿使用的。飛機內，有個給國務卿留出的小座艙，裡面有一套可以讓她工作的桌椅，以及兩個沙發長凳。國務卿座艙外是給她親近的團隊使用的，布置得像咖啡廳，兩張椅子面對面擺放，中間有張桌子。再往後走是四排兩兩靠邊的座位區，就像一般商務艙的配置，我和團隊就坐在這裡。機內剩下的區域是給媒體乘坐的標準經濟艙。這架飛機明顯最大化利用了空間，有印表機，但是沒有廚房。我們的午餐是裝在棕色紙袋帶上機的。

我們在貝爾格勒降落，花了三小時訪問尼科利奇總統與達契奇總理。我很擔心他們會覺得這是在浪費時間，但達契奇就跟第一次會議時一樣，形容我是和他一起尋找解方的夥伴。尼科利奇則相對悲觀，他凝視著自己的雙手，認為我們不可能完成任何事，也重申科索沃是塞爾維亞的一部分。美國團隊其中一位事後開玩笑說這樣也好。事情進展得如此順利，以致美國可能認為這會是一件輕而易舉的事。

接下來我們飛去了普里斯汀納，我和希拉蕊在那裡享用了晚餐。我們在飛機上聊了很久，甚至還開玩笑說可能要一直在空中繞圈才有時間涵蓋到所有事情。塔奇熱情的接待了我們，並對談話滿懷熱情。希拉蕊在兩國首都都表明她支持這項倡議，也支持我個人，今後也一樣。這是她一貫的作風，每當要支持他人，尤其是女性時，都會這樣做。她在分別時祝我好運，並讓國務院負責此地的菲爾．雷克（Phil Reeker）協助我們。菲爾每次會談時都會來布魯塞爾，提供美方協助。在美國大使館，他始終專注在塔奇和他的團隊身上，安撫科索沃一方，與我和費爾南多保持聯繫，也在他們發散想法時幫我推動進程。

旅途中我確認了和雙方領袖的晚餐約定。塔奇提議先找科索沃幾個反對黨來談一談，這主意很好。塔奇的權力終究有限，和塞族交流這件事也廣受批評。幾天後，我迎接他和反對黨到我辦公室來，討論我們對科索沃提的要求，並回答他們的問題。我和費爾南多也說明了到時候會談到的議題，希望我們能先有些進展，才能在兩位總理會面時有具體的東西可談。我們先從所謂整合邊境管理（Integrated Border Management）開始，討論科索沃與四個接壤的鄰國之間的海關、邊境跨越等事宜。我們主要要談的是塞爾維亞與北科索沃間的兩道關卡，也就是一號和三十一號關卡（Gate 1 and Gate 31）。要是開過其中一道關卡，就會進入某種無人區，然後才抵達對面營運的另一道關卡。目標是移除現在的無人區，改設由兩邊共同維護的關卡。就在前一年，兩道關卡曾遭到縱火，所以這件事不會太好解決。兩邊團隊每天都會在我們辦公室討論該怎麼做。塞爾維亞說應該由他們來管制關卡，因為北科索沃居民大多是塞族人。科索沃團隊也表明，這是科索沃領土，自然是由他們管理自己的關卡。他們謹慎的彼此爭論，沒有記仇，但還是令人沮喪。

晚餐前我先單獨見了兩位總理。塔奇有些想法可供討論，更願意和解。而達契奇就只是重複了塞爾維亞整體的立場。我們在餐廳外的小區域聚首，已經有面歐盟旗幟等在那裡，準備作為我們三人的拍照背景。我們一抵達，燈就壞了，但我們開玩笑說這是災難來臨的預兆，才得以破冰。用了開胃菜和飲品後，我們坐了下來，達契奇在我左手邊，塔奇則在我右邊。我和費爾南多分別坐在長桌的兩個短邊，兩位總理和他們的翻譯坐在長邊。我們本來打算每次都交換他們的座位，這樣就不會有誰比較重要的爭議，不過之後的進展實在太有效率、太順利了，我們完全忘記了這件事。這張桌子很大，我們密切交談之餘還能留出空間。職員送進蘑菇濃湯、羊肉、梨子，還有巧克力甜點。除去他們之外，我們完全是孤身在這。他們兩人食慾不錯，但只喝了一點點。他們的對話有翻譯成英文，所以我和費爾南多能跟上。不久後，我提出了五項之前討論出的議題，並建議我們先從聯絡辦事處開始，這是為了趕在事態變嚴重前釐清問題，也是為未來的交流打算。我提醒他們這不是使館，這是不可能的，畢竟塞爾維亞沒有要承認科索沃為國家。經過幾番爭論後他們同意了，條件是辦事處要設在兩國的歐盟代表團建築內。我們當然可以，只要他們有出費用就好。

我帶領完第一輪討論後，接下來的關卡事宜就交由他們自己討論，我在一旁觀察誰付出了什麼。出乎我的意料，他們很快就同意了開四個關卡，一開始會開三個，含北邊的其中一個。如果三週後都沒有人放火燒關，就會開放北邊剩下的那個。我請他們在下次歐盟會議前開放那三道關卡，到時我就可以報告我們的進度，以示這些對話確實有效。

之後我開始討論塞爾維亞對科索沃北部的資助。有兩種類型，第一種是資助貧困地區的醫療與教育設施。科索沃主要希望塞爾維亞能表明哪一筆錢會進到哪一個社區。達契奇直接問塔奇：「你們想要什麼？我們可以給出資助的資訊。」這個時刻很有趣，他們原本就是輪流提出主張，但現在變成更像一般的交流模式，可以討論問題。塔奇回答說，他希望塞爾維亞設立一個由科索沃公開管理的基金。達契奇明顯有點為難，但他沒有立刻排除這個選項，而是說之後再談。然而，他可以提供已資助對象的資訊。這是很小的一步，但確確實實有進展。第二種資助就比較難處理了。塞爾維亞正在提供資金給北科索沃所謂的「平行體系」，也就是獨立於科索沃警察和司法系統的體系。有些職員會領兩份薪水，或是直接受雇於塞爾維亞。必須把這種體制換掉，改為由科索沃單獨出資，但新制也得獲得北部人民的認可才行。我知道這很難解決，所以我們把這個議題留到下次，如果這次對話成功的話再討論。我們進入下一個議題。

科索沃必須多多接觸住在北邊和其他地方的十幾萬塞族人。達契奇提出了一個實際問題，那就是塞族人已經拿掉了塞爾維亞車牌，但還沒拿到新的。這顯然讓他怨憤已久。塔奇答應會調查這件事。接下來我提起了宗教與文化場所。塞爾維亞正教會最重要的幾間修道院和教堂已由北約部隊保護起來了。維索基德查尼修道院（Visoki Dečani）是其中之一，十四世紀建成的修道院現今依然保存的完好又美麗，在戰爭中曾經成為庇護所。我一年前去過那裡，和當地兄弟會以及保護修道院的北約義大利部隊聊過，我們都擔心會發生襲擊。我早已告訴塔奇，對修道院的任何褻瀆都會嚴重影響科索沃與歐盟的關係，不管他提出什麼解方，都得確保修道院完好無損。塔奇提出組建一支警察隊伍，成員一半會是科索沃塞族人，一半是科索沃阿爾巴尼亞人，隊長會由塞族人來擔任。達契奇聽的很仔細，我建議我們一起討論實施的細節。

這時已經很晚了，以第一次討論來說差不多了。塔奇和達契奇看起來很累，我跟費爾南多也筋疲力盡。我拿出一些白蘭地紀念我們的進度，我們都放鬆了下來。他們請我告訴媒體這場對談的事，所以我發了一條短聲明，裡面每個字都有經過雙方同意。聲明還附上了一張沒有握手的照片，我們還沒準備好要公開握手的那張。

他們離開後，我和費爾南多回顧會議過程。他們願意交流帶給了我們很大的鼓勵。我們還有很長一段路要走，當然，輕鬆達成的協議不一定能順利轉變為現實。但隨著他們越了解彼此，產生衝突的機會也越低。我們約定了下次會議的時間，中間還有跟他們的官員會面，我看到了一段關係的開始，並且這將帶來改變。

二〇一三年一月，第一次會議提到的議題已有進展，我們必須開始處理更複雜的問題。塞爾維亞需要取消警察、司法以及國防安全的平行體系，科索沃也得讓塞族群體感覺受到重視和支持。完整的司法系統意味著科索沃離自己眼中的獨立國家又近了一步。但他們也必須確保北部的塞族能掌握自身生命與認同。我分別向雙方說明了第二次會議我們得處理這些更困難的問題，並在晚餐時開誠布公的討論需要做什麼。

我提醒他們，我會在四月一日遞交報告給歐盟，就兩方加入歐盟的進展提出建議。塔奇和達契奇都很嚴肅，似在沉思。塔奇在布魯塞爾直面過示威者，他們在抗議和塞爾維亞展開談話。

科索沃也有很多人反對這件事。達契奇也說他現在很難在公眾面前露面。我認識到他們如今政治風險很大，也無法保障人身安全，但我很敬佩他們繼續下去的決心。

我讓食物每隔一段時間就送進來，這樣我們的交談就可以有自然的停頓。那天晚上充斥著像這樣的節奏，每道菜之間也能有足夠時間來思考。到主菜前塔奇表示，可以赦免那些為北科索沃平行體系工作且沒繳稅的人們，但他謹慎的排除了任何赦免戰爭罪的可能。

達契奇說他也想看到平行體系終止，但當地塞族需要一個他們能相信的司法系統。塔奇表示他不能支持在北部設一個單獨的政府層級，這樣會導致波士尼亞與塞族共和國（Republika Srpska）*的問題重演，但他不反對以某種形式將權力下放到地方。

他們很快就沉浸於討論解決方法。我和費爾南多交換了眼神，不敢置信的同時也高興這一切的發生。過了一陣子，塔奇告訴達契奇，他們快要達成協議了。他們會盡可能把科索沃的塞族自治城市聚集起來，研究如何在不威脅科索沃政府地位的情況下，賦予他們認同以及目標，也不需要塞爾維亞承認科索沃是獨立國家。

* 岱頓協定（Dayton Agreement）終止了波赫的戰爭，也讓塞族共和國誕生。儘管塞族共和國完全受波士尼亞掌控，塞族領袖米洛拉德．多迪克（Milorad Dodik）依然掌握了盡可能多的權力，對該國擺脫種族分裂走向統一不斷構成挑戰。

為了要取消平行警察體系，我和費爾南多建議在科索沃警察之中設立塞族特別單位。塔奇與達契奇兩人都同意這個值得繼續探討。就這樣，我決定要複習一下好幾小時內的討論內容，提醒他們要赦免平行體系中的人民，還有幫北部的塞族群體有更清晰的自我認同，但不需要設立新的政府層級。我建議他們仔細看看這些群體有權做哪些事，也就是他們擁有什麼能力，以及還有哪些可以下放的。為此我們需要法律及地方政府的建議，我和費爾南多答應會負責這部分。

塔奇建議我們二月找兩天再召集一次，看能不能有實際進展，為警察、司法部門和地方政府制定計畫，也為我四月和歐盟部長們的會議事先準備。要做的有很多，但值得一試。現在我們都已經筋疲力盡了。這些會議總是撞上所有人日程繁重的時候，而且通常是在我長途海外旅行出發前。

晚餐時，雙方專家敲定了在新開放的關卡徵收關稅的計畫。北邊的一號關卡還沒開放，但其他關卡已經在運作了，不過這個階段還沒開始收關稅。徵收關稅短期內可以減少摩擦，但我們需要制定計畫。我邀請了他們的兩位關鍵談判專家，來說明他們進度如何。目前為止，房間外還沒有人親眼見到塔奇和達契奇待在一起，所以兩位談判專家看著他們放鬆的聊著，桌上還有殘羹剩菜，不禁瞪大了眼睛。我們竟然這麼快就創造出了新的常態，我輕聲對費爾南多說。

凌晨兩點，我們已經制定好了計畫。徵收到的關稅會全數進入歐盟在普里斯汀納開的商業銀行帳户，裡面的錢會用作北科索沃的發展基金。共有三個簽約者，塞爾維亞將代表科索沃境內塞族的利益，科索沃代表政府，歐盟則會確保基金有得到正確使用。帳户會一直凍結著，直到協議制定完成。剩下要商討的是，要如何把錢從關卡轉移到銀行帳户裡。塔奇提議由他們收集稅收，存入國庫再轉移，但達契奇擔心這樣代表塞爾維亞接受科索沃建國，因此拒絕了。我們在這裡卡住了，但這時候我已經累到無法繼續了。我建議我們就不要再煩惱這件事，重要的是錢會存到銀行內，要怎麼存則不是我們現在要考量的。達契奇接受了這個方案。很好，我說，因為要是我們一直卡在小細節，就不可能達成目標。

我們互道了晚安。我和疲累但高興的團隊稍微聊了一下，之後發表一篇短聲明說兩位總理已在徵收關稅、增值稅等各種稅款上暫時達成共識。這些證明了我們在長達五小時的談話中有達成一定進度，但完全沒有透露我們花更多時間在談的複雜問題。我回到家，抓緊時間睡了幾小時。

兩位總理準備在二月中再次造訪布魯塞爾，不過在那之前我收到了塞爾維亞總統尼科利奇的消息，他說他有意願和科索沃總統阿蒂費特·亞希雅加（Atifete Jahjaga）在我的辦公室會面，就跟達契奇和塔奇在正式對談前見的那次一樣。我很驚訝他竟然會冒險提升亞希雅加對塞爾維亞的重要性，但我衷心希望他們能聚到一起。亞希雅加曾當過警察，她相當聰明，思考敏捷，同時也具備沉著冷靜的氣場，是未來強而有力的象徵。她很堅強，但我想她對這次會面也很緊張。我從未低估科索沃多年來經受的壓迫與戰爭，痛苦已經深深烙印在科索沃人的腦海中。

我們安排讓他們二月六日過來，就在總理會議的前幾週。跟之前一樣，我們會先單獨見兩位總統。尼科利奇很快告訴我塞爾維亞不可能承認科索沃，我也很快回應說這不是我們談話的目的。我提醒他，會議是他提出的，所以希望他能保持尊重。他咧著大大的笑容，說他知道該怎麼表現。他當然知道。他對外表現得冷漠生硬，但其實他是個非常風趣的政治家。接著，我迎接了亞希雅加，問她偏好先發言還是後發言。她選擇讓尼科利奇先。

雙邊會議結束後，我們安排他們兩人一起到我的辦公室。他們握手後所有人落座，我和費爾南多跟上次相比交換了座位，這樣就不會有偏袒誰的爭議。達契奇說自上次會議，貝爾格勒的媒體就懷疑為什麼我坐得離他比較近。簡單回答就是我一定得找個地方坐，但這的確給我上了寶貴的一課。每個細節都很重要，所以這次我坐得離科索沃近一些。

我請尼科利奇開始，他則是禮貌的邀請亞希雅加先發言。我告訴他亞希雅加希望他先開始，所以他操著一口流利的英文照做了。亞希雅加用阿爾巴尼亞語回答，尼科利奇又換成了塞爾維亞語。他們互稱彼此為尼科利奇先生和亞希雅加女士，沒有用總統頭銜。目前還在意料之中。

尼科利奇說塞爾維亞永遠不會承認科索沃的獨立，但如果亞希雅加能接受這一點，他可以提供很優渥的條件。亞希雅加禮貌的回應他，科索沃是一個國家，而她是這個國家的總統。他說他很失望。兩方都誠摯友好的支持這場對話，並且如果有需要的話他們可以再次會面。大約四十五分鐘後談話結束，我感謝了他們兩人。外面有三十幾架電視攝影機，我拿著雙方同意的新聞稿，對媒體簡單說明這是一場很有建設性的會議，並釋出了一張合照。這張照片上了全世界的頭條，美國國務院甚至寄給了我一份巴基斯坦（Pakistan）的報紙。除了英國只對特定事件感興趣之外，這場對話成為了全世界的大新聞。

無可避免的是，亞希雅加總統告訴媒體，這場談話證明塞爾維亞承認了科索沃，不然塞爾維亞總統為什麼要和她會面？塞爾維亞表示她嚴重冒犯了他們，雖然我很確定塞爾維亞那邊早就預料到了。無論如何，他們在談話過程中沒有失去任何東西，尼科利奇作為政治家的聲譽也得到了提升。他們也知道尼科利奇的意思非常明確，塞爾維亞從來都沒承認過科索沃。當時塞爾維亞支持加入歐盟的人數跌到了百分之四十二，是歷年最低，因此他不需要面對國內的壓力。但我想他也明白有些事需要改變，而現在開始也不遲。

幾週後舉行了和兩位總理的第五輪會議，我們準備深入上次晚餐時提出的問題。塔奇先前去執委會和巴洛索主席開過會，討論未來科索沃和歐盟的關係。會議很順利，巴洛索發出了聲明：「這次對話結果至關重要，對歐盟與科索沃以及塞爾維亞的關係都是。祝願塔奇總理有足夠的勇氣和智慧面對未來的日子。他有機會讓科索沃向歐盟邁出一大步。」

到了二月底，我們開始詳細討論科索沃的塞族群體如何合作。科索沃早已參照歐盟地方自治憲章，下放權力給了地方議會。不過警察、司法系統以及國防安全這些敏感議題還沒有，這些會等到討論平行體系時再處理。大部分內容在憲章下都是合法可行的，問題是我們能不能，或應不應該加上更多。

三月四日我們又一次碰面，一樣是由雙邊會議開始。我向塔奇解釋，阻止塞族自治城市彼此合作就像「喚回已經出航的船」。根據歐盟憲章，他們可以這樣做，也已經開始實踐了。但塔奇在普里斯汀納遭到了國會反對黨攻擊，外界反對他和塞爾維亞討論的聲音也非常激烈，很多人質疑他給出去的太多了。

塔奇這次討論帶了布萊里・沙萊（Blerim Shala）前來，他以前是新聞記者，現在則是反對黨副主席。沙萊總是專注看著正在發言的人，雙臂交叉，看到他認為無理的塞族行為時也會相當惱怒。達契奇帶的是馬爾科・杜里奇（Marko Đurić），尼科利奇總統的重要顧問。他決心堅持尼科利奇總統的立場。房間內的氣氛立刻就變了，兩位總理原有的節奏風格轉變得更生硬、咄咄逼人。但既然這兩人加入了，我們成功的機會也能大大提高。

開始前我先提醒他們歐盟的時程安排，必須在我遞交報告前達到進度。接下來最關鍵的是總務理事會（General Affairs Council）即將在六月二十八日召開的會議。但這個消息並沒有集中他們的心神，相反，這個日期引發了一連串一三八九年科索沃戰役（Battle of Kosovo）的討論，塞爾維亞也有紀念那天的傳統。鄂圖曼帝國與塞爾維亞展開的血腥衝突讓雙方損失慘重，塞爾維亞尤其慘烈。這一天會讓人聯想到衝突與復仇。巧的是，一九一四年的這天，法蘭茲・斐迪南大公（Archduke Ferdinand）也於塞拉耶佛遭刺殺，開啟了第一次世界大戰。我放下筆，靠上椅背等待。他們能這樣暢所欲言很好，但我還是希望理事會可以給這麼重要的場合換個日期。

最終話題轉向了自治城市。塞爾維亞要求用塞族自治社區（Community of Serb Municipalities）這個名字，科索沃則堅持用協會這個字眼。雖然我實在不懂，但他們都堅持自己的選擇。至少這一天結束前雙方同意自行決定稱呼，也確定會基於科索沃法律，並透過間接選舉創立自治城市。但我們還有個難題尚未解決，那就是是否要進一步下放權力。

塞爾維亞擔心，如果解散平行警察組織，讓所有警察都屬於科索沃警方，那麼他們很可能讓仇恨塞族的警官出任所長。他們希望自治社區（協會）能影響到負責該區的警察所長人選。

目前，各地市長已提出了幾位警察所長候選人，科索沃政府會從名單中進行任命。達契奇問為什麼任命更高級別的官員不能也像這樣。塔奇很不情願，他強調高級官員需要特定資格才能適任。然而，我和費爾南多覺得應該談談在「影響」政府選擇同時，要如何不威脅到政府決策權。我建議雙方把接下來的協議都想成是在配合歐盟規定，而不是連結到科索沃。這樣一來，雙方都可以正大光明的表示這是加入歐盟必需的一步。重要的是用歐盟的吸引力幫助他們向前看，避免他們總是跌回過往的仇恨和痛苦中。

透過會議過程，我能觀察到兩位總理間的關係是如何演變的。達契奇打趣道，他希望能解決與科索沃的問題是因為「身為塞爾維亞總理，我去哪裡都一定會聽到科索沃的消息，我受夠了。」塔奇笑了。他們開玩笑說，要是這個搞砸了，他們就一起向布魯塞爾申請政治庇護。儘管笑語連連，兩人顯然正處於高壓之下。

有時他們的壓力肉眼可見。達契奇表示他在尼科利奇總統手下的任期快結束了，之後所有決定都要得到貝爾格勒批准，塔奇得知後，面上的微笑轉為憤怒。科索沃團隊氣憤於事關重大，達契奇卻沒有決策權。短短幾分鐘內，會議就變得充滿火藥味。我請大家冷靜下來。達契奇只是實話實說，與其答應馬上就會分崩離析的事，不如先不要簽訂協議。達契奇解釋，除了總統尼科利奇，塞爾維亞第二有權力的人是副總理亞歷山大．武契奇（Aleksandar Vučić）*。他才是我們要說服的人。尼科利奇與武契奇兩人都提議親自來訪布魯塞爾，我說我會很高興與他們會面。然而，我無意向他們兜售計畫，這屬於兩位總理，必須先得到他們同意。

我們還是有一些好消息的。海關官員一直都是搭直升機前往科索沃北部的一號和三十一號關卡，因為有安全疑慮。而今天，他們首次坐車上班。一張照片拍下他們正在檢查排隊過境的車輛。六道關卡已全數開放，運作正常。這代表變革是可能的。我和費爾南多凝視著那張照片很久。

就跟說好的一樣，尼科利奇和他的政治盟友武契奇副總理，一起來了布魯塞爾。武契奇把焦點放在了經濟，以及和歐盟交好能帶來什麼利益。經過一頓輕鬆的晚餐，明顯能看出武契奇是塞爾維亞政治核心，也會是未來領導人。如同達契奇說的，他必須加入我們的決策。我堅持要公平對待每一方，所以這次我短暫參訪了普里斯汀納，主要去看看幾位國會反對黨領袖。即使我告訴他們前方充滿令人不快的抉擇，他們還是提供了支持。這兩次討論都預示著良好的前景。春天就快到了，也是時候找到解決方法了。

* 武契奇之後擔任塞爾維亞總理，後來是總統。

下次會議定在三月二十日，我希望傍晚前能結束。那天是我生日，我很期待和詹姆斯與他太太海倫共度晚餐，他們是我在布魯塞爾親密如家人的朋友。我和費爾南多花了很長時間思考會議要怎麼安排，最終決定一開始就只讓兩位總理加上他們的翻譯參與對談。

他們抵達後，我回顧了之前會議的結果，接著轉而討論警察所長任命以及司法系統的事，這些基本上繞不開北米特羅維察的上訴法院。塞爾維亞勢必要相信這塊地區的法院，因為這裡有百分之九十的人民是塞族。如果我們能搞定這件事，那麼平行體系就可以解散了。我提醒兩人，開啟討論來解決問題是他們的責任。過了一會進入休息時間，他們轉移陣地到走廊上聊天。在場的歐盟官員有些是處理巴爾幹事務的老手，此刻都驚奇的看著他們。我拍下了他們的照片，我不知道這會不會是最後一次看到兩人站在一起。

塔奇告訴我，他準備好了關於警察和法院的提案。他建議根據競爭力等能力篩選所長，之後讓自治城市加入最終決策。這樣一來，科索沃就能找到做事讓雙方都放心的人選。他還提議上訴法院至少由三名法官主持判決，兩位科索沃塞族，一位科索沃阿爾巴尼亞人。科索沃原本要求北米特羅維察的塞族前往普里斯汀納的上訴法院，塞爾維亞不可能接受這點，不過其他群體也需要有代表，可以大幅影響科索沃在此事上的立場。

就在塔奇處理細節時，達契奇越來越擔心國內政治，導致他無法專心在協議上。武契奇即將上任塞爾維亞進步黨（Serbian Progressive Party）的主席，使他成為國內極具影響力的人物。達契奇覺得武契奇一定要加入我們的決策，不然要是協議搞砸了，他很容易成為替罪羔羊。

我們重新召集了一次會議，這次找了更多顧問和部長官員。進程會更難掌握，不過我相信這樣能督促他們趕緊想辦法。他們的確進度飛快，但也只持續了十三小時。他們卡在了自治社區（協會）的權限上，尼科利奇的顧問想推動設置新的政府層級，但這實在是不可能。我建議塔奇在我們深入細節前先不要正式提案，也向達契奇表明除非這件事解決，否則我們也不用談其他事了。我知道塔奇會擔心這麼晚還沒簽訂協議，他在國內的信用會受損。科索沃團隊所有人都很懼怕失敗，我沒有怪他們。所以我把壓力都施加給了達契奇，要他找到出路。

後來爭執更加激烈，眾人也越來越暴躁，我實在是受夠了。我們浪費了一整天，什麼進度都沒有。我安排了三明治當午餐，但沒有晚餐，希望他們餓著肚子能專注一點。事與願違。他們在對彼此嘶吼。我闔上檔案夾，把文件塞進包包裡，雙臂交叉盯著地板看。達契奇原本講話很大聲，但過了一陣子他發現我始終不願抬頭，就放輕了語調，一遍又一遍重複他真心想要一份協議。他停下後，整整六分鐘都無人發話。我就這樣讓時間流逝，接著抬起頭說：「你們到底在做什麼？不想配合也不用勉強，回去吧。」

這番話似乎起作用了，眾人都冷靜下來，我們接著討論。達契奇好幾次要求暫停，表面上是去抽雪茄。這棟建築禁菸，所以他會跑到樓下的車庫。我知道他是頻繁地和貝爾格勒那邊通電話。我為他感到難過，因為他是真的想解決問題，但他必須先確定政府會支持他的決策。

持續了十四小時的疲憊過程後到了晚上十點，我叫停了討論，邀請他們在我生日剩餘的時間裡一起享用香檳。我們混雜著坐在沙發區。我又拍了一張照片來紀念這特殊的日子。我對眾人舉杯，說我相信他們，但要是他們沒能生出協議來，他們的國家會落入更悲慘的境地，所有人的政治生涯也會隨之結束。話語傾瀉而出，我的語氣因為沮喪而變得生硬。達契奇把我拉到角落，又強調一次武契奇是那個關鍵，並且他還需要幾天。我告訴他去跟塔奇商量。我說我十天後會再召集一次會議，之後我就不幹了。

我要他們跟我一起站到媒體面前以示誠意。我發布了簡短聲明：「我們從早上就聚到了一起，決心要推進進度……我個人認為我們已經離最終解決方案非常近了，尤其是科索沃北部一些艱難的議題……四月二日將舉行處理這一系列議題的最後一次會議，而現在正是展開磋商的時間……我的生日禮物就是希望各位明天也努力工作，讓我們最終達成共識。」達契奇看起來筋疲力盡，我提醒他要照顧好自己。塔奇很擔憂，但現在他看到了另一個敲定細節的機會，所以表現得更好了。我們一致同意讓武契奇參與下次會議，這就是我們能達成協議的最佳機會了。

我和詹姆斯跑到了他家，海倫準備了蛋糕和美味的白葡萄酒，要慶祝我生日最後的幾分鐘。找點樂子還是不錯的，可以轉換我的心情。我很確定協議會崩盤，我不覺得尼科利奇總統會在這個階段同意。俄國開始公開發表聲明，說我對待談判雙方不公平。其實他們能投入注意力是好事，說明他們在擔心我們真的達成協議。我時不時會向俄國外交部長謝爾蓋・拉夫羅夫（Sergei Lavrov）說明我們的打算。不是因為塞爾維亞與俄國的關係，而是因為要是談判破裂，會將塞爾維亞更推向俄國。

我確信武契奇要是來了一定是有想法要嘗試，所以我為四月二日的會議空出了一整天。我在前一天晚上發了聲明：「明天我將主持並支持塞爾維亞與科索沃的第八輪對話。自六個月前兩位總理第一次在我的辦公室會面，我見證了雙方達成協議的承諾和決心……我相信協議觸手可及，只不過過程不會太輕鬆。但我們開始時都已經知道一切會很艱難，也需要強有力的政治領導力。我相信明天的與會者都會竭力找出解決方法，本著他們所代表人民的利益，也為了給他們帶來更好的未來。我們絕不會放過這個機會。」

好消息是武契奇會來。我早早就到了辦公室，為這艱難又重要的一天準備。我叫我的團隊替我處理其他事。成員國的要求、即將由我主持的伊朗談判都得往後排一排。我隔天就要展開十天行程繁重的旅行，但接下來十二小時我一心只想讓雙方跨越最終的難題。費爾南多也來了，他跟我一起站在窗前凝望布魯塞爾的街道。什麼話都不必說。

塔奇第一個抵達，陪同他的是科索沃副總理埃迪塔．塔希里（Edita Tahiri）。她畢業於哈佛大學（Harvard University），代表科索沃的一股強大力量，也曾負責之前的技術性談判。達契奇一方則有高大又氣度非凡的亞歷山大．武契奇，他勢必會成為塞爾維亞這一代最重要的領導人。兩位副總理都還不習慣這種形式，也都比他們的總理攻擊性更強。兩人都不準備做出任何讓步。我覺得看他們爭吵一會兒會蠻有趣的。

我一開始就表明談判今天必須有結果。已經快沒有時間讓歐盟同意與他們任何一方推進了。我需要成員國達成共識，而這不會太容易，尤其德國最近要舉行大選，他們不會輕易在這期間做出重大決策。接著我請他們開始對話。

談話持續了十二小時，儘管更早之前就能得知我們無法在今天達成協議，我還是堅持這是第八輪討論，也是最後一輪。之後我對媒體表示，雙方之間的隔閡「不多，但是有待解決」。下一步是讓雙方回去諮詢同事，並在幾天內讓我知道他們的決定。我祝福他們回程一路順風，並順利產出結論。

當我得知塞爾維亞正式拒絕了提案時，深深感到沮喪。我雖然在回應聲明中用了願意和解的姿態，但很明顯是塞爾維亞拒絕了提案，所以歐盟也清楚情況。我一開始就說了，如果一方拒絕提案而另一方接受，我就會在報告中點出分別來。再公平不過了。

我指出關於北科索沃協議的所有要素都擺在檯面上了，是雙方要去同意，而不是歐盟強制實施。我也補充：「我很遺憾塞爾維亞政府決定拒絕提案，我呼籲他們為了人民的利益，為達成協議做出最後的努力，」我的結尾更積極一點：「我希望科索沃與塞爾維亞不要錯過這次機會放下過去，走向未來。我希望我能在接下來幾天帶領歐盟討論，以支持塞爾維亞與科索沃向歐盟踏出真正的一步。」

科索沃團隊在公開場合相當克制，但他們私下卻很絕望。他們在新聞稿中回應了塞爾維亞，表示對話是前進唯一的方法，他們仍然願意傾力付出。塔奇的顧問稱塞爾維亞的拒絕只是暫時的。塔奇把政治生涯押在了這份協議上，他知道要是失敗了，他的前途就會岌岌可危。要是我們現在沒能解決問題，科索沃在他總理任期內，甚至他一生中，都幾乎不可能再有這樣的機會了。很可能演變成持續多年的凍結衝突。在我看來，這些已經夠多了。我等待著。塞爾維亞政府始終保持沉默。

我和費爾南多屏息等待。我們不能讓任何一方抓到可以用來責怪歐盟的把柄。費爾南多持續聯繫兩邊政府，而我則開啟了十天的訪問行程，包括前往在哈薩克（Kazakhstan）舉行的伊朗談判、訪問埃及，以及參加倫敦的八大工業國組織外交部長會議。費爾南多打來說塞爾維亞的態度正在軟化，我也開始接到消息說其他希望他們達成協議的國家也正和塞爾維亞溝通。與此同時，科索沃也提出了他們認為幫得上忙的想法。

我本來要在四月十七日訪問他們，但後來決定邀請他們兩人來布魯塞爾。我又一次對外表現得很積極，說我要他們本著建設性的態度前來，準備好探索更多選項，最後同意雙方做出的妥協。這些都是漂亮話，但我其實不太有信心。他們抵達後，我就跟之前一樣先分別見了兩人。肢體語言在談判中非常重要，如果一方對一個論點表現得太積極，另一方就會懷疑自己是不是錯過或承認了什麼重要的事。我告訴塔奇，我推動他不喜歡的想法時他也太禮貌了。如果最終雙方都認為對方是被迫妥協的話，會派上很大用場。

我們現在有三項懸而未解的議題，塞爾維亞方皆由武契奇帶領。只要他同意，我們就能完成協議。前兩項議題已經是熟面孔了，如何選擇地區警察所長，以及如何建設北米特羅維察的上訴法院。第三項則是新提出的。武契奇擔心科索沃會對北部的塞族發起軍事行動，尤其是坦克演習。這實在很荒謬，科索沃根本就沒有一輛坦克，不過我很久之前就學到了，永遠不要低估衝突中誕生的疑心。在塞族心中，未來科索沃的領導人會對他們更加不友好。我問北約他們是否能幫忙，副祕書長桑迪．弗什博（Sandy Vershbow）立刻答應親自前來。

此時已經能感覺到，塞爾維亞正急速往正確的方向而去。塞爾維亞對國內民眾發布了一份公文，武契奇熱衷於使用裡面的措辭。總而言之，這份公文完全無益，只有站在塞爾維亞的角度談論科索沃主權，但這對他們來說確實很重要。最後我們找到了幾個能用的論點，不會給科索沃造成任何麻煩。

在討論過程中，我強烈反對由我來寫下他們說的話，或是對措辭提出任何建議。他們才是這份協議的作者。我不希望因為他們不喜歡某個詞組或用字，就責怪我們，甚至把這個當成離開的藉口。必須由他們全權負責這個方案，否則永遠不會起作用。我也很反感用人名為一個方案命名，所以眾人開始考慮要怎麼命名這份協議時，我堅決的說絕對不會有什麼艾希頓方案。很少有功勞完全可以歸給一個人的，這次尤其是這樣。最終我們選擇了布魯塞爾協議。

但現在我和費爾南多開始相信他們真能達成協議了。既然雙方已經同意了這麼多，我就嘗試捕捉他們要做的事，用幾個短句描述出來。不過我們幾乎是立刻就後悔了。上次會議是塞爾維亞方極度難取悅，這次則換成科索沃一方表現得油鹽不進。一部分責任在我們身上。

起草簡短文件時，科索沃方說服我們加上一句，說雙方都不應阻撓對方加入任何國際組織。我們當時認為這句話沒有問題。結果證明我們太急著要完成協議了，目光也只放在歐盟上。武契奇與達契奇立刻拒絕了，表示這句話代表承認科索沃獨立，而且這是未經討論就突然加進去的新議題。我們鑄下了大錯。費爾南多那晚沒睡著，翻來覆去的反思我們怎麼會這麼愚蠢，又要怎麼挽回。我氣的踢了好多家具，憤怒地問自己為什麼當初要寫下來。寫下來的危險我都有預料到，所以我不知道到底是什麼附身了我。

武契奇有協助挽回，他建議可以用高峰理事會的措辭妥協：「雙方都不應阻撓對方進入歐盟」。這句更好處理，也有給科索沃一些空間，所以我拿給塔奇團隊看了。他們瘋了。我懷疑他們已經在科索沃大肆宣傳之前那個版本，所以突然改變措辭會讓他們付出昂貴的代價。我們的討論實在是令人不忍。

事態越演越烈。為了選出地區警察所長，我們決定讓四位塞族市長提出適任的候選人名單，代表塞族自治社區（協會）交給科索沃內政部（Ministry of Internal Affairs）。最後由內政部決定人選。在一個半小時的討論與微調後，科索沃團隊突然說把行政權交給自治市會是大問題。我向他們指出市長只是給出名單，依然會由內政部做決定。我的話沒有任何作用。我很挫折，但不打算執著在特定提案上。是他們提起的建議，不是我，應該由他們做主，同意一個解方，我不會選邊站。

我擔心科索沃團隊太有禮貌了，他們總是直言不諱又切中重點。他們不喜歡「代表」這個詞，也就是不滿意「四位市長將『代表』*自治社區（協會）提交適任候選人的名單」這句的用詞。這對我來說完全沒有可爭執的，我不明白問題出在了哪裡。但那時候我非常惱怒，沉浸在細節中，以致我可能對大局失去了掌控。我們的法律團隊和官員也都搞不清楚。但無論如何，塔奇和他的團隊都不會讓步，所以我的想法如何不重要。

我們接著討論剩下兩個議題。如果我們能縮小這些議題上的分歧，就只剩下一點要處理，妥協也會更加容易。科索沃法務部同意在北米特羅維察設立上訴法院，所以我們已經搞定了一份協議。就跟提案一樣，總共會有三名法官，其中兩位會從塞族群體中選出。我們又花了一些時間討論選拔過程事宜，最終解決了這項議題。

接下來是我所稱的「坦克議題」*。塞爾維亞方希望科索沃能保證，不會在北約不知情下派出軍警進入北部，也希望北約得知此類部署後能和當地協商。北約副祕書長按照承諾，派了一位高級官員來和塞爾維亞方洽談。他保證，只要北約在場，科索沃做的任何決策他們都會干涉。這也反過來向科索沃確保未來北約也會持續參與。

所以我們又回到了那個問題，也就是地區警察所長。總共有七個轄區，四個住著塞族，剩下三個住的是科索沃人。塞爾維亞方提議讓一位負責人管理全部七個區域，任期四年，最多連任一次。我們希望到那時候種族問題會好轉。科索沃團隊則覺得八年太長了。塞爾維亞希望

* 譯注：原文為 on behalf of。

確保這個職務能由當地塞族擔當，但科索沃認為不太可能。我能明白兩邊的訴求。經過一番爭論後我提議任命兩位負責人，一位當地塞族負責四個塞族區域，一位科索沃人管理另外三個區域。這不是我最終想達到的，但目前先這樣就可以了，只是目前。但我們還是沒能談妥用字問題，也就是「代表」，還有「阻撓對方加入任何國際組織」這一句。

這一天眾人的情緒有著劇烈的變化。一開始是塞爾維亞表現得相當戲劇化，科索沃相對冷靜，保持著安撫的姿態。但到了夜晚，塔奇團隊就變得極度暴躁易怒。武契奇說他還有二十幾項修正要提，空氣開始瀰漫著火藥味。我建議大家休息冷靜一下，我也趁機和雙方單獨談一談。

我先去了塞爾維亞的房間。達契奇的團隊總是像在家一樣舒適，會從國內帶一些好東西過來，今天是牡蠣。房間裡擺著棋盤，武契奇和達契奇在我面前握手，輕鬆的談笑風生，儘管他們在國內各分屬兩個關係不好的政黨。我問他們認為現在到什麼階段了，武契奇回答說只要稍作改變，他就能接受區域組織的主張，放棄那二十幾項修正案，並支持協議。我知道他們其實已經準備好簽署協議了。塞爾維亞人民不會輕易接受，但他們決心面對挑戰。

之後我去見了塔奇。我手上有塞爾維亞同意的文件，我不能再要求他們更改。但我也知道塔奇會很為難，說不定比達契奇和武契奇還要為難。他還在糾結「代表」這個詞，我輕輕指出在寫下來之前我們就和他團隊討論過了，我們很驚訝他的反應這麼大。他苦澀的抱怨我們違背了區域組織成員的承諾，那是之前說好的。我回答說這一條一開始就不該出現，但就算是這樣，這也是塞爾維亞和科索沃之間的協議，我怎麼想並不重要。如果塞爾維亞不接受，那就這樣吧。我不敢想的是科索沃會因此產生的政治問題。

我試著說服塔奇繼續商談，這個問題不影響協議的基礎，也就是科索沃北部。塞爾維亞放棄了其他所有修正案，已經在等著簽署了。想必這就是他想要的吧？我沒有影響什麼。我明白，任何讓步在某些人眼中都是背叛，尤其是在國會中。科索沃不會看到來自歐盟的立即好處，就只是有望進行貿易談判，還有到歐洲國家免簽證，旅行變得更方便，這些而已。塔奇已經踏出了與塞爾維亞關係正常化的第一步，他們甚至大概也不會承認科索沃。但要是沒有這第一步，後面的就全都不可能了。

我打算給他時間思考，就讓大家先去吃晚餐，晚上十點再回來。我取消了當晚飛往塞拉耶佛的航班，改到隔天早上六點。我叫了披薩到辦公室，等著他們回來。我開始擔心他們會重新思考已經敲定的事項。所有人都很緊張，我們已經離協議這麼近了。

十點到了，我和兩位總理交談，沒帶上他們的團隊，希望能倚靠達契奇和塔奇的關係加快效率。我問了他們對「代表」的看法，還有是否能想到解決方法。我說我寧願不表態，就讓他們回家自己解釋這個用詞，但這根本就只是名單而已。如果要問我，我會說要求自治市給出一份名單不算是賦予他們行政權。達契奇回去加入武契奇，塔奇則去找他的團隊。我不敢相信這一切有可能馬上瓦解，就因為一個用詞。但措辭包含了一系列更廣泛的問題，塔奇還有更艱困的責任，那就是回去說服科索沃人民。

費爾南多出現在我的辦公室門口，塔奇決定要離開了。我們之前安排雙方和支持協議的國家通話，塔奇已經和華盛頓的菲爾・雷克談過了，還有德國等國家的官員，他們說只要他願意簽協議，就會盡可能幫忙。所以我真的很煩惱。我跑過去找塔奇。

和他的對話令我挫折。我問他為什麼要離開，他都已經拿到想要的東西了。我重複，「代表」這個詞是原本就在提案裡面的，所以我不懂為什麼現在又有這個問題。我有點同情他，但我依然很生氣。我告訴他，我必須對外聲明塞爾維亞願意簽協議，但他執意要走。儘管我早已經準備面對失敗，但我沒預料到會栽在這種小細節上，實在令我沮喪。

武契奇與達契奇從房間內出來時，塔奇和他的團隊正好擦身而過。我解釋說科索沃方拒絕簽署協議，要離開了。他們非常震驚，也相當困惑。他們此刻應該做什麼？應該說什麼？這時我實在無法壓抑我的憤怒。說實話吧，我說。你們準備好要簽了，但他們沒有。我感到深深的挫敗。塔奇在媒體面前控訴武契奇表現得像米洛塞維奇一樣，這種發言毫無疑問會招來另一方回應。逐漸升級的唇槍舌劍只會讓未來談判的希望變得渺茫。一切似乎都完了。

我只睡了一下下，醒來時頭痛欲裂，但我必須趕往塞拉耶佛和雪布尼查。大約是午餐時分，費爾南多打來。塔奇和他的團隊飛到了斯洛維尼亞首都盧比安納（Ljubljana），但沒有坐上往普里斯汀納的轉乘航班，他們還在等待。與此同時，塞爾維亞媒體紛紛報導稱協議已接近達成，而且協議中給了塞爾維亞不少好處。這也是塔奇會如此沮喪的一部分原因，對經歷過嚴重苦難的地區來說，雙贏就等同於挫敗。塔奇的擔憂是對的，科索沃人民的確有可能指責他辜負了國家。但他們還沒回去，還有機會讓他們回來。塔奇打給了費爾南多，問他的建議。現在回頭，費爾南多說，回來完成你們開始的協議。

現在問題是，塞爾維亞方是不是還願意繼續。這個時候我還在克羅埃西亞，旅程的最後一站。我回到布魯塞爾時，塞爾維亞並未確定要返回。費爾南多想出了個絕妙的點子，那就是問機場的比利時禮賓處（Belgian Protocol Service），看他們有沒有安排迎接塞爾維亞總理。他們總是第一個知道的。禮賓處確認了有這項行程。所以我們又回到正軌上了。

我們決定把兩邊分開。他們是來簽署協議的，而經過一系列透過媒體尖酸刻薄的交流後，我不希望他們又對彼此大吼大叫。我親自打出了文件，然後複印了一份。文件很短，就只有一面A4紙而已，上面列了十五點。協議描述了要如何透過法規建立科索沃境內以塞族為主的自治協會或社區（我們不在乎他們到底要用什麼名字），其他自治市也可以加入。協議也概述了經濟發展、教育、醫療、城鄉規畫等事項。

協議內規定只會有一支警察，叫做科索沃警察（Kosovo Police）。所有警察都會併入這一支，薪資也只由科索沃發放。文件也涵蓋了地區警察所長的職位，以及提名名單。「代表」這個詞依然在列。上訴法院及其專家小組應以科索沃塞族法官為主體。最後，協議規定了執行程序。不管到這裡來的一路上有多麼艱難，前方還有很長的路要走。

我先見了達契奇與武契奇。他們說會先簽署協議，接著拿到貝爾格勒進行政府程序。整個過程可以在週末完成，包括和北科索沃的塞族領導人開會，然後他們會寄信給我表示已確認協議。之後週三會在國會討論協議，武契奇向我保證他可以拿到絕大多數的票。「這會非常糟糕，但我還是會去做。」他說。

塞爾維亞方搞定了，接下來是科索沃團隊。他們還是對「代表」感到遲疑，我提供了好幾種方法，可以確保不會有人覺得這是在賦予自治市新的權力，我也可以在高峰理事會的報告裡提及，這甚至是公開文件。塔奇還是很擔憂。我打給了人在華盛頓的菲爾·雷克，徵詢他的建議。他讓我等幾分鐘，之後打給了塔奇。他後來跟我說，他在電話中直言不諱，告訴塔奇要是不抓住這次機會，美國會如何看待科索沃，以及展現領導力的重要。塔奇要求再給他一些時間思考，和團隊商量。我們給了他空間。

我建議在下午兩點四十分簽協議，並安排所有人之後前往北約，這對兩國人民都有正面意義。我給塔奇看了最終文件，我們決定命名為《貝爾格勒與普里斯汀納就雙邊關係正常化的第一項原則協議》（*First agreement of principles governing the normalisation of relations between Belgrade and Pristina*）。這大概是最沒有爭議的部分了。我們用了比較口語的表達，也避免了說得太細，讓雙方都能堅守科索沃主權歸屬的底線。但塔奇突然大喊：「我不是普里斯汀納市長！」就衝出了走廊。我連忙追上他，我不可能讓他又一次離開。其他人震驚的看著我們在走廊上奔跑。費爾南多就跟平常一樣冷靜，他追上我們，建議我們刪掉「貝爾格勒與普里斯汀納」的部分。協議實際指的是科索沃，而非普里斯汀納*，所以我希望塔奇會同意。他也的確同意了。

我走進了找到的第一間空房，我不在乎這是什麼房間，也完全不知道平常是什麼用途。裡頭有一組桌椅，有人和攝影師一起在桌上放了面歐盟桌面旗。我和塔奇一起坐著，等著他們改掉文件上令人反感的措辭，送新的過來。他在複印件上簽了名字首字母，我也在他旁邊簽上我

* 英文習慣以首都名代稱國家或該國政府，因此此處的協議名稱雖然字面上是「貝爾格勒與普里斯汀納」，但實際指的是「塞爾維亞與科索沃」。

的。攝影師捕捉了這個時刻，我又見到塔奇臉上浮現了笑容。

接著我去見了塞爾維亞方，他們要放鬆得多。武契奇向達契奇說要由他這位總理來簽。我們把桌面旗和攝影師都找來，達契奇也在草簽了他那份，就簽在我的名字隔壁。他在簽名後加了一句：「我在此確認，雙方接受或拒絕此提案文件時都應提出各自的決定。」他是在確保大家清楚塞爾維亞還未正式同意。加了這一句，我就知道他和武契奇對協議是認真的。

雙方處境都非常艱難，尤其是知道他們領導著、敬愛著的人民很多都不會原諒他們。這就是作為領導者要承受的，最後幾個小時裡，我在他們臉上看到了要付出的代價，看到了做出抉擇時的痛苦，以及一切結束之後的如釋重負。

我們前往了北約，這是北約和雙方第一次見面。前方的路途將會非常艱難，甚至今日都還離目標很遙遠，但在這樣一個經歷動盪的地區，協議很可能會帶給人民更好的未來，光是知道這點就很重要了。

科索沃歐盟部長弗洛拉．奇塔庫（Vlora Çitaku）是第一個公開消息的，她發了推文說「Habemus Pactum」，就是我們簽署了協議的意思。消息迅速蔓延，各方訊息如洪水般湧進。這則新聞占據了歐洲各國的頭版，除了英國。英國一開始就不太關注這件事，直到東南歐專家米沙．格蘭尼（Misha Glenny）在《金融時報》（*Financial Times*）上發表了一篇文章。《經濟學人》（*The Economist*）稱此份協議是「兩國與西巴爾幹整體的重大突破，也是艾希頓女士與團隊的勝利。」第四台（Channel 4）的榮・斯諾（Jon Snow）在推特（現在的X）上表示：「凱希・艾希頓達成了科索沃與塞爾維亞間的大規模和平協議。這是百年來首個成熟協議」。羅傑・博伊斯（Roger Boyes）也在《泰晤士報》（*The Times*）上稱：「若塞爾維亞科索沃協議成立，將是歐盟外交重大勝利……美國表示欽佩」。

美國政府相當高興，向兩位領導人以及我的團隊表示支持。美國國會（US Congress）兩黨一致提名我與兩位領導人角逐二〇一四年諾貝爾和平獎（Nobel Peace Prize），那年最後由馬拉拉・尤沙夫賽（Malala Yousafzai）憑藉她的勇敢無畏，合情合理的贏得了獎項。我光是能和她的名字出現在同份名單上，就感到十分榮幸。

這些報導說明我們達成了歷史里程碑，既可能終結雙方長久以來的敵對，也打消了大眾對這類協議的不信任。這真的多虧了眾人共同的努力，要是沒有他們的毅力與耐心，就不可能走到這裡。但沒有時間沉浸在媒體難得的正面報導中。我和費爾南多都知道，實施協議才是困難的部分。我不抱任何幻想，我清楚前方會很艱難。但幾乎沒有人相信我們能走得這麼遠，我們也絕不會在此時放棄。

費爾南多負責前期實施的工作，科索沃和塞爾維亞每週都有最多五十名官員前來布魯塞爾商談細節。我轉而說服成員國支持協議，讓雙方與歐盟連結更緊密，並與塞爾維亞展開入盟談判，也與科索沃建立貿易聯繫。這些過程幾乎和談判一樣漫長又複雜，但最終眾人終於就我的建議達成了一致。

一開始，大多歐盟國家都想當然覺得談判會失敗，於是不太關注談判。沒有暴露在鎂光燈下其實幫了我們不少，讓我們得以一點一滴建立雙方之間的信任。現在有更多人對談判結果充滿了興趣，尤其是了解西巴爾幹的人，他們好奇我們如何達成協議。我也回答了我認為有奏效的方法。多虧費爾南多，我有雙方都認識也信任的人，他的團隊也擁有豐富經驗，幫了很大的忙。我們本能地相信彼此，也會謹慎的試驗每個想法，是很好的團隊。我們始終準備好面對失敗，有時甚至能預料到失敗，也預期到有人會覺得我們敢嘗試是瘋了，並直面他們的嗤笑。對我們來說，工作中沒有尊嚴，我們唯一的想法就是要幫上忙。我們花了很長時間，必要時會花上好幾天來解決事情。之後雙方團隊都很感謝我們總是在、從來沒有放棄，也沒有轉身去做「更重要的事」，這給他們帶來了很大的力量。我們很清楚要做的事，也明瞭不能做的事，因此沒有踩到任何一邊的底線。最重要的是，我們只是堅持促成了他們的協議，而不是我們的協議。

雖然協議的名字有布魯塞爾在內，但它始終屬於塞爾維亞與科索沃。

七、伊朗核協議

二〇〇九年，那時我上任沒幾天，還在熟悉這份工作的規模，有位同事提到了我要負責主持並帶領伊朗核問題的國際談判。我不可置信的看著他，他解釋說聯合國安理會委任了我召開並安排會議。我本來就已經在憂心很多事了，但這個完全是另一個層級。我對伊朗所知不多，於是我馬上氣餒了。然而，等到我五年之後卸任，我在伊朗問題上投入的時間比其他任何工作還要多，我和伊朗人相處的時間甚至比我的家人要久的多。

國際社會主要擔憂伊朗正在生產濃度超過百分之三到四的濃縮鈾，這樣的濃度已超過了民用核能所需，並且一直在建設發展核武器所需的基礎設施。他們在納坦茲（Natanz）的核電廠已經提煉至濃度百分之二十的濃縮鈾，但未有明顯民生用途。從百分之四到二十是最有挑戰性的一步，要是他們持續發展，就能在兩年內達到百分之九十的濃度，足以製造核武。伊朗簽署過核不擴散條約（Non-Proliferation Treaty），有義務不獲取核武，並受國際原子能總署

（International Atomic Energy Agency, IAEA）監察員的監督。然而伊朗未能遵守條約，因此安理會祭出制裁，禁止伊朗獲得核相關原料、凍結核計畫相關人員資產，並實施武器禁運。

二〇〇三年，法、德、英三國與伊朗展開談判，並請歐盟負責協調。二〇〇六年，俄、中、美加入，成立了六國組織，再加上歐盟。*六國提出各種提案，其中包括讓伊朗運出低濃縮鈾，存放在燃料銀行之類的機構中，加工製成燃料之後再在監督下送回伊朗。賽義德·賈利利博士（Saeed Jalili）為伊朗最高國家安全委員會（Supreme National Security Council）祕書長，也是當時的首席核談判代表。之後我向他提起這項提案時，他說核計畫就像一輛豪車。要是他們同意把燃料運出伊朗，而我們不送回去，他們就等同於坐擁豪車但是沒有汽油。「這樣有什麼意義？」他回問，聳聳肩拒絕了這個主意。

在我前幾年任期中，我們舉行了七次會議，分別辦在瑞士（Switzerland）、土耳其、伊拉克、俄國和哈薩克，但都收效甚微。賈利利博士是二〇一三年的伊朗總統候選人，這段期間他和我聊了很久很久，互致信件與電話，但都毫無進展。如果新總統打算認真對待談判的話，我們能準備好一份程序，這會讓六國略感慰藉。

帶領這項工作的是歐盟小團隊，才能確保我們可以堅定一致的追尋眾人想看到的結果。其中最艱難的問題是伊朗是否有提煉濃縮鈾的權利，這嚴重考驗了六國的團結。

國際認為核不擴散條約對簽署國施加了權利與責任，並且一項權利不能單獨拿出來解讀。如果伊朗遵守了所有規定，那他們就有權發展民用核能。但國際社會對具體標準未有共識。有些國家認為伊朗在任何情況下都不應發展提煉濃縮鈾的能力，太危險了。而俄國與中國在內的其他國家則認為核不擴散條約的確賦予了這項權利，我們都應該承認這點。這是個等待解決的分歧。不過即使中途有這麼多挫折，也沒有人想過要放棄。我們等著伊朗總統大選結果出爐，寄希望於下任領導人會更有意願處理這件事。

我很驚訝哈桑・羅哈尼（Hassan Rouhani）壓倒性的拿下了第一輪。羅哈尼是前核談判代表，他給自己的定位是改革派團體一致派出的候選人，他承諾要尊重公民權利、新聞自由、婦女與少數民族平權，以及給予選民修復經濟的願景。最後一項是最緊迫的，需要安理會、美國及歐盟解除制裁才有可能達成。單單只是歐盟實施的石油禁運，就讓伊朗一年少了五百億美元的收入。美國也祭出了銀行制裁和近乎全面的貿易限制，重創伊朗經濟。要是能達成協議，就算沒有解除全部制裁，只要解除大部分就能極大的促進工商業發展。羅哈尼在選前一次總統辯

* 在歐洲，因為要表示談判是歐洲國家發起的，因此稱六國為 E3+3（E 代表歐洲），但其他地方稱其為 P5+1，以強調安理會五個常任理事國皆在其中。兩種稱法都是指六國，而且兩種都未給予歐盟足夠的重視，最多在使用歐洲稱法時生硬的改為 EU / E3。

論會說：「一旦經濟開始朝對的方向運轉，我們的離心機也就能正常運轉了。」他很可能會因為注重經濟而上談判桌。我們猜測他會盡可能在國內建立共識，也許會因此更難達成協議，但如果成功的話，協議更有可能堅持下去，至少在伊朗是這樣。

我寫信祝賀羅哈尼，表示我們衷心期待能繼續談判。等待新團隊組建的同時，我們持續在商討策略，我常形容這個過程是設計拼圖。拼圖完成後必須形成一幅清晰的圖像，在伊朗就會是和平的核計畫，同時監督與核查也得到位。每塊拼圖可以不一樣，只要最終圖像是清晰明確的就好。因此如果伊朗願意在某塊領域做到更多，我們就可以在別塊領域要求少一點，給雙方一些彈性。不過會誕生一項挑戰，對某些人來說，特定一塊拼圖比整幅圖像要來得重要。如果這塊拼圖和他們的期待有落差，他們就會否定整份協議。

歐盟團隊花了很長時間與共事者討論。海爾加・施密德（Helga Schmid）是一位傑出的德國外交官，她主導了六國團隊與伊朗的大多數討論。奧地利核專家史蒂芬・克萊門特（Stephan Klement）也密切和施密德合作，負責主持帶領技術討論。歐盟方除了這兩人和他們的協助者，還要再加上我和詹姆斯。

布魯塞爾，二〇一三年七月十六—十七日

六國代表團日常由一位外交部副部長，或是某位高級官員來帶領，他們會直接向該國外交部長報告。每個團隊都根據需要，由核專家、政策分析師、政治顧問及制裁專家組成。有些團隊規模很大，比如美國一般就有超過五十人，隨著談判變得嚴峻，人數甚至還會增加。他們有能力共同分析並商議六國、歐盟，或伊朗提出的提案。技術專家則在談判期間根據需要自行舉行會議。

海爾加．施密德作為歐盟的政治事務主任（political director），帶領很多內部討論，也定期與伊朗外交部副部長會面。正式的固定談判則由我和伊朗首席談判代表主持，如果需要各國部長做出政治抉擇，或是作為一個整體進行磋商，也會邀請他們加入。美國發揮了最大的作用，國務卿約翰．凱瑞在談判中扮演主要角色，因為美國解除制裁是談判的關鍵籌碼。

等待伊朗回應期間，六國皆派代表前來布魯塞爾。每個團隊都有自己的想法，但他們舉行過事前磋商，尤其是歐洲三國加上美國，因此一些不合已經磨合過了。不過彼此之間還是有意見相左的時刻。英國政治事務主任賽門．蓋斯（Simon Gass）是前駐伊朗大使，他就算在最劍拔弩張的辯論中也能表現得冷靜理智。蓋斯提議我們各自寫下對於談判的願景。這在行話中稱

為政治帽子（political chapeau），來自法語。我們會把這些願景和伊朗團隊共享，成為談判的重中之重，也是我們對最終目標的想望。不過法國的雅克・奧迪貝（Jacques Audibert）認為現在提出全面計畫還為時過早。奧迪貝是位談判老手，總是帶著頑皮的笑容，不過在那之下是鐵石心腸的警惕，要是法國地位有受到威脅或忽視的跡象，他都不會放過。溫蒂・雪蔓（Wendy Sherman）同意他的觀點。雪蔓身為美國談判團隊的代表，與北韓有著非常豐富的談判經驗，也對外交事務所知甚深。她提醒眾人，美國依然願意與伊朗進行雙邊會談，我們也鼓勵六國在整體談判框架內持續開展雙邊會談。但是伊朗完全沒有意願和美國對話，甚至連會議中都避免了短暫交談。我們希望新政府上台一切都會好轉。漢斯—迪特・盧卡斯（Hans-Dieter Lucas）是德國的政治事務主任，以務實著名，他認為我們需要更大膽一點，專注制定一項全面計畫，其中包括小步驟或是「信任建立措施」。四國乾淨俐落的分成了兩個陣營。所有人都同意拆解成小步驟最好，但問題是，我們應該現在就安排好終局，還是要等到之後？

中國高級官員馬朝旭也加入了討論。中國的看法是新的伊朗團隊會變換策略，但是基本立場不會變。他希望能快點開始新一輪談判，才能「早日收成」。我徵詢了俄國外交部副部長謝爾蓋・里亞布科夫（Sergei Ryabkov）*，他也是談判的老手。他一般很和善，但在他認為必要時會表現得很強硬，對伊朗和其他五國都是這樣。俄國也希望能簽成協議，但他覺得應該要有更多「互相讓步」，並且我該考慮去伊朗和新政府談一談。我不反對在適合的時間拜訪伊朗首都德黑蘭（Tehran），我也對開啟真正的對話抱持著審慎樂觀的態度。但從我們的討論過程來看，真正進到對話會考驗我們身為談判者合作的能力。

八月中，伊朗新任外交部長穆罕默德·賈瓦德·扎里夫（Mohammad Javad Zarif）上任，我祝賀了他。他就讀過舊金山大學（University of San Francisco）及丹佛大學（University of Denver），對美國了解甚深。他曾在聯合國為伊朗工作，於二〇〇二至二〇〇七年擔任伊朗駐聯合國常任代表。我告訴他只要新的談判代表團組成完畢，我們隨時都能會面。不久之後，我們就聽說扎里夫會親自帶領團隊。

扎里夫說儘管他很樂意直接與我合作，但二〇〇二年時他參加的會議都是部長級的，他很遺憾看到原本由外交部長帶領的對話現在都改由副手承接了。我指出部長們會加入關鍵決策，也會支持對話結果。我知道部長們都比較忙，也不熟悉談判細節，我們也得承受其他爭端波及到談判的風險。政治事務主任與副部長們相對容易專注在談判上。然而，我沒有成功說服他。不過等到九月下旬，他把六國外交部長都聚集在紐約的聯合國總部也很合理，所以我擱置了這

＊這些年來，我們與俄國的關係一直在走下坡路，但在伊朗談判中我們始終關注重點。

個問題。事實上，對話總是要在媒體聚焦下上演，以展示我們幕後工作的結果。其中最重要的私下交流會是美國與伊朗之間的對話，要推動進展的話這會至關重要，但所有細節工作都必須安靜地進行。我覺得這種差別就像戲劇上演時的前台與後台。

我們在聯合國大會部長級別週再次召開了會議。這週用「外交官的快速約會」來形容再適合不過。這期間會舉行數百場雙邊會談，都在用便攜隔板隔出的小房間中進行。房間內會有兩張扶手椅，一張小桌子，桌上擺著一壺水、兩個玻璃杯，每邊會有四、五張椅子給隨行人員。大約每三十分鐘，所有人就要站起來去見其他人。部長每次停下來跟遇見的人交談都會造成瓶頸，讓一旁的官員焦慮的盯著手錶，試圖引導他們的部長趕快前進。

我和扎里夫在這週的一開始見面時，我有記得不要和他握手。對很多穆斯林男性來說，是禁止和沒有親屬關係的女性發生肢體接觸的，這群男性伊朗談判代表更是絕對要遵守。他們改以右手覆至心臟位置表示問候。我很難一直記得這件事，尤其看到所有男性都能自在的互相握手。詹姆斯知道我的手在蠢蠢欲動，會時不時朝我耳語：「別碰。」有些媒體寫沒有人跟我握手是種怠慢。雖然我很想糾正他們，但我們已經有夠多問題了，沒時間處理這種基本的誤解。

扎里夫的第一個建議是我們選在一個聯合國辦事處會面，不需要全世界跑來跑去。要不是必須嚴格遵守肢體接觸的規定，我真想給他一個擁抱。光是讓大家同意會面的時間地點就完全是一場惡夢了，這還沒算上安排所有事務的後勤工作。他希望選一個聯合國駐地，我們最終決定選在日內瓦，六國也都欣然同意。我正式邀請了他在週四與外交部長們會面，地點在一間重新開放的會議室，因為是俄國翻新的，所以命名為俄國室。

我謹慎地安排了大家的座位。扎里夫坐我旁邊，擔任主席，他的副手坐在海爾加隔壁，六國代表散佈在馬蹄形會議桌周圍。但美國團隊瘋了，他們希望約翰·凱瑞坐在扎里夫旁邊。雪蔓明顯批評了這項安排，說這次拍的照片可能會是大眾唯一感興趣的一張，所以我們換了座位，結果她是對的。美國國務卿和伊朗外交部長坐在一起的照片轟動了各界。令我啼笑皆非的是，《紐約時報》（*New York Times*）選了一張我也在內的照片，就坐在扎里夫那邊，但倫敦的《金融時報》卻把我裁掉了。凱瑞和扎里夫才是焦點。

扎里夫表明伊朗希望達成協議，但也重申，伊朗堅信在核不擴散條約規範下，他們有權提煉濃縮鈾。他講完後，我邀請各位部長發言。每位都強調了他們對會議進程的貢獻，表達他們希望最後能有正面結果，也說明必須持續投入才能達成協議。我們一致同意很快會在日內瓦開啟對話。*之後，扎里夫和凱瑞在一個邊間談話，這是一九七九年伊斯蘭革命以來，兩國第一

---

* 會議途中，俄國外交部長拉夫羅夫用黑色墨水畫了一幅令人讚嘆的塗鴉，畫的是月亮、花、心形，還有不同

次正式展開部長級別的雙邊會談。這在全世界都掀起了驚濤駭浪。

日內瓦，二〇一三年十月十五—十六日

我們都入住了日內瓦的洲際酒店（Intercontinental Hotel），只有俄中在別的地方。我的房間在十七樓，美國團隊在十六樓，他們人多到占了半層樓。伊朗則是在七樓。我們要用的四間會議室離酒店主要區域很遠，各自名為莫斯科、布魯塞爾、柏林，與阿姆斯特丹，是我們主要的談判空間。有一天晚上，酒吧有個年輕女性和朋友打賭，要闖進我們的討論。她在走廊上狂奔，就在她要猛地把門打開時，保全攔下了她。與此同時，數百位記者拚了命要得到消息，於是這件軼事增添了些許戲劇效果。

我和歐洲與美國團隊在會議前一天就抵達了。當天也和扎里夫共進了晚餐，這是我在賈利利還擔任談判首席時開始的傳統，讓我有機會確認未來幾天的步調如何。賈利利的節奏我們已經很熟悉了，但扎里夫是新加入的，我對他的觀點還不是太了解。

雪蔓和美國團隊一抵達，她就到旁邊和我說，美國已經開始與伊朗私下討論了。我一直希望美伊的幕後工作能帶來重大突破，所以聽到這個消息我鬆了口氣。不過美伊的雙邊協議雖

然必要，但僅僅是這樣還不夠，所有人都得參與進協議中。所以我們必須共同進行會談。

當天稍晚，我前去和扎里夫共進晚餐。這不是什麼大活動。我、海爾加、詹姆斯坐在一邊，扎里夫和他的兩位副手，馬吉．塔赫特—拉凡奇（Majid Takht-Ravanchi）與賽伊德．阿巴斯．阿拉格齊（Seyed Abbas Araghchi）則坐在另一邊。我們在前幾次談話時已經認識了阿拉格齊，但拉凡奇對我們是新面孔。我們度過了輕鬆的晚餐時間，也更加認識了彼此。兩位副手的英文講的都很完美。阿拉格齊在英國的肯特大學（University of Kent）拿到了第一個學位，拉凡奇則是畢業於美國的堪薩斯大學（University of Kansas）。拉凡奇的學歷讓我們想到了幾個《綠野仙蹤》（*The Wizard of Oz*）*的玩笑，不過我們肯定不在堪薩斯州了。兩人合力在談判中扮演了相當關鍵的角色。趁此機會，我們和扎里夫團隊確認過了，他們對討論的形式、時間以及領域沒有任何不滿，但這裡我們沒有透露任何細節。扎里夫很清楚，過去這些年有太多機會可以達成協議，但他們都錯過了。很明顯他不想把這一次也錯過，只要有方法達成目標，他就不會放過。

字體的文字。我建議他把這些塗鴉出成一本書，再說明他都是在哪畫的。他笑了，並把塗鴉送給了我。我一直都留著。

* 譯注：《綠野仙蹤》主角桃樂絲來自堪薩斯州。

隔天早上，我們在媒體面前開啟了第一次全體會議。攝影師人數實在是太多了，我們得一波一波的把他們帶到房間內。儘管保全在一旁小心的引導，他們還是推擠著爭奪最好的位置。扎里夫提議我們換個位置，以表示我們是一體的團隊。他坐在我旁邊，他的團隊呈扇形往一邊散開，我的團隊同樣，只是朝另一個方向。接下來的討論都用英語進行，這樣會提高效率，我們讓扎里夫先開始討論。他用一個小時長的簡報向我們演示，標題是「結束多餘的危機，開啟嶄新的視野」。我對自己笑了笑。我們已經習慣了複雜、難以理解的幻燈片，但扎里夫的非常不同。第一張投影片就只寫著：「伊朗不需要，也不想要核武。」扎里夫表示，我們共同的目標就是確保伊朗能夠「和平的」行使利用核能的權利，其中包括提煉濃縮鈾。

為了達成目標，他向安理會和國際原子能總署提出了一份為期一年的時間表，計畫從初步協議通過開始，並要求將伊朗與其他核不擴散條約的簽約國平等對待。根據條約，國際原子能總署有責任監督並調查簽約國。他們會定期向安理會提出報告，安理會則會評估伊朗是否符合規範，並進一步決定是否繼續將伊朗認定為「對國際和平安全的威脅」。

扎里夫提議由歐盟召集一個六國組成的聯合委員會，負責審查並批准伊朗採取的變動、監督伊朗是否合規，也可以解決爭端。我請六國發表意見時，雪蔓欣然同意了他的提案，我們這邊一些人很清楚她已經大致知道他要說什麼了。會議結束後，扎里夫有些不耐煩，他原本以為六國會提出更多想法。我提醒他這一天的主角是伊朗，隔天我們才會提出各自的意見。

隔天早上，空氣中明顯瀰漫著暴躁的氣息。我完全不意外。離協議越來越近，六國的差異就會更會暴露出來。風險在於，這些差異可能會破壞我們的拼圖輪廓。一群政治事務主任向我或海爾加表達了相同的觀點，我們沒有準備好對話，也還沒達成共識。各國政府開始介入了，英國的卡麥隆首相率先表示希望能迅速達成一筆大買賣，很符合他的個性。但比卡麥隆更接近談判的是他的外長威廉・海格（William Hague），我能感覺到他較為謹慎。漢斯—迪特・盧卡斯與雅克・奧迪貝擔心美國可能正採取的行動，想知道德國與法國的地位有沒有受到重視。只有中國代表團很積極，急切地想要快點開啟對話。我不知道他們是不是真的那麼樂觀，但他們的確幫上忙了。

我擔心合作最終會瓦解，也明白沒有時間去處理美國私下對話即將暴露的事了。海爾加集合了所有團隊，不眠不休的處理他們的問題，並把所有人帶到了相同的位置。我們持續努力，到下午時協調出一份聯合聲明，和伊朗結束會議，並約好下一次會議時間。這些聲明非常重要，展示了六國抱持著一樣的觀點，向外界證明我們的進度，也提示未來的走向。我們這邊唯一尚待決定的是，要怎麼形容這次會議。最終，我們決定用「重要」這個詞。不過人在華盛頓的蘇珊・萊斯（Susan Rice）不太同意，她是歐巴馬總統的國家安全顧問，擔心還沒有結論的首次會議稱不上重要，希望能刪掉這個詞。如果美國降低會議的重要性，一定會在我們這裡引起軒然大波。蘇珊了解我的考量，收回了反對意見。於是我們把「重要」留著。

我和扎里夫帶領了最後一場全體會議來道別。雪蔓念出了一份準備好的聲明。

她根據美伊雙邊會談說明了美國立場，房間內每個人都很清楚，兩國之間已經建立了更緊密的工作關係。不過，最終協議還是必須由六國和伊朗簽下，是時候把他們的進度融合進談判主體了。真正的挑戰會是在這段期間讓大家持續共同參與。

日內瓦，二〇一三年十一月七—九日

美國副國務卿比爾．伯恩斯是一名職業外交官。在我與他共事的這些年，我還沒看過任何國家或任何人不是給予他最高評價的。現在美國與伊朗的祕密討論曝光了，並且是由他帶領美國方。如果要找一個人來讓所有人都接受這些談判，那一定會是他。他與高級顧問傑克．蘇利文（Jake Sullivan）*密切合作，兩人的特質對比明顯。蘇利文有著敏銳的頭腦和法庭審問式的風格，相較之下，伯恩斯會採用更溫和的說服方式。

溫蒂．雪蔓代表美國展開正式談判，並將伯恩斯與蘇利文正在進行的工作納入主要談判之中。我們在日內瓦相聚時，她告訴我和海爾加她的計畫，也就是向其他五國透露祕密談判的要點，就從那晚在場的歐洲團隊開始。聽到這個我鬆了口氣，公開他們的進展有助於建立大家都能接受的協議。但儘管她的能力毋庸置疑，我也沒有低估說服眾人的難度。她可以用強力嚴肅的方式帶領這場交流，但如果她要成功讓眾人和她站在一起，就需要大量善用她天生的熱情與幽默。

我、奧迪貝、蓋斯、盧卡斯以及雪蔓共進晚餐時，雪蔓大致介紹了美國團隊究竟在做什麼。她發言時，會頻繁地看向手上一份短文件。我可以感覺到房間內的煩躁與時俱增，眾人不滿她未把具體內容也一併說出來。而且雪蔓也沒有分發複印文件，尤其大家都知道那上面記載了關鍵內容。在場眾人越來越惱怒，他們意識到她不能再分享更多東西了。華盛頓即將舉行一場會議，會上將決定美國這些對話是否打下了能推進談判的良好基礎。直到會議給她授權之前，雪蔓都沒有權力洩漏這些資訊。拼圖就這樣散落在顯而易見的地方，我們卻無法撿拾起來。雪蔓也前去告知俄國與中國。不知道隔天早上的協調會議會怎麼樣，我惴惴不安的想。

我早上的第一個會議要和扎里夫討論一份文件，是六國在海爾加帶領下一同完成的。我們

* 喬・拜登總統（Joe Biden）任命傑克・蘇利文為國家安全顧問。

想讓這份文件成為協議的初版或者臨時版本。美國也有參與，因此我們還算自信文件不會與美伊的雙邊會談衝突。我向扎里夫表示想讓他知曉一份文件。但我那時候還不知道的是，美伊會談早已經產出了另外一份文件，也就是雪蔓不能公開的那份，所以扎里夫以為我是在講這個。

他對文件表達的意見讓我很困惑，因為我相信他根本還沒看過我手上這份。但就在我提出疑問前，他提議我和他一起重新撰寫一份文件。我們會視它為聯合計畫，這樣就不會有任何一方要再新增些什麼了。扎里夫也建議在聯合國舉辦面向媒體的開幕會議，之後再針對提案舉行一系列會議，我和他就可以好好準備這份文件。

我在下一次會議向六國提出了扎里夫的建議，但美國團隊明顯很不安。他們認為美伊雙邊談出來的就會是起始文件，並以此作為工作基礎，沒有預料到又冒出了第三份新文件。但我們都對他們這份一無所知，以為他們已經把談文件的工作留給了日內瓦會談。所有人都難以理解到底發生了什麼事，脾氣更加暴躁。我們的溝通出了問題。更糟的是，美國向我們確保過伊朗團隊可以立刻開始談判，但伊朗和歐洲團隊交流時直截了當的反駁了這件事。

我和雪蔓談了談，她建議我打給伯恩斯。我和他通了幾次話，對話時我赫然發現他根本不在美國，時間完全不對，也沒有長途電話特有的鈴聲。我和扎里夫和阿拉格齊交談時，也有發現他們團隊有部分人在別處。結果伯恩斯和蘇利文其實五天前就已經抵達日內瓦了，他們躲在酒店裡和一些伊朗代表開會。我相信到目前為止，只有我和詹姆斯知道日內瓦別處也有談判在進行。一方面來說這是好消息，但我也知道其他人會感到不快。畢竟如果他們在忙的是正式談判，那洲際酒店的其他人又是在做什麼？美伊若能解決彼此之間的一些問題，將對我們的整體成功至關重要。主要推動解除制裁的會是美國團隊，歐盟則會在一旁密切跟進。若要確實解除制裁，就必須確保美國有辦法展示伊朗核計畫和平的本質。正式談判要談的議題更廣，無法處理這麼細節的工作，因此每個國家都和伊朗舉行過雙邊會談，在正式談判期間與其他時候都有。不過美國與伊朗在敵對的政治氛圍下無法和其他國家一樣。所以這是目前唯一，也是最好的方法了。只要他們一確定整體範圍，我就能帶領討論，嘗試定下協議。

正當我思考該怎麼做時，約翰・凱瑞打來和我討論前來日內瓦的事。協議的主要部分會是美國解除制裁的條件，這將由凱瑞與美國團隊處理。他人在中東地區，正要結束一系列會議。他沒有直接飛回美國，而是希望能幫我們把協議確定下來。他來日內瓦非常合理，既能處理美國在談判中複雜的位置，也能幫忙把雙邊會談拉回到主要討論中。

重要高層會議已經在華盛頓召開，會上將決定美伊談出的文件是什麼地位。如果他們同意將這份文件作為談判基礎，雪蔓就能把它交給我，再公開給六國。她實在是不容易，要在白宮和憤怒的同事間周旋。她處理得很好，但我知道一旦一切能有進展，她也會鬆一口氣。夜幕降臨，我等待著結果。

與此同時，約翰·凱瑞可能要來日內瓦的消息傳回了另外五國。法國外交部長洛朗·法比尤斯（Laurent Fabius）打給了我。他相當有個人魅力，但也很直接的說如果凱瑞要來，那他也會來。我向他強調法國在談判中的地位就和其他國家一樣重要，但也敦促他要確定想實現的目標。凱瑞是來處理解除制裁的事，法比尤斯也得決定他要來討論什麼。我知道如果法比尤斯要來，那德國的基多·威斯特威勒（Guido Westerwelle）和英國的威廉·海格也都會過來，儘管他們在這個階段還沒什麼能做的。他們不可能在他國對應的官員在場的情況下，還缺席這場世界上最重要的談判。俄國與中國也緊盯著局勢，確認是否也要派出部長級官員。我把這個問題留到了隔天早上，重歸思考文件的事。

午夜時分，雪蔓與美國首席制裁專家理查德·內普夫（Richard Nephew）帶著文件來到我的房間。美國已經批准他們繼續推行這些提案，並嘗試與伊朗達成臨時協議。

我、詹姆斯與海爾加三人仔細讀過了三頁長的文件，發現雖然這份文件沒有提到多少細節，但很適合作為臨時協議的大綱，於是我們放心了。上面寫了談判的目標、伊朗的責任，以及作為回報我們該做的事。句子中還有很多括號與空格，說明還有很多內容尚待決定，但這個開頭很好，和洲際酒店眾人的方向相差不大，令人寬慰。現在的挑戰是讓其他人也接受這份文件，很明顯這會是我的工作，於是我主持了會議。我沒有參加美國的討論，而且我和每個國家的關係都還不錯。我還寧願有支巨大箭矢指著我的頭。

我們覺得最好由我單獨對每位政治事務主任說明。我們今晚得讓每個國家都同意，才能在隔天早上討論這份文件。美國很堅決，小幅修改可以，但不能有實質改動。如果協議上所有元素都已成定案，要讓大家參與進來就會更困難，所以我已經下定決心去面對之後艱難的對話了。

我從謝爾蓋．里亞布科夫開始。我解釋我之前沒看過這份文件時，他一直保持著冷淡的禮節。雖然過程實在很糟糕，但結果不錯。我和他說我需要在明早前知道俄國能否接受文件。里亞布科夫沒什麼表示，答應他會徵詢政府意見。

我慢慢向每位政治事務主任說明情況。其中雅克．奧迪貝尤其憤怒，並未給我任何承諾。我想他是不滿美國團隊和他合作了這麼久，卻沒有告知他這些事。但沒有人聽到這些會開心。就在通知大家這些難以接受的消息時，我決定一併處理凱瑞要來的事。我說我希望他來談美國解除制裁，以及解凍伊朗資產的事，這些必須在政治層級處理。所有人都沒有意見，一部分是因為他們理解他來的理由，但部分原因是他們正忙著氣文件的事。最終每位政治事務主任都拿到了交給他們部長的文件，也都知道不能做出重大改動。不過所有人都向我強調過這個流程有多麼侮辱他們，有些人甚至滔滔不絕的抱怨。結束時已經是清晨，我疲憊不堪，簡直受夠了。

我和詹姆斯一起坐了下來，正準備結束今晚。此時，雪蔓和內普夫又衝了進來。「我們給你的文件是錯的！」她說，那份是舊版。我現在又得一個個去找人，阻止他們把舊文件傳回國。我跑去找還在的人，並傳訊息給那些已經離開的。最終我成功收回並銷毀了所有文件，也把正確的版本分發下去。他們臉上寫滿了屈辱與受傷。我自己解釋剛剛發生的事時也不禁冒出了幾句咒罵，理查德後來告訴我，這是他唯一一次看到我生氣。

我睡了幾個小時，希望隔天一切都能變好。夜間，凱瑞的新聞團隊宣布他在我邀請之下即將參與談判。國務卿總是會帶著記者到處旅行，現在就有大約五十人在他飛機上。他們必須知道發生了什麼事。上午九點，洛朗．法比尤斯宣布他將前往日內瓦。緊接著，賽門．蓋斯告訴我威廉．海格已經在路上了。漢斯—迪特．盧卡斯也說基多．威斯特威勒同樣會過來。他們會來的部分原因是輿論報導，部長們必須在隨便一處停機坪入鏡，民眾才不會批評他們沒有善盡職責。雖然他們的出現常常是在浪費時間與金錢，有時甚至會阻礙其他人取得進展。中國與俄國則宣布，不會在這個階段派出外交部長。很好，我想。這樣簡單多了。各國對於文件的回饋也陸續抵達了。英國希望能加強措辭，法國則有三項重大改動。我傳訊息給比爾．伯恩斯，安排我們見面。就在等待部長們抵達的同時，我和六國團隊開了次協調會議。我首先為之前發生的事道歉，能感覺到政治事務主任們對我，也對前一晚的裝模作樣感到非常抱歉。我其實很好，但能獲取一點同情心也不是什麼壞事。溫蒂．雪蔓擺出了安撫的姿態，海爾加也用她的神奇手段穩住眾人。幸好我們還能維持著良好關係。

我在酒店向法比尤斯、海格與威斯特威勒說明了情況。他們很樂意利用這個機會彼此談談，我感激的答應了。凱瑞也在下午抵達了，海爾加建議我們在歐盟辦事處開會，聰明的選擇，因為離開聯合國與洲際酒店可以把我們與正式會談切割開。法比尤斯來見了凱瑞，並就文件與流程進行了坦誠的交流。凱瑞開誠布公，做了很多事來緩解法比尤斯的擔憂，但奧迪貝詳細說明了幾項法國想要的變動。有些只是釐清細節，不過其他部分是實質改動文件上對伊朗的要求。之後，法比尤斯回到酒店去和海格和威斯特威勒說明情況。

一瞬間，我們好像又開始團結向前了。最後幾塊拼圖是和伯恩斯與蘇利文交談，他們現在人在美國大使館。雪蔓也加入了我們，伯恩斯解釋說他們已經和伊朗交流有些時間了，一開始是和賈利利團隊，現在是和扎里夫團隊。我回想起這次日內瓦會議以前的漫長談判，突然感覺不知道這件事的自己有點蠢。我之前說過，談判分成公眾視野下的前台與幕後的後台，而重大突破往往都是在後台發生的。這句話比我預想的還要準確。

我需要更深入了解這份文件，以及這些括號和空格究竟代表什麼。伯恩斯說那些主要是伊朗未同意的提案。他也認為英國與法國提的改動有道理，又說美國在華盛頓那場協商會後也改了一些東西。美國原本很堅持全部內容都不能大改，不過他們現在大概只在有爭議的主要議題上繼續這種堅持，我很慶幸我們要處理的問題不多。他強調美伊都認為接下來只能留一邊會議，也就是日內瓦這邊。他也向我保證，美國沒有承諾伊朗團隊其餘國家會接受現有的文件。

這天過得實在是漫長又艱難，還有個很長的會議在等著我們，不過一切都正在轉好，至少我們有一份代表所有人的文件可以使用。我們核心團隊，也就是我、扎里夫以及凱瑞，一起在歐盟辦事處坐下，逐字逐句的看過美伊文件，整個流程持續了五個半小時，主要是凱瑞與扎里夫兩人在來回推敲字句。只有他們知道祕密談判中曾經討論又捨棄了什麼。這也是一個機會，能讓我實際看到他們如何交談，也注意到一些困難點。凱瑞有時會提到阿曼，我在寫給詹姆斯的筆記中推測他們可能是在阿曼進行祕密談判。直到那時我才對談判地點有些頭緒。隨著他們評估每個詞語、協商每個句子，一份足以擔當臨時協議的文件漸生雛形。但在六國與伊朗同意之前，這就只是單純的文字而已。一旦各國同意，這份臨時協議就會成為最終談判的基礎，不光可以阻止伊朗建造核武，也能稍微緩解他們的經濟問題。

通常要讓眾人皆大歡喜，就得找到正確組合字句的方式，讓各方都能拿到需要的東西。比方說，美國提議在文件的開頭用「伊朗確認將不會尋求核武……」。而伊朗表示他們的最高宗教領袖（Supreme Leader）已然確認過這點了，因此提議改用「如同最高宗教領袖所確認……」。但其餘六國不買單，因為這句強調的是領袖，而不是整個國家。過了許久，我們決定用「伊朗重申」。而其他問題就比較迂迴曲折了，難以概括。法國希望伊朗有提煉濃縮鈾權利的前提是談判成功，伊朗則認為不論談判結果如何，他們都應該保留這項權利。最後，我們還有六個重要議題尚待解決。有進展，但離最終協議還差得遠。

時間已經很晚了，各位部長與政治事務主任整個晚上都待在酒店等消息。我解釋了那六點，並請他們標出各自底線，以及可調整的地方。凌晨一點會議結束，里亞布科夫告訴我拉夫羅夫已經在來這裡的路上了。中國別無選擇，只能也派出他們的外交部副部長李保東，並想確保我們會等他週六抵達，不會搶先做出任何決策。我表情扭曲了一下，隨後開玩笑說我希望那時我們已經到家了。他們露出疲憊的微笑，我們都知道週末勢必要在這裡度過了。我睡不著，一直思考著拉夫羅夫抵達的事，真希望能有更多時間讓所有人都可以參與。

隔天早上，在扎里夫堅持下，我參與了他和歐洲外交部長們的會議。他希望今後都避免有任何雙邊會談。這次會議相當積極，所有人都希望對協議有所貢獻。之後是和美國團隊會面的時候了，這次多了比爾·伯恩斯與傑克·蘇利文的加入，媒體也不在。接下來兩個小時的氣氛明顯和前一天的冗長會議不同，扎里夫看起來更不願意參與了。快中午時，拉夫羅夫抵達了。

他顯然對美國一直在和伊朗私下交流一事不以為然，但在他和我一起和扎里夫碰面之前，他還是心滿意足的坐在電視機前觀看網球賽。他們的對話意外的直截了當，雙方都同意拉夫羅夫拿到的第一份文件已經夠好了。但這並沒有什麼幫助，初始文件還未完成，也未應用歐洲或美國提出的修正案。我告訴他們這行不通，也意識到六國團隊已不再團結。

歐盟辦事處的會議結束後，海爾加與溫蒂・雪蔓共同產出了一份新版文件。我們叫它一一九文件（the 9 November text），以跟之前交給各國政府的版本有所區別。凱瑞讓每位部長都同意以這份文件作為下一次談判的基礎，希望也會是最終談判的基礎。他一直努力不懈，也始終專注在最終目標上，實在讓人敬佩。這一天是週六，我們從週三開始一直忙到現在，所有人都累垮了。晚上六點時，凱瑞請扎里夫進來找我們，並提高了報酬。他說美國願意考慮提供特別優惠，解除對伊朗的制裁，但僅限二十四小時。他私下告訴我，也許這會暴露伊朗其實不想達成協議，或是直接讓我們一步跨到終點線前。我們拭目以待。

中國外交部副部長李保東也抵達了，他與我和扎里夫會面，並愉快地問候了扎里夫。但出人意料的是，扎里夫直接大肆批評了一一九文件，說它是在羞辱人。李保東不禁大吃一驚。我們都知道他的抨擊部分是針對我來的，但我們兩人也都會承受他的強烈情感。儘管李保東一路長途跋涉過來一定疲憊不堪，他還是極力反駁，說還需要很多談判工作才能確定下來。會議結束時，扎里夫要我留下來談談。他說，美國在阿曼告訴他，我們都會支持原本的文件。可現在他發現自己一直困在談判工作中，重複討論著那幾個論點，因此他很憤怒。我完全不懷疑這件事的真偽，美國想必向他確保過他們的論點就代表六國論點，但我也相信他們清楚，其他國家都會想仔細審查細節。我向扎里夫指出，他熟悉六國，一定知道他們會小心推敲每個字句，確保文件反映各自重視的議題。然而，扎里夫依然認為是我們強推一一九文件，這和他原先提議的聯合起草新文件完全不一樣。我們離完成協議還有漫長的路要走。

我在凱瑞的房間找到了他，他一邊吃著義大利麵，一邊和海格通電話。他進食時，我在一旁轉述了扎里夫對我說的話。一旦我們開始確定細節，不滿的情緒就無可避免，但扎里夫甚至會對新修正案感到憤怒。凱瑞仔細地聽著。他明白美國的秘密會談造成了極大的不愉快，但最要緊的還是達成協議。我點頭。所有人都清楚這點。不管他們有多受傷，都不會讓糟糕的過程阻撓可能的好結果。我又一次承認這份文件很不錯，接下來我們只需要把它完成。

此時已是深夜，我在晚上十一點召開了六國會議。所有人都累得不行，受夠了數個小時都在閒逛。拉夫羅夫提出了個無益的問題，問為什麼文件用的是美式英文。我告訴他，要怪就怪蘋果和微軟。他拿著紙張在空中晃了晃，說這是美國的尺寸——以不那麼婉轉的方式表達這是美國主導的場合。凱瑞隨後拿出了另一份一一九文件，其中美國釐清了一些關於解除制裁的內容，這代表伊朗拿到的文件是錯的，很可能我的也是。海爾加看著像是能掐死某人，我的表情也如出一轍。威斯特威勒一時間勃然大怒，說這樣根本不是做事的辦法。我已經累了，直接糾正他說談判就是這樣，花長時間盯著細節，花更長時間在閒晃，並且為了等消息不能睡。他對我笑了笑，我也對他笑著回應，我們共同的挫敗在這瞬間消失了。他建議把伊朗團隊找來，我同意了。如果扎里夫準備來說明他的立場，我們就有機會讓談判重回正軌。我到達他的房間時，扎里夫正在等我，他欣然接受了參與會議的邀請。我說希望他對我有多坦誠，就也用相同的態度對待他們。

我本不需要擔心他，他非常有禮、冷靜、直截了當。他說他當時已經和美國攤牌了，相信只要處理美國的擔憂，就等同處理所有人的擔憂。他並沒預期到後面一系列的變動，也沒想到會看到一份新文件，而且他也不認為這能正確代表會談。凱瑞專心致志的思考有什麼讓眾人前進的方式。此時拉夫羅夫插了進來，表示支持美國給我們看的第一份文件。問題是那份根本是不完整的，沒有說明伊朗現存核計畫的技術細節，也沒有讓我們進行最終談判的政治流程。那之後技術專家們就在審查文件了，所以又多出了一些細節問題需要處理。雪蔓對著坐在她身邊的凱瑞耳語。我猜她說的是現在沒更多事要做了。

我向拉夫羅夫指出，未經大家一致同意，我們就沒有達成協議。威斯特威勒問接下來要做什麼，扎里夫說由我決定。「她是老大。」他打趣道。

確實沒什麼事可做了。扎里夫得回國跟政府討論我們的進度，政治事務主任也需要時間處理那些議題。我建議之後我們照著原本的模式召開會議，不需要部長們參與。凱瑞同意了，也表明如果需要的話他可以再回來。拉夫羅夫笑了，手伸到桌子下拿出一瓶香檳。這是為你準備的，他邊打開香檳邊對我說。在場的伊朗人為了遠離酒精立刻離開了，我對他半抱怨的說怎麼可以在他們面前拿出酒來，但拉夫羅夫生性愛惡作劇，但他的專業又讓他十分危險。他的舉動消彌了我們所有人的壞心情。我找上扎里夫決定下次會議的日期。這部分非常容易，我們打算在不到兩週後回來。我對著媒體，用英語讀出一份枯燥乏味的聲明，扎里夫則用波斯語（Farsi）重複。不知為何，我們又有了一次達成協議的機會。

之後兩週我幾乎都在飛機上度過，去了印度、泰國和緬甸（Myanmar），接著返回布魯塞爾主持了兩天會議，與會者是各國外交與國防部長，最後再回日內瓦。每次會議都很重要，但艱辛的談判結束後沒有得到足夠時間來恢復。

這兩週期間美國團隊一直在和國會商討，白宮給了他們很大壓力，想盡快完成一項好協議，而國會大部分議員則對能否達成協議深表懷疑，傾向進一步對伊朗施加制裁。過程相當不留情面，但凱瑞團隊始終堅持不懈。我們又多了幾天的喘息空間，追加制裁只會讓我們不可能再與伊朗合作，他們會把這項舉動視為惡意欺騙，也是白宮失去掌控權的象徵。其餘五國都不認為在這種微妙的關頭實施制裁是好主意。如果會談因他們破裂，將演變成相互指責的罵戰。

日內瓦，二〇一三年十一月二十—二十四日

我們預定在十一月二十日週三那天開始，先用午餐，再進行正式討論。洲際酒店會議室已經滿了，所以我們改用了聯合國和歐盟的辦公室。伊朗團隊說他們對一一九文件有幾個修正要提，這說明了他們也準備把這份文件作為起點。扎里夫說他得在週六前回到德黑蘭。那你可要加油了，我在心裡想，但這還是有希望的。

十一月十九日，我搭乘接近傍晚的航班抵達了日內瓦，一下飛機就直接去找溫蒂・雪蔓開會，她已經準備好要完成協議了。現在美國政府給的壓力宛若實質。她提議我們逐字逐句討論一一九文件。「尋找癥結點。」她說，這之後將正式成為一一二〇文件（the 20 November text）。所有內容在六種語言中都要行得通，包括英文、法文、德文、俄文、中文，以及波斯文，不過這也會帶來一些問題。

幾小時後，我們和剩餘的六國團隊會合，互相分享這兩週都發生了什麼。普丁總統與羅哈

尼總統會面，並討論了一一九文件。如果伊朗接受以一一二〇文件作為起點，俄國也完全願意繼續下去。「俄國希望他們沒有要放棄。」里亞布科夫說。賽門．蓋斯表示卡麥隆首相希望追求成功的路上也保持公開透明，我認為他的意思是不能再有祕密會談了。中國國家主席習近平也在前一晚和羅哈尼總統談過，兩人都失望於沒能達成協議。扎里夫也向六國表明，希望未來的談判能由所有人共同參與。有人低聲同意。我們又一次逐行檢查文件，這一次我能感覺到空氣中瀰漫著一股期待。就是現在，不然或許就再也沒機會了。

下午兩點三十分左右，我和扎里夫在他們領事館用了遲來的午餐，是中東烤肉串（kebab）、沙拉和白飯，還有用飾有金蔥的木籤點綴的彩寶聖代（knickerbocker glory）。他們那裡的美食總是讓人讚嘆，甜點也讓人耳目一新。談判前的用餐時間不算正式場合，海爾加與詹姆斯分別坐在扎里夫兩側，而阿拉格齊與拉凡奇則坐在我兩邊，依照扎里夫的說法，這樣才能看出來我們是一個團隊。午餐時的氣氛很輕鬆，但我們還有很多工作要處理。要結束時，扎里夫建議我在他身邊對著攝影機做個簡短聲明，我開玩笑說我會宣布協議已經出爐了。所有人都露出了微笑。扎里夫說這是最後一次機會了，他是對的。經過三年的談判都沒有結果，我們現在已經到了為個別詞彙爭論不休的地步了。他是來達成協議的，但也準備好空手而歸。我們也做了同樣的準備。

隔天早上九點，我和扎里夫正式開始談判。這是第一次六國代表沒有全部在場，由我、詹姆斯、海爾加和史蒂芬代表所有人。我的任務是盡可能貼近一一二〇文件，這將成為最終談判的基礎。

首先是弁言部分，我們描述了完整協議會涵蓋什麼議題。扎里夫希望我們不要只是一次又一次推遲臨時協議，這樣只會凍結伊朗的計畫，也無法改善他們的經濟。「要是我們把問題都解決了，那六國還有什麼動力回到談判桌呢？」他問。我向他確保，只是初版協議的話不足以讓我們任何人滿意，但這會證明我們的進度，也可以為最終協議爭取時間。

我們謹慎檢查著每一個字。「一旦放進文件就不能再刪掉了。我們的目標是建立一份一一二一文件（the 21 November text）。」我說。我們在伊朗提煉濃縮鈾的權利上徘徊了許久。我重申這項權利與義務掛鉤，他們簽了核不擴散條約，享受權利的同時勢必要履行義務。如果伊朗確實符合要求，包括接受檢查與監督，那麼本份提案同意他們在最終協議完成後，可進行有限制並受監督的民用核計畫。但伊朗認為這是不可侵犯的權利，而不是六國的禮物，至少他們是如此看待這點的。

草案第一段只剩最後五個字。伊朗希望刪除「若同意」，拒絕濃縮鈾計畫受條件限制。但這已經踩到了我們的底線，若不管他們的目的，濃縮鈾計畫就不能存在。我們圍繞著民用核計畫究竟是否是「基本權利」這點，展開了漫長的爭論。伊朗說是，我們說不是。他們說條約內就授予了這項權利，而我們說只有遵守義務才能得到這項權利，諸如此類。

過程大致保持著專業積極的氛圍，只是有時會因挫折而破功。扎里夫本人願意捍衛一項「好協議」，但他認為某些事情即使現在同意，等到拿回德黑蘭還是會遭到拒絕，這種事毫無意義。我很贊同，但也指出我們這邊有六個國家要取悅，還有標準很高的美國總統與國會。

我們在二十四小時內就搞定了百分之九十五的內容，但剩下百分之五非常難處理。每個環節都拖到了三小時以上，中間休息時我會回報給六國，順便徵詢意見，並安排可能會派上用場的交流。之後的環節中，扎里夫提出了幾項可能幫的上忙的建議。有時只需要換個不同的字眼，甚至意思都沒有變，就會完全不同，不過美國把這些全都拒絕了。有些理由偏向實質內容，而有些就純粹是語言層面的問題了。因為意識到國會對這份協議反感，華盛頓所有人都執意用上他們想要的措辭。我試著在這些文字上發揮創意。其中有句話說，如果解決方法確定了，那協議會在「實際情況中」（in practice）包含開展濃縮鈾計畫的權利。伊朗認為這是他們本來就享有的權利（在他們看來），但加了「實際情況中」就多了一層條件。我和美國、歐洲團隊討論能不能改成「事實上」、「實際上」、「實際運作中」、「實際應用中」（in reality, in exercise, in operation, effectively）等等。「你們選吧。」我說，而後看著他們仔細考慮。

我們繼續下去。有一次，我提議用某個特定的字，結果只換來扎里夫憤怒地掏出一份我從來沒看過的草稿，是十月二十九日的文件，上面已經討論過並且否決這個字了。我完全不知道他們在阿曼試過什麼字，也不清楚為什麼有些能接受，其他的就遭到拒絕。整個流程的難度根本不需要誇大，我們不知道什麼會突然引起對方的劇烈反應，從而讓會談又延長數小時。我會在短暫休息時因挫折而憤怒的在房間裡踱來踱去，詹姆斯說我就好像在穿越雷區一樣。但隨著時間的推移，比爾．伯恩斯和傑克．蘇利文在幕後不懈努力，六國也保持著密切合作，我們之間的距離也隨之逐漸縮短。

我們離成功只差一點點了，所以依我判斷，現在該是把部長們聚集到日內瓦的時候了。拉夫羅夫其實早已經抵達，不過他之前都謹慎地避開了談判。他很支持會談，但覺得美國要求太多了。中國外交部長來的路最遠，但我知道他會保持低調，避免過早驚動媒體，所以我建議中國團隊可以決定什麼時候讓他過來了。

媒體主要關注的還是凱瑞的行蹤。他從美國過來要八小時，我建議他可以直接起飛了，要是發現時機還未成熟他可以馬上掉頭。我跟扎里夫約了晚上十點半，準備跟他了解事情進展。之後我打算告訴歐洲團隊可以讓他們部長過來了，這樣隔天早上他們會跟凱瑞的抵達時間大致撞上。但不走運的是，美國國務院直接發布了聲明，說凱瑞在「與凱希．艾希頓協商過後」決定前往協助推動談判。

溫蒂・雪蔓無法相信他們居然這樣做。聲明本應表示由於路途遙遠，他將前來歐洲為談判隨時待命。人在日內瓦的歐洲代表團非常生氣。我甚至沒機會讓他們請各自部長過來，現在，短短幾分鐘內，他們就一窩蜂的發了推文，或是直接打給我說他們也會過來。某方面來說這只是個小問題，但其中的敏感情勢讓我們花了幾小時才控制住狀況。雪蔓向大家確保這純粹是胡鬧，眾人很輕易就接受了，因為她的情緒全寫在了臉上。之後我就上床睡覺了。

隔天早上我起得很早，去找了扎里夫。「好戲要開始了。」我看著幾位部長的飛機在日內瓦上空盤旋，如此說道。雖然我們似乎已經離協議不遠了，他的情緒還是不太好，只專注於橫亙在我們中間最後的障礙。我們就懸而未決的問題反覆進行討論。其中包括阿拉克（Arak）鈽反應爐的議題，我們希望能「完全」解決我們的疑慮。而扎里夫想要釐清「完全」這個詞的實際含義，說他懷疑我們永遠不會完全滿足，只是想用這個當藉口繼續制裁。

周旋了一陣後，我建議扎里夫和法比尤斯談談。換個交談的對象可能有助於讓他更了解兩邊立場。他同意了，而我此時前去迎接剛到達的凱瑞。他非常渴望馬上開始正事，所以我傳了訊息給伊朗團隊說他想見扎里夫。我餓著肚子回到房間想找點吃的，點了餐後蜷縮在椅子上和詹姆斯聊天。餐點抵達時，電話也正好響起來。伊朗那邊希望我加入他們與凱瑞的會議。看來食物得等我一會了。我把餐點送走，接著前往會議室，那裡凱瑞正在著手佈置美國打算做的事。

這一天在接續不斷的會議中度過。我和扎里夫開了會，接著是美國，再來是各國正副外交部長。史蒂芬負責帶領技術討論，看紙上的想法如何轉化為核計畫的一部分。傍晚時分，我從扎里夫那收到了關於離心機的新版用詞，還有一份更好的弁言。我們一開始的六項議題最終只剩下了一項，那就是阿拉克的重水反應爐問題。我把各位部長召集了起來，問他們還需要加上什麼。美國之外的五國都同意只要在阿拉克問題上達成一致，他們就沒有意見了。然而，美國又指出了好幾項他們想解決的議題。

房間內原本沉著的氣氛變得焦躁。拉夫羅夫說這太荒謬了。海格抬起一邊眉毛，這個標誌性的詢問總是讓我露出笑容。威斯特威勒說雖然他母語不是英語，但他認為這樣寫可以。法比尤斯確實傾向用更強硬的措辭處理離心機問題，但只要我們在阿拉克問題上達成一致，他也可以接受目前的協議。我很樂意去嘗試協調最後的阿拉克問題，但除此之外，好像沒有其他事要做了。我建議眾人委任凱瑞自己去和伊朗商討美國的要求。這是我能想到最好的辦法了。突然間，眾人不再對美國自行談判感到焦慮。我建議凱瑞和扎里夫碰面，之後我們會在晚上九點半再次開會。此時是七點十五分，他們還有兩個多小時。

我上樓重新叫了餐點，還點了一杯琴通寧。就在我剛拿到我的酒時，我得知凱瑞急著要找我，同時伊朗團隊傳來訊息說他們不會見凱瑞。我只得放下原封不動的飲品，取消了餐點。

我抵達時，凱瑞正在和美國總統通話。我曾在數個場合與歐巴馬總統討論過談判的事，包括他與歐盟的會晤以及北約峰會期間，我知道他對此很感興趣。他同意先完成臨時協議，以給完整協議爭取喘息空間，但他也不會那麼容易就滿足，而是會深入測試我們所做的事。等他們掛了電話，凱瑞告訴我，他聽說伊朗希望我也加入會議。很明顯他還不知道，他們根本不打算來。我直接和詹姆斯去了七樓。在那裡，扎里夫說他同意第六點的阿拉克問題，這讓我鬆了一口氣。至少我已經完成了答應過的事情。接下來換美國了，凱瑞必須要和扎里夫開會。凱瑞現在拿著的是六國的授權，要是扎里夫拒絕和美國國務卿交談，那麼協議就不可能達成。我察覺到扎里夫需要發洩一下沮喪。但就算他只能告訴凱瑞伊朗不會再做更多了，他也必須親口對他說。讓我放心的是，他答應了。

我回去找凱瑞，和他說我們十五分鐘後在阿姆斯特丹會議室見面。我會出席，但也表明我只負責觀察和支持他們。比爾・伯恩斯與傑克・蘇利文也加入了，他們的對話令人意外的有建設性，最後是一連串的緊急消息叫走了扎里夫。他離開後，伯恩斯與蘇利文找上阿拉格齊與拉凡奇，一同調整並加強措辭，以解決美國最後的擔憂。

我和詹姆斯有好幾天沒有到外面過了。我們飢腸轆轆、缺乏睡眠，極度渴望終點來臨。我們從上午八點四十五開始，直到現在已經是凌晨一點了。我們等待著。時間一拖再拖，時不時接到伯恩斯與雪蔓的電話，向我們回報他們的討論進度。他們所在的阿姆斯特丹就是酒店會有的典型會議室，所以裡面沒什麼有趣的。詹姆斯發明了日內瓦的變種撞柱遊戲（skittles），在房間一邊地上擺放礦泉水瓶，然後挑戰用瑞士巧克力打翻瓶子，酒店的這種巧克力多到好像無限供應似的。有位善心人士把頭探到門附近，問我們要不要來點烤雞。我確信自己又會在吃第一口時接到電話，所以我狼吞虎嚥了起來。

將近凌晨兩點半時，我收到消息說雙方都已經滿意了。這次的內容也由理查德．內普夫負責，他和我的團隊共同確保我們能拿到最終版本。史蒂芬也確認過文件裡的技術用語都能生效。我們在短短兩天內就商量出了十五個不同的版本。如果說我們非常渴望能確定手上這份是對的版本，這種說法還是過於輕描淡寫了。我們宣布協議時要發的新聞稿由海爾加草擬，所有人也都確認過了。

我把正副部長們都聚集起來，一起審閱最終版本，共有四頁段落間隔均勻的文字。首先弁言闡述了我們的目的，也就是「共同完成一份長期的全面解決方案，確保伊朗的核計畫完全和平」，之後解釋這句話的意義，以及將如何實施。再來是「第一步」，其中描述了伊朗應有的舉措，以及我們作為回報將有的行動。最後一頁的標題是「全面解決方案最後一步的要素」，列出了最終協議將會涵蓋什麼，但是沒有深入細節。臨時協議將在二〇一四年一月生效，我們還有時間處理技術細節（想必我耶誕節會跟協議一起度過）。最終協議會在六個月後簽訂（實際上是十八個月）。所有人都露出了放鬆的表情，隨著拉夫羅夫又開了一瓶香檳，祝賀也陸陸續續傳來，我們才發覺協議竟然已經完成。

我幾乎馬上又開始擔心協議會洩漏，或者有人會改變主意。我建議我們下午四點四十五去聯合國宣布協議。離開酒店大廳時，我讓我的新聞團隊在推特上宣布這個消息，我希望能由我們第一個公開。

「協議出來了嗎？」其中一位等待著的記者問。「是的。」我回答，法比尤斯也給了他們一個大拇指。

我進到車裡，又開始慌張起來。我轉向詹姆斯。要是伊朗他們沒有出現，或是轉變心意怎麼辦？我流了一身冷汗。直到我們全都站在攝影機面前，扎里夫也說出口了，我才真正相信。我抵達聯合國時，伊朗團隊要求我們明確表示協議是有條件的，美國得撤銷制裁，而他們還沒收到書面細節。我說不行，但保證會提供資料給他們。他們接受了。

我們在會議桌旁坐下，非常疲累，但是成就感簡直無與倫比。這是歷史留名的時刻，值得細細品味。而且我們還有一點時間可以浪費，因為聯合國的保全團隊把媒體攔在外面了，沒人告訴他們要放人進來。我們等待的期間，拉夫羅夫一直在講笑話。威斯特威勒問他香檳都是哪來的，他回答說那些都是免費拿的，就放在他房間。威斯特威勒抱怨說他房裡只有兩個蘋果，但又想起來他也有拿到巧克力。「在這個國家，巧克力就像灰塵一樣到處都是。」拉夫羅夫說。我大笑出聲。

終於，我們走到攝影機前。我是隊伍中唯一的女性。這時我突然想到，最後會有握手和擁抱的環節，而他們會把我排除在外。我用氣聲和凱瑞說，到時要跟我握手或擁抱，我才不會孤零零一個。我往前微微踏了一步，宣布我們已經達成協議，並向所有人表達謝意。閃光燈不停閃爍，有些人在鼓掌，另一些人則低聲表示喜悅。我們的團隊都轉向彼此互相祝賀。凱瑞給了我一個結實的擁抱，照片在全世界瘋傳。

伊朗團隊希望跟我合照，我很樂意。我們完成了不可能的事，甚至還做得很好。六個有諸多分歧的國家，經過這些年一同努力，終於和伊朗這個所有人都不覺得會簽協議的國家完成了目標。不管未來會發生什麼，這一刻都值得珍惜。之後很多人要我比較幾次談判，例如伊朗談判、塞爾維亞與科索沃談判等等。事實是每次出現的危機或問題都是獨一無二的，解決方法自然也要對症下藥，其中沒有捷徑。我們常常要準備花上幾個月甚至幾年，靜靜的在幕後工作，建立關係與信任，看似毫無希望時也得繼續前進，才能真正完成一份協議。

之後我們各自收拾東西，互道再見，走出了這棟建築。凱瑞邀請我一起搭他的飛機回英國，我感激地接受了。回倫敦的路上，我們都累到說不出什麼話。我們的拼圖已經就位了，雖然還沒完全拼成，但部分區塊已然連接上了，有著清晰的輪廓。一切都有可能。並且，我很高興回到了家。

八、烏克蘭革命

維克托・亞努科維奇（Viktor Yanukovych）大步走進維爾紐斯（Vilnius）的麗笙酒店（Radisson Blu Hotel）。這位烏克蘭總統身高出眾，身形魁梧，在擁擠的大廳內顯得格外高大。這是二〇一三年十一月寒冷的一天，大廳裡擠滿了正在點咖啡、問候老朋友或是安排會議的人。這次由立陶宛首都維爾紐斯主辦這場峰會，聚集了歐盟各國首領、歐盟執委會以及東部夥伴關係（Eastern Partnership）的國家，包括亞美尼亞（Armenia）、亞塞拜然（Azerbaijan）、白俄羅斯（Belarus）*、喬治亞、摩爾多瓦（Moldova）以及烏克蘭。來自二十八個歐盟國家與另外六國的總統總理都於上午抵達，所以酒店塞滿了工作團隊、後勤和保全人員。我拿了一杯咖啡，和幾個同事打了招呼，接著看向亞努科維奇。

---

* 譯注：近年白俄羅斯政府推動中文譯名正名為「白羅斯」，以與俄羅斯有所區別。

這次維爾紐斯峰會最重要的是讓歐盟與烏克蘭簽署一份聯合協定（Association Agreement）。之前的談判歷時七年，後四年由執委會的史帝凡・富勒（Štefan Füle）團隊帶領。他們已在三月就細節達成一致，也草簽過，只等著正式簽署文件了。協定通過後，歐盟與烏克蘭將建立起自由貿易關係，為烏克蘭人在農業、科技、能源等方面帶來更多機會。雙方將在多個領域合作，包括邊境管理、法治、司法及體制改革等等，使烏克蘭與歐洲關係更加緊密。

一週前，亞努科維奇宣布要暫緩簽署維爾紐斯這份協定，他表示決定「暫停」準備工作，這讓各位歐盟領袖不只困惑，更開始警覺。不過他還是來了，我對這件事頗感興趣，於是他穿越大廳時，我的目光一直放在他身上。他注意到我的視線，停了下來並示意我過去。我們移動到更能小聲說話的角落，彼此寒暄後，我們談論了他來這裡的旅程、我的健康狀況、他的家庭、我的工作。我們第一次見面是在二〇一〇年二月他的就職典禮上，那天我為了外長這個新職位，還去了另外四個國家，把每一秒都用得淋漓盡致。他上任總統後第一個出訪行程就是去布魯塞爾，我當時認為此舉用意非常明顯，就是打算兌現他的當選承諾，優先和歐盟簽訂協議。

他俯身過來，小聲地說他目前無法簽協定。我聳了聳肩。我說聽到這件事很遺憾，做了這麼多工作之後沒能有結果，歐盟領袖想必會非常失望，我也很訝異他怎麼會在這個時機下決定。我們從二〇〇七年就開始談判了，一路走來少不了他的支持協助。剩下唯一要做的就是簽名，也就是我們聚在這裡的原因。他搖了搖頭，說不管怎樣，他都不能簽。我又一次聳了聳肩。他才是總統，並且這就是他的選擇。我有個想法可以解釋他背後的動機。一切都關乎烏克蘭與俄國的關係。

烏克蘭與俄國共同的歷史可追溯到一千年前。烏克蘭四千六百萬人口中，有七百五十萬人為俄羅斯民族，且大約有一千萬人以俄語為主要語言。很多俄羅斯人都認為烏克蘭與他們同屬一個國家，並且是該地區東正教（Orthodox Christianity）的發源地。他們聲稱只有烏克蘭西部的人民才嚮往歐洲。烏克蘭曾屬於俄羅斯帝國（Russian empire）與蘇聯（Soviet Union）的一部分，人們時常提及他們是蘇聯在蘇俄之後最重要的成員。若是烏克蘭與歐盟簽訂了協議，俄國領導層會認為他們這是往遠離俄國的方向踏出了一大步。

亞努科維奇面臨著壓力，他得決定是否要加入俄國、白俄羅斯與哈薩克的關稅同盟。他的總理尼古拉·阿扎羅夫（Mykola Azarov）於二〇一二年十二月建議，烏克蘭可以同時和關稅同盟與歐盟合作。亞努科維奇提議讓俄烏雙方專家商討烏克蘭能否加入關稅同盟，同時也不干擾「其他協議」的簽訂。他在同一個月也避開了去莫斯科簽署協議，表示烏克蘭還沒準備好，但持續向莫斯科與布魯塞爾兩邊拋出橄欖枝。直到二〇一三年二月，巴洛索主席表明他們不能同時加入歐盟的自由貿易區，又加入關稅同盟。亞努科維奇決定在三月選擇和歐盟草簽協議，似乎已經確定他要放棄關稅同盟了。

相反，亞努科維奇向俄國提出三加一的方案，三是俄國、白俄羅斯、哈薩克，一則是烏克蘭。意思是讓烏克蘭拿著觀察員地位，並且有可能在之後成為正式成員。隨著烏克蘭即將和布魯塞爾簽署協定，關稅同盟新開啟了一輪會談，最後在二〇一三年五月簽訂了協議備忘錄，同意烏克蘭的觀察員身份。儘管亞努科維奇在簽訂備忘錄的同一天就打給了巴洛索，重申這並不違背他簽聯合協定的決心，布魯塞爾還是一片反對。

二〇一三年八月，俄國政府停止進口烏克蘭產品，造成烏克蘭經濟損失慘重。原本百分之七十五的烏克蘭機械製造產品都會出口到俄國。專家預估，俄國的舉動會讓烏克蘭光是二〇一三下半年就損失高達二十五億美元。即使如此，亞努科維奇還是持續談論著與歐洲國家的關係，在他所屬的地區黨（The Party of the Regions）會議上表示烏克蘭正在「全速前往歐洲」。他的聲明讓俄國日益擔憂，壓力也越來越大。俄國表明，若是烏克蘭與歐盟簽署協議，就要收回貸款並提高能源費用。烏克蘭是俄國天然氣最大的市場之一，也是通往歐洲關鍵的中轉站。面對這些威脅，烏克蘭政府陷入了深深的絕望。

十月，普丁總統與亞努科維奇總統在俄國境內的索契（Sochi）會面，這裡也是二〇一四冬奧舉辦地。俄國明顯不打算忽略十一月在維爾諾斯的簽署儀式，尤其部分烏克蘭人激動的形容聯合協定是加入歐盟的第一步，甚至加入北約也不是不可能。儘管普丁曾公開表示，原則上他不反對烏克蘭加入歐盟，但烏克蘭越來越靠近歐洲的行為還是亮起了紅燈。

現在回顧起來，我們當時應該更努力尋找蛛絲馬跡，更仔細審視政治與經濟情勢才對。一年前，二〇一二年十月，俄國外交部長謝爾蓋．拉夫羅夫與歐盟的外長們一同在盧森堡享用晚餐。他對協定中的貿易部分有諸多意見。他說，歐洲是俄國很重要的市場，所以歐盟也應該考慮到俄國的貿易利益，讓俄國作為第三方加入討論。執委會的貿易專員很清楚，這份協議是歐洲和烏克蘭雙方簽訂的，而不是三方。直到我們快要簽署協議時，俄國才在一年兩度的峰會上討論這件事，普丁提議讓他的關稅同盟與歐盟展開密切合作，意味著他打算重新審視烏克蘭與雙方的關係。

如果是在更有餘裕的時期，我們本可以考慮到更多潛在的問題，但此時我們有著海量的問題要處理，尤其是與伊朗的臨時核協議，以及阿拉伯之春那些戲劇化事件的殘局。對外事務部根本沒有足夠的精力掌控一切，而富勒團隊似乎能夠牢牢掌握這種關係。

所以，亞努科維奇究竟為什麼要出席峰會？他明知這一定會是很糟糕的體驗。他在三十四國媒體面前的發言，給自己在國內製造了最大限度的風波。他也用最高調的方式吸引眾人目光，讓大家注意到他拒絕簽署協議的決定。如果是在更早期的階段，他可能會停滯不前，在一個小問題上吹毛求疵，或者乾脆說「我做不到」。我的觀點是，他沒有刻意掩藏，是認為他沒必要這樣做。他在仰賴歐盟給他一個藉口。

歐盟方對協議的態度持續受一些問題影響，其中一件是烏克蘭前總理尤莉亞．季莫申科（Yulia Tymoshenko）入獄的事。二〇一一年八月，她遭控與俄國談判天然氣協議時濫用職權，判刑七年。之後幾年，貪污、逃稅，甚至參與謀殺的指控都時常伴隨著她。她在遠低於國際標準的審判中遭起訴與定罪，歐洲人權法院（European Court of Human Rights）隨後表示烏克蘭政府「出於政治動機侵害了她的權利」。

對歐盟很多人來說，她的入獄是樁醜聞。二〇一一年時，我警告過烏克蘭政府，即使我們會繼續談判，「但要是當局不改變處事方法，批准過程也會面臨問題」。歐盟內部不停理論著我們能不能，或是應不應該和一位會如此處理他政敵的總統簽署協議。人權法院的裁決又讓這點更加突出。任何協議都需要二十八個成員國一致同意，並得到歐洲議會的許可，而他們很多都強烈反對在釋放季莫申科前和烏克蘭簽任何協定。我們曾多次試圖說服亞努科維奇與總理阿扎羅夫釋放季莫申科，只不過都以失敗收場。他們還是會禮貌地聽著，但隨後便會指控我們不了解她犯下的罪，或是他們的司法系統。與此同時，她的處境每下愈況。她得不到醫療照顧，並且牢房裡二十四小時都亮著燈。季莫申科的下場提醒了我們在和怎樣的政府打交道。

自二〇一二年六月起，歐洲議會就多次派前議長帕特．考克斯（Pat Cox）與波蘭前總統亞歷山大．克瓦斯涅夫斯基（Aleksander Kwaśniewski）造訪烏克蘭。這兩位都備受尊敬，他們的團隊在維爾紐斯峰會前後與亞努科維奇、阿扎羅夫，以及季莫申科本人舉行過多次會議。截至二〇一三年三月，他們造訪過烏克蘭十四次，更是主持過數十次會議，但皆沒能讓她得到釋放。反對協議的聲音越來越大了。

歐盟向他們提議讓季莫申科前往德國就醫，省事的將她送出境並解決問題。峰會一週前，主辦方立陶宛的總統達利婭．格里包斯凱特（Dalia Grybauskaitė）明確警告說「若烏克蘭不採納這項原則來解決季莫申科問題，歐盟成員國將不會簽署聯合協定。」隔天拉達（Rada），也就是烏克蘭國會，針對這項提案進行了大肆討論。他們在一天後表示拒絕採納。與此同時，烏克蘭政府暫停了簽署協議的準備工作，轉而提議在歐盟、烏克蘭、俄國之間建立三方的貿易委員會，神似拉夫羅夫一年前的要求。

雖然歐洲議會強烈呼籲釋放季莫申科，並以此作為協議條件，但成員國最終還是決定要簽署協議。我不知道亞努科維奇是否知道這件事。季莫申科要求歐盟直接簽署，說她的國家比她個人的危難更重要。我們不需要以她的自由為條件，只要亞努科維奇願意簽就好。我很清楚知道，我們全都前來維爾紐斯，就代表眾人已不再反對協議。如果亞努科維奇覺得我們不會簽那他也不用簽，覺得拿著他的「出獄許可證」就可以繼續關押季莫申科，又告訴俄國歐盟不會簽署協議，那他可要失望了。

峰會前一週，隨著政府停止準備簽署協議的消息散布開來，基輔爆發了大規模示威，抗議活動逐漸延燒到整個國家。人民頂著酷寒，聚在一起要求總統兌現他的競選承諾，與歐洲簽訂協議。峰會開始前一直到舉辦期間每晚，人們都聚集在邁丹（Maidan Nezalezhnosti），或稱獨立廣場*，最後這起事件以邁丹革命（Maidan demonstrations）聞名。

回到維爾紐斯，媒體大幅報導了公眾對亞努科維奇的憤怒。個別領袖也和他會面，試圖說服他簽署協議，或至少要明白到底發生了什麼。其中，梅克爾總理最為賣力，卻也對他的固執感到挫折。

執委富勒也一次又一次和烏克蘭團隊開會試圖找到出口，他們這次也一起來了峰會。亞努科維奇一度提議簽一份不同的文件。我完全反對這個想法。我不希望他拿著那份文件回國混淆眾人。如果他真的不簽，那他得自己解釋原因，面對後果。富勒提議我們到格里包斯凱特總統的辦公室開會。她曾擔任上一屆執委，之後因為當選總統而提前離開了執委會。我、范宏畢主席與巴洛索主席也加入了她，我們都反對簽署另一份協議。我們一致同意，不會簽署聯合協定以外的任何文件。眾人真心憤怒於峰會失去它的核心目的，也完全不想給亞努科維奇機會讓他免於做出決定。

回布魯塞爾的飛機上，我望向窗外，心情比起來時陰鬱許多。就在前幾天，我們才剛剛達成伊朗的臨時核協議。儘管準備期間十分艱辛，至少我們有實際成果可以展示。不過這感覺已經像是很久以前的事了。我知道成員國都希望我去和烏克蘭商討。我沒預料到會在隔年十月任期結束之前又一次訪問烏克蘭，不過這次行程的確是當務之急，很可能之後還會有很多次。

示威活動愈演愈烈。十一月三十日，警察使用警棍和閃光彈驅散示威民眾，有數十人受到拘留，更多人因此受傷。隨後，全國爆發了更多抗議活動。歐盟旗幟在空中飛舞，或由示威者隨身攜帶著。我們的邊境醞釀著另一場危機，我又一次把其他行程都推掉，前往基輔。

十二月十日，我抵達烏克蘭後就立刻去見了亞努科維奇。助理國務卿維多利亞．盧嵐也在差不多的時間從美國抵達，她直接去了邁丹。而我決定先去與總統會面。總統府是棟龐大的建築，外觀看上去空蕩蕩的，不過主會客室十分華麗，在那裡亞努科維奇熱情的迎待了我。拍了例行性要提供媒體的照片後，我們在桌子兩面坐了下來，兩側是各位大使和官員，總理阿扎羅夫也在其中。我們談了超過三個半小時，我說的是「我們」，不過大部分時候說話的是他，就

---

* 邁丹（Maidan）在烏克蘭語中為「廣場」之意。

跟往常一樣。我指出我來這裡不是為了告訴他要做，或應該做什麼，畢竟他是民選總統。但他要明白，我們得了解到底發生了什麼，他為什麼改變心意，以及我們能否幫上忙。

更重要的是，他必須和聚集在基輔廣場的人民對話，聚在全國其他廣場的人們也不例外，他們都應該得到一份解釋。我催促他趕快這樣做。外面天氣很冷，要不是這關係到國家利益，他們也不用冒著低溫守在外頭。我很擔心他們的安全，並告訴他要譴責針對和平示威者的暴力行為。

亞努科維奇試著說服我說他最後會簽協議，現在不過是暫停罷了。他解釋說烏克蘭東部的產業嚴重依賴對俄國的出口，急切需要現代化，而且俄國給了他很多壓力，要他加入關稅同盟。他也害怕俄國會展開貿易戰。接著他也表示擔憂烏克蘭的財政狀況，他擔心國際貨幣基金組織不會幫忙，擔心歐盟拒絕提供短期金援。他請歐盟鼓勵國際貨幣基金組織繼續提供貸款，我把這件事加進清單，準備和國際貨幣基金組織總裁克里斯蒂娜．拉加德（Christine Lagarde）提起，我們明早在華盛頓有個會議。

他說的越多，我就越確定他不會簽協議了。他根本無法抗拒俄國給的壓力。不管是短期貸款還是長期產業策略都不會改變這點。但這當時不是我最關注的事，我更擔心他們暴力對待示威者的可能性逐漸增加，並且亞努科維奇缺乏解決示威者擔憂的計畫。

我們之間的談話結束後，我前往邁丹。那裡的示威訴求關乎烏克蘭與歐盟未來的關係。我代表的是成員國與執委會，所以我需要了解那裡都有誰，並親眼見證都發生了些什麼。我告訴亞努科維奇我會去邁丹，他沒有阻止我。不管怎麼樣，我都會去。

廣場上擠滿了成千上萬人，一些人舉著橫幅，也有人揮舞著歐盟旗幟。我能聽到很多人在唱歌或喊口號，我猜部分是為了抵禦嚴寒。這裡真的非常冷，有人告訴我氣溫只有零下三十度，而示威者已經站在這裡好幾小時了。很多人準備要徹夜駐守。一下車，冷空氣就讓我喘不過氣來。我看到了帶著孩子的家庭，據說他們過不了多久就會回家，留下那些核心的示威者輪流待在這裡。我和阿爾謝尼・亞采紐克（Arseniy Yatsenyuk）等人會面，他是反對黨祖國黨（Batkivshchyna）的領袖。

我們出發穿越廣場。我發現要直立行走很困難，腳下的冰雪讓我時不時打滑。我從布魯塞爾直接過來，還沒來得及回倫敦拿靴子。我可不想讓新聞充斥著我滑倒的照片。人們在歡呼大喊，氣氛祥和，幾乎像是節慶一樣。他們在這冷天也做好了充足準備，用大衣、圍巾、帽子、手套等牢牢包裹著自己。這次抗議活動顯然是有系統性的組織，氣氛很好。參與者都是一般民眾，他們只是擔心自己國家的領導者違背諾言。

我從廣場一端走到另一端，途中扶著阿爾謝尼以防摔倒。除了靠近火炬和建築物光亮的地方外，整個廣場都很暗，偶爾有綠、紅、藍的霓虹燈閃過，像是搖滾演唱會一樣。廣場的一邊搭建了臨時舞台，用於演奏音樂或發表演說。人們喊著我的名字，大聲表示支持歐洲，也感謝我的造訪。他們對我的到來表現出了極大熱情。英國媒體形容這是歡迎「大明星」的陣仗。很明顯這群示威者不會輕易撤離，要是亞努科維奇沒能好好回應他們或解釋自身立場，就更不可能了。

我決定不在廣場發表演講，而是之後再對媒體發言。我不希望他人把這看作是歐盟組織的集會，示威本是出自民眾對總統決策的失望，而有心人會拿這點來炒作讓話題偏移。我在記者會上釐清了我來這裡的目的，是為了提供協助，也為了讓我遇到的人民能看到歐盟確實在乎烏克蘭。我能清楚意識到，如果我們不想讓已經很複雜的情況變得更糟，就得謹慎行事。

我回到酒店時已經很晚了，我又累又冷。我無法想像還待在廣場上的民眾感受如何，他們已經站在冰冷刺骨的低溫中好幾個小時了。我一沾到床就立刻睡著了，但大約凌晨三點時手機又把我吵醒。是歐盟駐烏克蘭代表團團長。團長是位經驗老道的波蘭外交官，但他聽起來極度緊張。我強迫自己清醒。他說市內到處流竄著傳言，說亞努科維奇準備派防暴警察驅散示威者。於是我要求和總統辦公室通話。不久之後他們打了過來。我告訴他們，任何這種性質的威脅都會讓我不得不前往邁丹，並在那裡待上整晚。那一刻我確切感受到了二十八個國家的力量，我代表著他們，而要是防暴警察把我帶走，或出現什麼更糟的情況，都不會太好看。他們向我確保什麼都不會發生，過了一陣子，謠言停了下來。我抓緊時間又睡了一陣，我知道剛剛大概只是成功拖延了一段時間，等到我離開，一切又會捲土重來。

隔天早上，我又一次回去找亞努科維奇，試著了解他要如何向人民解釋他改變心意的原因。總理阿扎羅夫建議我們開啟三邊會談，他是位經驗豐富的政治人物，不過之後因為他在這場危機中扮演的角色而受到歐美制裁。他希望歐盟、烏克蘭與俄國能坐下來，一起尋找解決方法。我說雙邊協議就應該是字面上的意思，只會有兩個國家參與。我們不會徵求第三個國家同意，不可能開這個先例。如果烏克蘭想和俄國談協議細節的話，那是他們自己的事，但歐盟不可能接受讓第三國也加入雙邊協議進行決策。

亞努科維奇完全不把示威者放在眼裡，他看不出自己的政治前途就取決於能否順利解決這件事。他覺得一切都會隨時間淡去，要是沒有，他也可以恐嚇他們，必要時使用武力。幾週過去，烏克蘭各處的示威越演越烈，亞努科維奇依然沒有和他們對話，而是選擇了暴力。他把示威者都貼上標籤，說他們是妄圖顛覆國家的右翼分子。

局勢每況愈下。亞努科維奇從十二月到一月幾次會見反對派領袖，並對示威者表示可以讓總理阿扎羅夫辭職，以示他願意解決問題的決心。他試圖讓阿爾謝尼・亞采紐克接任總理，建立類似國民團結政府的體制，但是他拒絕了。我並不訝異。人民想要的是改變。數萬人走上街頭，邁丹已然成為一個名為「歐洲廣場」（Euromaidan）*的抗議營地，周圍用一圈路障圍住。許多人呼籲亞努科維奇下台，並盡快舉行選舉，那之後他們才會結束示威。二〇一四年一月底，阿扎羅夫辭職並離開了烏克蘭。

一月二十八日，歐盟與俄國每六個月一次的峰會如期在布魯塞爾舉行，這是我在事件爆發後第一次見到普丁總統。跟往常一樣，歐盟方由兩位主席帶領，而俄方是普丁全權負責，我和拉夫羅夫則負責討論外交事宜。我本來要離開峰會前往基輔調解，但普丁警告我不要參與反對黨集會。我們試圖尋找解方的舉動很明顯讓他不高興了。他不認為歐盟有立場摻和烏克蘭的事，他也在會議最後的記者會上警告歐盟不要多事。他說，這就跟拉夫羅夫身為俄國外交部長卻到雅典（Athens）調解一樣。「我很確定烏克蘭可以自己處理好，俄國也不會干涉。」我前往基輔，意識到俄國正在密切關注我們的一舉一動，也越來越不吝於表現出對我們的敵意。

接下來幾週，我在基輔的時光都是在沒完沒了的會議中度過的，我們一直試著想辦法幫上忙。我每次一下飛機就會立刻上車去參加第一場會議。之後不停在權力中樞與積極分子間穿梭，多次造訪總統府、參與記者會。每次我造訪烏克蘭，情況都越來越艱難，氛圍越來越緊繃。基輔就像蒙著一層厚重的霧。人們四處遊蕩，或前往示威現場，或三三兩兩的聚在街角交談。

靠近市中心的弗拉迪米爾・列寧（Vladimir Lenin）雕像也已倒塌。

歐盟越來越多人開始對造訪烏克蘭感興趣，希望能聲援示威者。有些政治人物非常渴望能到「行動現場」聲援，他們會直接前往邁丹的集會發表演說。他們很少會事先通知我們，也不會向我們徵詢意見。雖然他們偶爾會發表煽動言論，但他們是自由之身，不代表其他任何人，不過外人大概不會明白這件事。相反，外界解讀認為我們終於正式介入，要與反對黨合作一同推翻現任總統。當美國國會議員也出現在邁丹發表講話，事情就變得越來越複雜了。一些深思熟慮的民選政治家會試著提供協助，並注意他們在基輔的一言一行。而另一些人深知他們該說什麼才能獲得掌聲。我天性就比較謹慎，所以我很擔心外界會如何看待這件事。我不希望他們覺得這是歐盟或西方挑起的危機，就算只是短暫的爭議也一樣，這對我來說很重要。我知道俄國一定會尋找所有我們介入的蛛絲馬跡，也會用台上演講的那些西方政治人物來佐證。俄國毫無疑問會聲稱不管背後原因如何，這都是事實，但其他國家曾問過我為何那麼多西方政治人物會跑到廣場。

二月初，我又一次前去和亞努科維奇會面。我在外面等，準備讓他們再次把我帶到那個華

＊譯注：Euromaidan 也可指示威活動本身，譯作「廣場起義」或「邁丹起義」。

麗的會客室。此時我忍不住渾身戰慄。基輔似乎已經瀕臨崩潰了。外面的氛圍熱烈而凝重，人群三三兩兩的走來走去，不時交談，彷彿他們在等什麼事情發生。亞努科維奇這幾天都病著，我希望他包在羽絨被裡也不忘思考更有建設性的方法。但事與願違。我們坐下來講話後，很快就能發現他根本不打算擔起責任處理這團混亂。他更願意喋喋不休地宣稱他們只想掀起叛亂趕他下台。

我來是為了討論一份歐盟與美國制定的財政方案，裡面處理了亞努科維奇向我們提過的議題。執委會主席巴洛索表明：「我們沒有與任何一方爭奪烏克蘭。」他不希望外界認為我們在和俄國競爭烏克蘭的利益。要是事態往這個方向發展，天知道最後會怎麼樣，可能受波及的就不僅僅是烏克蘭了。但巴洛索還是覺得有必要回應亞努科維奇的需求。我向他說明了我們的想法，他點了點頭，但看起來對攻擊街上的民眾更有興趣。

離開時我比來時更加惱怒了，他始終不回應那些選他為總統的人民，我真想知道他到底覺得後果會如何。與此同時我前往邁丹，與示威者見面。那裡的代表大多是非政府組織成員、新聞從業者，以及積極分子。他們向我說明了他們共同的願望，那就是改變國家的運作方式，支持少數群體，並終結貪腐。他們並不總是同意彼此的意見，但為了呼籲改革，他們會團結起來。許多人希望歐盟能承諾讓烏克蘭加入，也有一些人在尋找加入北約的機會。不管他們的訴求為何，他們都想立刻看到改變。漸進式改革或參選都不在他們的考慮範圍內，我試圖提供更務實的方案，但他們並沒有全數買單。我擔心他們如此急躁，反而會導致失敗。現在還處於混亂時期，歐盟成員國不會選在這時承諾烏克蘭，但要是在其他時候，他們應該都會同意。

許多積極分子相信，他們堅持不妥協是在維持人們的互信，也讓政府對未來的承諾更加穩固。他們很多人身上都有遭受擊打的傷痕和瘀青，有些人直接消失了，有些重新出現時帶著監禁和虐待的痕跡。德米特羅．布拉托夫（Dmytro Bulatov）是受害者的一員，他失蹤了八天，再次發現他時是一輛車把重傷的他丟了下來。警察試圖在醫院逮捕他，但包括拉達議員在內的其他示威者保住了他，他們在他周圍護他安全，直到飛機把他載到立陶宛接受治療為止。

其中一位保護他的是彼得．波洛申科（Petro Poroshenko），他擁有一間糖果公司，外號「巧克力大王」。波洛申科也是寡頭中的一分子，過去四年曾任外交部長與貿易部長。現今把自己定位為溫和派，致力團結烏克蘭，並與歐盟和俄國都建立良好關係。每次造訪烏克蘭，我們都交談許久。我和維塔利．克里契科（Vitali Klitschko）也是一樣，他那時還是拉達議員。克里契科以身為傑出的職業拳擊手而聞名，在此之上又結合了他對政治的深厚興趣，成為了一名政治家。他創立了自己的政黨，競選過總統，後來從總統大選退出後和波洛申科建立了聯繫。幾個月後他當選了基輔市長。

我在烏克蘭盡可能多跟人接觸，包括兩位前總統，列昂尼德．克拉夫朱克（Leonid Kravchuk）和列昂尼德．庫契馬（Leonid Kuchma），他們在我每次造訪時都提供了建議與協助。庫契馬隨後在處理烏克蘭東部問題的談判中擔任了代表。他們試圖借總統任內的經驗影響亞努科維奇，但收效甚微。

按照慣例，我們會盡可能和美國合作。維多利亞．盧嵐就在基輔花了非常多時間和亞努科維奇交談，也見了各位反對黨領袖。在我二月訪問烏克蘭的一週後，我們之間的關係發生了很有意思的轉折。維多利亞和美國駐烏克蘭大使的通話遭到曝光，並上傳到了YouTube。網路永遠保存下了「去他媽的歐盟」這句話，反映出她認為我們採取的行動不夠有用。維多利亞簡直不能再更尷尬了。她一直都是位活躍的官員，隨時都能說出自己的想法。但她從來沒想過私下的抱怨會變成公開宣言。但歐盟沒有人太過在意。「妳應該聽聽看妳不在的時候我們都怎麼說妳。」一位高級官員這樣回應在電話中道歉的維多利亞。不過這件事一時間還是成為了話題，促使一些國家官員戴上了「愛歐盟」的徽章。維多利亞給了我一張充滿禮貌的道歉卡片，我到現在還留著。其實完全不需要，但這很符合她一貫的作風。這起風波唯一的問題就是它轉移了大眾的注意力，暫時忽略了烏克蘭正上演的悲劇。媒體總是會提到這件事，只是在開頭提還是結尾提的問題罷了。這代表我們不和嗎？不是。我會擔心嗎？沒有。我和維多利亞聊過了嗎？

關心你自己就好。諸如此類。

二月二十日，我最害怕的事還是在邁丹發生了。示威者遭到槍擊，超過七十五人因此喪命。各種猜測先不提，這件事顯然有政府一份力。這次輪到我出現在 YouTube 上了，我和時任愛沙尼亞（Estonia）外交部長烏爾瑪斯・白艾特（Urmas Paet）的通話遭到洩漏。他在電話裡評論了那些說狙擊手可能不是警察的消息。洩漏電話的人想用這個來當做激進分子蓄意破壞局勢穩定的證據。當然，烏爾瑪斯只是在轉述他從別人那裡聽來的消息。我回覆說我們應該深入調查。結果直接指向了政府。

我的基輔之行時不時還夾雜著在維也納舉行的伊朗談判。這說明了談判時程究竟有多破碎，導致俄國、美國、歐盟在這種危機逐漸升級的情況下還能密切合作。但我一次只能出現在一個地方，而對我注意力的需求絲毫沒有減退的跡象。德國外交部長（現為德國總統）法蘭克—華特・史坦麥爾（Frank-Walter Steinmeier）建議他和波蘭外長拉德克・西科爾斯基（Radek Sikorski）一同訪問基輔，他們也邀請法國加入。我很高興看到這個組合。他們三個組成的團隊會非常強而有力，可以在政治層面上平衡彼此，也足以代表剩下的歐盟國家。這就是我認為歐盟應該有的樣子，代表的意見廣泛，也有足夠的分量可以處理所有問題。我全力支持他們。有時我會想是不是應該自己去，但伊朗談判正進行到關鍵階段，而他們的經驗比我要多上太多。

他們始終與我保持密切聯繫，也努力制定計畫來緩解緊張的局勢。參與長時間談判的有主要反對黨領袖，以及普丁總統的特使，弗拉迪米爾．盧金（Vladimir Lukin）。他們在二月二十一日達成了一份協議，內容包括修改憲法回到二〇〇四年的版本，賦予國會任命總理的權力。協議也提到了建立國民團結政府、疏通各大廣場與建築等等。拉德克之後告訴我，盧金幫忙說服了亞努科維奇簽這份協議，但他自己拒絕代表俄國簽署。當天稍晚，盧金表示俄國「不甚了解我們在此扮演何種角色」。他是在把他和自己的國家拉開距離，我想。

隔天，尤莉亞．季莫申科出獄，國會也彈劾了亞努科維奇。要求亞努科維奇下台的呼聲越來越高，有人指控他非法挪用了價值數十億的黃金儲備，借款也消失得無影無蹤。亞努科維奇無法再相信他周遭的人們，選擇離開了烏克蘭。他再次出現時是在頓河畔羅斯托夫（Rostov-on-Don）這個俄國主要城市，也是多年來歐盟與俄國舉行的眾多峰會之一的主辦地。我很疑惑為什麼他沒有出現在莫斯科，或是其他更明顯靠近俄國政治中樞的城市。儘管如此，他主張自己依然是總統。

二月二十四日，我又一次飛抵烏克蘭，下機後直接去了邁丹獻花，悼念那些失去生命的人們。成百上千的鬱金香與玫瑰花束堆放在廣場布滿殘骸的一區上，幾千人站在一旁，有些明顯受過驚嚇。我將手上的黃色鬱金香花束放到頂端，有個穿著黑色皮夾克、戴著士兵頭盔的男人一直注視著我，他還拿著一則由黑色顫頭筆寫成的標語，是我看不懂的文字。地上到處都堆著沙袋，偶爾也能看到被害者的照片。我低下了頭，意識到周圍數百台手機與新聞攝影機都在拍我。我還記得示威剛開始時的邁丹，那時台上有搖滾樂團，台下也有整個家庭都來參與的情況。而現在，這裡只餘髒亂的戰場遺跡，還能看到人們堅定的決心與長期占領留下的痕跡

尤莉亞・季莫申科比我四年前初次造訪烏克蘭時見到的要蒼白憔悴的多，她如今只能坐在輪椅上等待治療。她先是抱了抱我，接著因為終於自由了而開始啜泣。拉達依舊在運作，新政府也正在組建當中。我得知數十億美元遭轉移到了海外，不知所蹤，需要追回。我透過媒體呼籲廣場上的積極分子與拉達合作，共同產出能長久解決這場危機的方案，以及一份可行的經濟計畫。我接著強調：「我們與俄國並不是競爭關係。烏克蘭和俄國之間有著很強的連結，而我們應該維持這些連結。」但我也意有所指的補充，烏克蘭應保持獨立、領土完整與統一。不過這越來越困難了，尤其是在克里米亞（Crimea），那裡發生的事件占領著頭條。

克里米亞自一七八三年開始就屬於俄國，直到一九五四年，蘇聯領導人尼基塔・赫魯雪夫（Nikita Khrushchev）將此地給了烏克蘭。官方紀錄解釋說，這是為了表達「俄國人民對烏克蘭人民無止盡的愛與信任」，也為了承認克里米亞與烏克蘭之間存在的經濟和文化聯繫。不過

更有可能的是，赫魯雪夫在約瑟夫·史達林（Joseph Stalin）去世後需要鞏固支持，其中，得到烏克蘭強力領導層的支持非常重要。不管理由是什麼，蘇聯解體後就一直有聲音讓克里米亞重回俄國，在一些人口中，俄國是他們自始至終屬於的地方。

自二〇一四年二月二十六日開始，親俄團體占領了拉達，烏克蘭國內衝突愈演愈烈。總統候選人波洛申科在幾天後前往克里米亞，卻在那裡遇襲。要調和彼此似乎已經不可能了。三月一日，謝爾蓋·阿克肖諾夫（Sergei Aksyonov）自封為克里米亞領導人，在簽署聲明中直接向普丁總統呼籲，請俄國「協助維持克里米亞領土上的和平與寧靜」。於是俄國正式介入了。

我乘車前往拉達大樓，途中路過一群扛著槍的蒙面人，他們圍在燒起來的油桶周圍。我們經過了臨時檢查站，裡面的民眾探出頭來，看到我時微笑揮手，一直目送我們到下一群人那裡。他們舉起手示意車子停下來。我在拉達前下了車，走進雄偉的大廳內聽到國會傳來歡呼聲，此時無人牽制他們，於是國會趁機通過了所有他們想要的法律。他們曾禁止使用俄語，還有其他法規，這些都是完全可以避免的錯誤，通常也很快就修正過來了。這說明眾人當時只顧著沉浸在熱切的氛圍之中，忘記保持應有的理智。我們試著讓他們明白，越早脫離這種情緒越好。

我坐了下來，和試圖解決問題的政治家們對話。許多人都對未來有不少想法，反對黨領袖阿爾謝尼·亞采紐克就是其中之一，他如今是總理，我第一次訪問示威活動時，也是他陪我走過了邁丹。即將成為基輔市長的維塔利・克里契科也很積極的要推動國家前進。我們坐在高背皮質椅上談論未來，同時國會那裡也不斷傳來雀躍的呼聲。

我在基輔注意到了一種在埃及、突尼西亞還有利比亞都感受過的氣氛。就像是風突然轉了向，你得在風把你吹得喘不過氣前做好準備。那是一種揉雜著恐懼以及憂慮的興奮感，以及清楚不管發生什麼，結局都不會像現在這樣的直覺。你知道這一刻能夠細細感受，但它很快就會一去不復返。現況一定會改變，無數的可能中會定下一個結局，幸運的話一切會改善，但我們無法提前知曉。革命、自由、混亂，我幾乎能真切感受到。我聽著傳入耳裡的所有聲音，閉上眼待了一陣。有人靠向我，抓住我的手。他顫抖著嗓音問：「你覺得現在像是一九一七年的俄國那樣嗎？」我看向窗外持槍走過的人們，聽著拉達傳來的歡呼聲，看著人們搬運拆除的雕像，還有跟我坐在一起，一個個表情焦慮的男性，陷入了沉思。「也許。」我點點頭說。「也許。」

三月三日週一，我緊急召開了外交理事會會議，並與北約討論了這場危機。加入歐盟與北約是烏克蘭新政府的首要任務，也是邁丹組織者的一項關鍵訴求。對幾個成員國而言，這次危機就在他們家門口，因此他們把烏克蘭事件提上了議程。但某些國家和俄國有著更複雜的關係，或許是仰賴他們的能源，又或者是有經濟聯繫，剩下的國家則是有更重要的議題要處理。成員國以及布魯塞爾的軍事顧問都告訴我，以他們的定義來說，俄國已經入侵了烏克蘭。我決定在外交部長會議提出的結論草案中使用「侵略」一詞，這份文件將定義二十八個成員國的一致立場，以及所有人承諾採取的行動。我知道「侵略」站不住腳，這個詞對一些國家來說太強烈了。但這是個不錯的開頭，可以防止一些人擔心我們不了解發生了什麼事，因而放棄參與。

除了英國的威廉．海格之外，全體外交部長都來了會議。海格人在基輔，他不願縮短原本計畫好的行程。幾位部長抱怨說英國想趁他們全在布魯塞爾時搶占烏克蘭的頭條。比起海格的所在地，我還有其他更值得擔心的問題，而且我也深知安排訪問行程的不易，因此我對他缺席的理由毫無疑問。他一直受人景仰，常與其他部長密切合作，但英國脫離其他國家的跡象日益明顯，於是只要英國做出任何不合群的事都能讓一些人緊張起來。

我們共花了六小時討論這次危機，對部長們提出的文件做出了諸多修改。「侵略」在最終文件中改為「攻擊行為」。比起讓大使先同意，我還是更喜歡直接和部長們協調用字。我們總是能在最後達成一致，雖然某些時候簡直是奇蹟，而今天就是充滿奇蹟的一天。上週末，梅克爾總理向普丁總統提議創立一個由俄國、烏克蘭與歐盟組成的聯絡小組，德國也為此投入了大量精力。高峰理事會即將在這週舉行，我們的立場足夠堅定，足以提供各國元首一個好起點，讓他們決定自己想說什麼。這一次，我終於可以把這個丟給他們了。

我們決定一步一步來。我們暫停與俄國討論新簽證制度和全面貿易協定。我們也和七大工業國組織（G7）達成一致，他們在這期間不會和俄國展開任何籌備會議。我也讓在莫斯科參加各種例會的同事盡快返回布魯塞爾。這些都是小步驟，不太可能阻止俄國奪回克里米亞的企圖，但可以在我們思考下一步的期間不讓他們有進一步動作。

之後我飛到了馬德里，在俄國大使官邸內的私人場所見到了謝爾蓋．拉夫羅夫。我們在爐火邊坐下，享用著茶。這是一個插曲，這個機會讓我們能平靜的談論如何看待烏克蘭事件。我們都沒有驚動媒體，也沒有在公眾場合提起過這次會議。我看著他的觀點就像在看鏡子裡相反的畫面。拉夫羅夫看到的對我來說是鏡像，是完全扭曲過的視角，但我還是能從他的話語勉強判斷出事件確實發生過。

他說極端民族主義者占領了基輔，拒絕放下武器，並挾持拉達索要贖金。他又解釋說他很擔心那些人會殺害境內的俄羅斯少數民族，認為俄國有責任保護他們。他指出俄國迄今的行動都符合一九九七年俄烏間的協議，其中克里米亞的塞凡堡（Sevastopol）已經租給了俄國。

我回答，我知道有幾個不可控因素我們也不喜歡，但那在動盪時期不可避免。亞努科維奇總統已經離開了國家，而根據烏克蘭憲法，拉達必須選出新總統與發言人，並組建新的政府。拉達不過是在履行職責罷了。拉夫羅夫明顯不太高興。

他強調，所有人都應該落實二月二十一日的協議內容。我猜俄國政府相當憤憤不平，他們之前協助達成了協議，但現在狀況完全沒有轉好，只變得更糟了。既然反對黨已經成為了新政府，俄國也把焦點轉到了停止占領行動這點上，至少理論上這是新政府的責任。我不確定他是否知道現在控制邁丹的人屬於獨立行動，不太可能是聽從政黨命令。我很清楚，邁丹的人群不會輕易離開，除非他們感覺到至少拿到了一點想要的。要是他們現在放棄，之前那些犧牲與恐懼就白費了。

我問他俄國是否對聯絡小組有興趣，德國為了要找到和平出路強烈支持這個提案。我也釐清，歐盟想盡可能與俄國攜手找到解決辦法。這場對話實在是充滿重重困難。謝爾蓋聳聳肩，他沒有收到指示要加入任何團體，但他隔天會抵達巴黎，也就是聯絡小組約好的時間地點。

我從馬德里前往巴黎的奧賽碼頭（Quai d'Orsay），也就是法國外交部。這棟華美的建築完美體現了一個大國的氣派。每間裝飾精美的房間都沐浴在精緻的水晶吊燈光芒之中，用一扇扇華麗的雕花門隔開。整棟建築散發著法國驕傲的芳香。

與美好的場所相反，會議本身就是一團亂。我預期會在這裡看到法國、德國、美國、俄國、烏克蘭與歐盟的代表，但除了他們外，還有一大堆人聲稱收到了邀請。義大利的社會黨領袖要法國社會黨領袖邀請他們。俄國要求我們取消邀請英國，說明英國得「親自到場」，然後重新獲得邀請。加拿大堅持要在場，因為他們有最多烏克蘭僑民。波蘭外長也來參加了，因為他促成了二月二十一日那份協議。聯合國同樣有到場，因為他們是聯合國，我們匆忙寫了個名牌給負責政治事務的副部長傑夫．費爾特曼（Jeff Feltman）。最後，瑞士身為歐洲安全與合作組織（Organization for Security and Co-operation in Europe, OSCE）的主席國，代表出席。這個組織在冷戰期間成立，旨在促進東西方之間的對話，擔任了很重要的調解角色。

所有人都聚集在一張大桌邊，十分混亂。一些歐洲國家總覺得他們必須出席這種聚會，我實在受夠了。場面看上去一團糟。歐盟身為外交政策的參與者，對某些國家來說能幫上大忙，而在另一些國家眼裡卻是眼中釘，因為我們擋了他們在世界舞台上發光發熱。但這都不重要。等到會議在法國主持下開始，我們才發現烏克蘭、俄國和美國都不在場。他們在別處，讓這場會議看著毫無意義。某種程度上這其實還蠻好笑的。隨著眾人意識到主角不在，發言就變得越來越短，會議最終解散了。我捨棄了奧賽碼頭的美麗，和法蘭克—華特．史坦麥爾一起回到酒店喝一杯。他非常有魅力，我立刻就對他產生了好感。他決心在這次事件中扮演重要角色，也讓德國成為中心。他告訴我，梅克爾總理上一次和普丁的談話十分艱難。俄國不太看好聯絡小組。沒有一件事聽起來是有希望的。

大約晚上六點四十五分時，美國國務卿約翰．凱瑞傳訊息說想要詳細詢問會議情況，於是我返回了。讓我驚訝的是，法國外長辦公室外面是美國的安全人員在執勤，負責決定誰可以進入。美國真的有出現在任何地方的能力，我感到很有趣。辦公室裡只剩約翰．凱瑞旁邊的位置可以坐，他拍拍沙發示意我坐下。謝爾蓋．拉夫羅夫坐在扶手椅上，一旁還有兩名團隊成員。富有經驗的法國外交部長洛朗．法比尤斯也坐在附近，他的旁邊是威廉．海格。酒水開始送了進來。大支威士忌是給俄國人的，我和約翰喝的是白葡萄酒。室內的空氣安靜而嚴肅。

約翰試圖要推動進度，但還有很多事需要處理。氣氛很平靜，說話的主要是約翰和拉夫羅夫，而拉夫羅夫偶爾會帶著挑釁的態度。我們沒有討論什麼實質內容，就只講了要怎麼把正確的那群人聚集起來而已。拉夫羅夫顯然不打算做出任何承諾。普丁總統告訴過梅克爾總理，他不明白拉夫羅夫為什麼還要跑一趟巴黎。

之後，我和威廉．海格以及約翰．凱瑞一起去見了烏克蘭代表。海格擔心烏克蘭的立場會在討論中逐漸迷失，因為現在要討論的是要讓誰代表烏克蘭參加聯絡小組會議。我們想要新政府，但俄國要的是克里米亞與東烏克蘭的分裂地區選出領導人。他們拒絕承認拉達任命的新政府。約翰打算考慮擴大代表團規模，讓討論至少能夠前進。但其他歐洲國家擔心，這會讓俄國有機會決定由誰代表烏克蘭，尤其拉達的任命又完全符合憲法。在俄國眼中，拉達就只是烏克蘭政壇中以西方為中心的一小部分，並不具有代表性。我們沒能走出多遠。

我返回了布魯塞爾，路上在想有沒有辦法可以直接與普丁總統對話。我希望俄國能認真看待歐盟，把它當作一個外交機構，或至少能看到它目前的潛力。無論如何，在他們看來，這場危機是由烏克蘭引發的，他們為了要從俄國和歐盟之間做出抉擇，才導致之後的問題。高峰理事會主席赫爾曼·范宏畢每六個月都會在與俄國的峰會上見到普丁總統。我問他是否願意在高峰理事會前去一趟莫斯科，跟普丁聊一聊。我計畫下次伊朗談判時加入他們。赫曼要求私下舉辦會議，以免俄國媒體又編出什麼戲碼。我勸他說不可能靜悄悄的溜進莫斯科。就算普丁總統同意保密，也還是有很多人會得知行程安排，尤其是接機的禮賓團隊。赫曼堅持，如果俄國公開了他要訪問的事，那他就會取消行程。最終無可避免，行程還是洩露了，所以赫曼沒有去俄國。有人告訴我普丁非常不高興，因為之前他很快就同意了這次會議。這對我來說是一場打擊。我不可能有機會直接從普丁那裡聽到他的想法，或者至少是他準備與我們分享的內容。

我從對外事務部同事，還有我信任的朋友那裡問到了不少明智的建議。所有人都認為，用其中一位的話講就是：「先用某種方式暫停進度，讓談判有更多時間冷卻下來，緩和情勢很關鍵」。失去克里米亞對烏克蘭來說是很大的傷害。俄國就這樣生生撕去了他們的核心領土。這次事件需要國際社會對俄國施加強壓，但除了制裁之外也別無他法。不是因為我們對此不抱興趣，而是因為這就是現實。軍事行動的後果難以想像。三月十六日，俄國以克里米亞的公投鞏固了自身立場，至少在他們自己眼裡是這樣，克里米亞有百分之九十六點八的民眾投票支持加入俄羅斯聯邦。普丁在幾天後引用國際法院允許科索沃宣布獨立這件事，來作為吞併克里米亞的正當理由。梅克爾稱這種兩相比較的行為「可恥」。許多國家都質疑公投的合法性，但俄國仍然認為這件事已經板上釘釘了。

梅克爾說服普丁同意了四月在日內瓦的一場外長會議，美國、俄國、烏克蘭和歐盟都會參加。歐盟政治事務主任海爾加·施密德去了莫斯科，與普丁的幾位顧問會面。她回來時帶著明確的訊息。俄國對烏克蘭非常憤怒，也擔心究竟是誰在控制那裡。

我在四月十六日週三晚上抵達了日內瓦，準備參加隔天在洲際酒店的會議。就在幾個月之前，我、凱瑞和拉夫羅夫才剛完成伊朗臨時核協議。這種感覺有點奇怪，我們才剛剛結束上一次合作，就又捲進新的狀況之中了。

大約晚上十點半時，我去找了烏克蘭外交部長安德利·德楚契亞（Andrii Deshchytsia）。他才剛上任幾週而已，理所應當的對隔天的會議感到非常緊張。他擔心在聲明中踩進什麼陷阱，導致他回到烏克蘭變得束手束腳。我向他確保，我們的協議會圍繞著烏克蘭的利益。

隔天早上，我和凱瑞在酒店會議室裡見面。這間房間上次還叫「莫斯科」，但現在用臨時標誌匆忙的改成了「馬德里」。要是美國和歐盟在「莫斯科」開會的話，等於是送了媒體和漫畫家一份大禮。約翰說明了他對會議的期望，我們最後要確定什麼人什麼時候做什麼事。他讓烏克蘭總理阿爾謝尼・亞采紐克在基輔隨時等著通話，討論聲明草案。

上午十一點，全員到齊。四國團隊圍著一張大方桌坐成一圈，烏克蘭對面是俄國，美國對面是歐盟。凱瑞、拉夫羅夫、德楚契亞和我各自有三位官員陪同。我們第一個討論的是房間裡要放什麼旗幟。我總是會驚奇於我們到底哪來這麼多精力和時間，可以花在這些事上。我的經驗是，站在不對的旗幟前面可能會引起騷動。我曾經在一張照片中看起來站在某面旗幟旁，但實際上那面旗幟在房間對面，結果挨了不少罵。俄國團隊不希望烏克蘭團隊站在烏克蘭國旗前拍照，就跟他們不承認德楚契亞代表全烏克蘭一樣。幾分鐘後，我們決定拿走所有旗幟。還有更重要的事處於危急關頭。

凱瑞開啟了討論。我們專注在維多利亞・盧嵐與海爾加・施密德共同完成的草案上。凱瑞的做法很一板一眼，像個律師，無疑是要冷卻會議室內的情緒。這份聲明的用意是安定局勢，內容包含誰將在什麼時候做什麼事。拉夫羅夫拿出了一份俄國版本的聲明。他出具了來自烏克蘭分裂地區「國民議會」的信件，裡面概述了他們的要求，也表示支持俄國的努力。凱瑞先讓所有人專注在文字語句上。他選擇照這種順序實在是開了我的眼界。如果是我，會先從實質內容開始，之後才會看用字遣詞部分。但約翰根據過往經驗知道，如果真照這個順序來，接下來幾個小時會是什麼樣子。一旦我們開始討論實質內容，會議勢必會馬上破裂，俄烏雙方會隔著桌子向彼此大喊大叫。

無論如何，整個過程都很艱難。每一個字都要吵，一份草案換到另一份草案。俄國不能接受用「烏克蘭」來描述他們對面的團隊代表的群體。他們想用的是「烏克蘭人」，這樣只指他們來自烏克蘭，但並未代表其發言。拉夫羅夫的發言總是長篇大論，他始終盯著手上的文件，沒有一次抬頭看向對面的烏克蘭團隊，看起來相當生氣。他認為基輔現狀全是反俄分子一手造成的，他對這些人不抱一點敬意，就他而言，對面四個人就是一切的元兇。他希望在反對示威者的群眾從周遭建築出來前就清空廣場。但要是沒有讓他們明白國家前進的方向，示威者不會輕易離開。烏克蘭政府代表明確表示他們沒有控制那些人，這讓俄國更加認為他們就是反俄的激進分子。

中途休息時，我、凱瑞和拉夫羅夫坐在酒店庭院裡曬著太陽，我原本不知道還有這種地方。伊朗談判那時，酒店有太多媒體和好奇的人群，要在他們面前走到室外根本不可能。凱瑞繼續敦促拉夫羅夫，讓他答應一項能緩和混亂的計畫。我告訴他，他不必喜歡這幾個烏克蘭人，但我們需要定下協議來解決問題。我們之間的氛圍似乎好了很多，之後我們回到了會議室。

凱瑞接著進入了細節。他建議我們列出幾個遏制暴力的地區，並提出把烏克蘭東部的頓內次克（Donetsk）加到清單裡。拉夫羅夫同意了，但沒有提到具體時間。要是沒給出時間範圍，什麼都不會發生，所以我提議加上「立即」兩個字，眾人都接受了。我很清楚，要把文字變成現實會極度困難。會議氣氛幾度緊繃，但終於慢慢的完成了文件。這份緩和情勢的文件能夠促進溝通，以及展開立即的具體措施：「所有非法武裝團體必須解除武裝；所有非法占有的建物必須歸還給合法持有者；烏克蘭城鎮中所有非法占領的街道、廣場和其他公共場所都必須淨空。」

自此，「示威者及離開建築與其他公共場所並交出武器的民眾將得到赦免，不含犯下死罪的情況。」「我們同意，接下來幾天由歐安組織烏克蘭特別監察團帶領，協助烏克蘭官方與地方社群在最需要的地方立即實施這些緩和措施。美國、歐盟與俄國皆承諾支持監察團，包括但不限於提供監察員人選。」用歐安組織的名義有不少優點，不僅是俄國與烏克蘭，就連所有歐盟國家和美國都包含在五十七個成員國內。

我們繼續討論。原定三點要開一場記者會，時間也已經過去了。俄國團隊其中一位問我，這一天在英文中該叫什麼。答案是濯足節（Maundy Thursday），傳統上君主會在這天分發特殊的錢幣，但我不知道它原本的意思。烏克蘭外交副部長大概就連這幾分鐘都不想再埋首文件了，他主動到一旁查了資料，回來解釋說這個詞的由來是一份愛護彼此的命令。我們本可以在會議中稍微實行這件事的。

我和凱瑞比原定晚了幾個小時參加聯合記者會。我們的表情完全稱不上興高采烈，一位記者說我們看起來很緊繃。歐盟與俄烏即將舉行關於能源的三方會談，我們希望這可以改變現狀，也許可以讓國際關係重返正常。我們討論出了一份文件，但過程中充滿了憤怒和不信任，以致我們不太期待它能有多少效力。

歐安組織派出了監察團到烏克蘭，在最不穩定的地區展開了對話。最初幾個月，當地人會拿槍指著監察員，甚至直接對他們開火。在一次悲劇中，一位美國醫療人員就因地雷喪命。儘管如此，他們還是努力達成烏俄邊境的停火及監督協議。情況非常艱難。

幾週後的五月初，我前往華盛頓，與歐巴馬總統的國安顧問蘇珊・萊斯會面，地點就在她位於白宮的辦公室。通往白宮西翼（West Wing）接待處的雙開門兩邊是標誌性的白色柱子，走過去的感覺非常熟悉。我和詹姆斯以及歐盟代表團團長坐在一起，之後蘇珊出來迎接我們。進到她的辦公室後，又有幾位同僚加入了她的行列，其中包括與我在伊朗核談判中密切合作過的溫蒂・雪蔓。蘇珊提議，既然與會者比平常要多，我們就不坐平時開會用的扶手椅，而是圍著桌子坐一圈。一開始我還沒有多想，直到門開了，所有人都迅速站起身來。歐巴馬總統也前來參加了會議。他給了我一個溫暖的歡迎擁抱，並示意我們都坐下，自己也坐到最末的座位放鬆下來。我此時才意識到那個座位是為他留的。

接下來四十五分鐘，我和歐巴馬總統詳盡的聊了烏克蘭的情況。我說話時他總是聚精會神地聽，很少表示什麼。他希望發表意見之前盡可能先得到更多資訊。我講完後，他告訴我美國有意以外交解決紛爭，也承認俄國對烏克蘭頗感興趣，但我們需要一項決議，才能讓烏克蘭在不受干涉的情況下做出決策。我說總統大選結果還不確定。他堅持選舉必須繼續進行，我們也應該支持選舉過程。他是對的。我們一致認為彼得．波洛申科最有可能贏得大選（他在之後贏下了第一輪選舉），希望他足夠強勢，可以開闢出往前的道路。我們也討論了制裁事宜，以及歐盟和美國要如何說服國內，以讓所有人都參與其中。感覺過了很長一段時間後，他需要去參加另一場會議，於是他給了我一個擁抱並道別。我重重坐了下來，還有一點不可置信。美國團隊笑了起來，他們以為我有猜到他會來，但我錯失了所有信號。規模更大的會議、坐在桌邊、空著的座位都是線索。但我就是沒有想到。不久後我收到一則訊息，問我是否介意他們把他參加我會議的照片發到推特。我對此完全沒有意見。那天我和歐巴馬總統共處的時間可能比大多國家元首都要久。

二〇一四年五月底，總統大選結束後，波洛申科表明他有意願繼續推進對話。日內瓦聲明基本上以失敗告終，大多內容從來沒有實施過。到了六月，我們把期待都放在歐安組織身上，他們正試著安排會議好立即緩和局勢。但波洛申科持續與歐盟密切合作，六月時前來布魯塞爾簽署聯合協定。「這是我們這幾年幾個月來一直在努力爭取的。」他說。

但隨著馬來西亞航空 MH17 客機不幸發生空難，局勢也跌落到了低谷。七月十七日，一架班機預定從阿姆斯特丹飛往吉隆坡（Kuala Lumpur），共有二百八十三名乘客，其中有八十人為孩童，十五人為機組人員。飛機在經過東烏克蘭上空時遭俄國山毛櫸飛彈（Buk missile）擊落。事發當天，這顆地對空飛彈曾越過俄國邊境，運往叛軍控制的場地發射。飛彈發射車在調查開始前就已返回邊境，回到俄國。

飛機殘骸如雨點般覆蓋了超過五十平方公里的土地，主要在東烏克蘭的頓內次克州赫拉博韋村附近。機身、遺體、護照、玩具，和其他人們活過的證明都殘破不堪的墜落一地。親俄叛軍挑起的混亂與戰鬥阻擋了救援和調查行動。荷蘭的調查人員試圖移開殘骸，並把遺體送還給他們的家人，卻遭當地民兵阻攔。荷蘭外交部長弗蘭斯・蒂默曼斯（Frans Timmermans）決定前往烏克蘭。弗蘭斯說著一口流利的俄語，他作為外交官經驗豐富，知道如何應對這種困難狀況。但事發突然，他對此毫無準備。他在路上打給我，說他看到那些恐怖的照片後相當崩潰。弗蘭斯在外交理事會靜默的會議室內和安理會上都敘述過那駭人的景象，財物遭搶劫一空，遺體置於高溫之中，一旁還有外國民兵在巡邏。他的聲音因情緒而嘶啞，他說：「我到死都不會明白，為什麼救援隊花了那麼久才得到允許，去做他們艱難的工作。甚至連遺體都拿來當政治籌碼……我希望世界不需要再見證一次這種鬧劇了。孩子的玩具丟得到處都是，行李大開著，護照上孩子的照片出現在電視上……我們要求受害者和那些哀悼逝者的人都能享有尊嚴。他們理應回家。」

我希望這場災難能說服俄國展開交流。導彈究竟是怎麼落入那些人手中的？他們又如何強行擊落一架載著無辜男女和孩童的飛機？我希望人們能停下來好好思考這些問題。但出乎我的意料，事態似乎根本沒有變化。各種電話與會議持續轟炸，但沒什麼太大改變。我繼續穿梭在基輔與維也納的伊朗核談判間。

七月下旬，白俄羅斯總統亞歷山大・盧卡申科（Alexander Lukashenko）提議歐亞關稅同盟（Eurasian Customs Union）的成員應該和烏克蘭及歐盟開一次會，也就是俄國、白俄、哈薩克、歐盟，再加上烏克蘭這個觀察員，將在白俄首都明斯克（Minsk）會面。這將是總統層級的會議。歐盟執委會主席巴洛索在烏克蘭危機上花費了大量心力與時間，他要我代表歐盟去參加，並邀請能源和貿易專員跟我一起。我很高興他們能來。他們兩位都是該領域的專家，我很高興有他們的專業與陪伴，因為這場會議不會太容易。

我們飛往明斯克，熱情接待我們的是儀隊與紅地毯。我很好奇這座城市的面貌。我知道二戰時這裡嚴重毀壞，所有基礎建設以及百分之八十五的建築都遭到了摧毀。不過這裡經過重建，現在不乏壯觀的大型建築，舉辦會議的明斯克獨立宮（Independence Palace）就是其中之一。遠眺城市之外，我能瞥到白俄著名的森林與湖泊。

隔天早上，我們在獨立宮舉行會議。獨立宮占地五萬平方公尺，有數百個房間，且每間都裝飾有大量鍍金與大理石。我見到了波洛申科總統，他擔心接下來的討論會完全集中在貿易和能源問題，忽視正撕裂他國家的那些衝突。就在前一天，有十名俄國士兵遭俘，隨之而來的是邊境的烏克蘭軍隊持續遭到砲火、導彈與直升機攻擊。波洛申科已經準備好簽署天然氣協議了，也想和普丁一同緩和東烏克蘭頓巴斯（Donbas）的武裝衝突。就在前幾天，俄國砲兵等人員及一支「人道車隊」越過邊境，進入了烏克蘭。他們沒有請求許可。

如同每次危機，冬天的到來讓所有人都嚴陣以待。頓內次克的冬季既漫長又極度寒冷。波洛申科說，那些分離主義者炸毀了數百萬人的供電設施。礦井裡的水位正在上升，而沒有電，水泵就無法運作，於是這水可能會污染地下水位和飲用水，很可能會釀成一場災難。從外表和聲音都能觀察出他正承受巨大壓力，但他決意要提出一份解決計畫。他希望烏克蘭邊境停火，並重新歸政府掌控。不管發生什麼，他都打算和歐盟簽訂聯合協定，但也準備好與俄國商討這件事了。

我和波洛申科告別，前去盧卡申科總統那裡。我不確定該抱有怎樣的期待。外界對盧卡申科的評價是歐洲最後一位獨裁者，他本人也並未否認。他們領我進入一間橢圓的大房間，總統在那裡友好的對我致意。他身材高大，梳著旁分，留著像漫畫中獨裁者那樣的小鬍子。他一身無可挑剔的深色西裝，上身是白襯衫配上藍領帶，並示意我坐到他對面那張舒適的扶手椅上。他的翻譯坐到了我身邊，低聲解釋總統說的話。我時不時抬頭環繞這間富麗堂皇的房間，深藍色牆板上，金色漆成的花卉從地板一路開放到屋頂，水晶吊燈也在我們頭頂閃著眩目的光芒。這裡就是設計來讓人產生深刻印象的，至少我無法控制自己的目光不到處飄移。

盧卡申科說，歐洲已經拋棄了白俄羅斯，所以他們才跟俄國走得很近。他問我，要是歐盟和其他地方都不支持他們，那他們要如何發展為真正的獨立國家？他別無選擇，只能和俄國保持良好關係，而且我感覺到，他和普丁總統的關係也是一個必要因素。他談到了車諾比（Chernobyl）。就算我之前知道，我也早已忘記了白俄曾受到鄰國烏克蘭核反應爐事故的嚴重影響。百分之七十的輻射塵都落在了白俄境內，污染了四分之一的國土，也讓百分之二十的農地無法再使用。數百萬白俄羅斯人深受影響，患上甲狀腺癌的人數暴漲，尤其是在兒童之中。我聽了非常震驚。當天稍晚，他的外交副部長也談到了車諾比爆炸那天。她那時還是個小女孩，穿著T恤和短褲和其他人一起站在雨裡，雨水裡充滿了某種塵狀物質，就這樣淋滿他們全身。那是車諾比的輻射塵，只是當時沒人知道。她認識的所有人都亟欲知道，他們即將面臨的是什麼樣的命運。

盧卡申科轉而談論近期烏克蘭發生的危機。他提到因為家庭和兵役因素，他和那裡很多政治人物都有私交，「從民族主義者到共產主義者都有」。他希望烏克蘭能保持領土完整，並期待這次會議能有幫助，但他明顯擔憂普丁總統會有不同的看法。

突然有人打斷了我們。普丁比預期更早抵達，盧卡申科得去迎接他。他匆匆離開了，我則前往寬敞的大廳。每一寸大理石牆面都覆蓋著金色圖樣。人們倚靠在貫穿整個大廳的欄杆上，看著我們聚集在一起。我們站成了一排。哈薩克總統努爾蘇丹・納札爾巴耶夫（Nursultan Nazarbayev）站在普丁旁邊，盧卡申科站正中，左邊是波洛申科。我則站在波洛申科旁邊，一旁還有我的兩位同僚。我是照片中唯一的女性，就跟大多數時候一樣。

所有人都等著看普丁與波洛申科是否會握手。他們握了，攝影師們爭先恐後地爭搶最好的拍照角度。這是他們第一次的正式會議，而我希望他們這天能開啟雙邊會談。即使眾人付出了極大努力想讓他們進到同一個房間，也還是有可能因為主會議上說錯一個字，導致全盤失敗。會議之後還有晚餐，因此我們只剩一點時間，我決心要讓他們進入雙邊會談。這是最有可能讓一切前進的希望。

我們進了另一個巨大的房間，圍著一張華麗的雕花木桌坐下，桌子很大，能輕易容納十九個人。盧卡申科與他的外交部長坐的稍稍有些分開，俄國代表團坐在盧卡申科右邊，再來依序是是哈薩克、烏克蘭以及歐盟，再接到白俄，形成整個圓。

會議安排臨時改變，所以我和四位總統在媒體面前介紹了我們的會議大綱。盧卡申科表示我們會先討論烏克蘭的政治局勢，但媒體一離開，他就立刻請普丁總統先發言。普丁在經濟部長阿列克謝·烏柳卡耶夫（Alexei Ulyukaev）協助下，發表了一長串演講，闡述了烏克蘭和歐盟實施聯合協定會給俄國經濟帶來多少困擾。他說，烏克蘭與俄國有著數百年的經濟合作關係，二〇一三年雙邊貿易額達五百億美元，相當於烏克蘭與所有西方國家的貿易額加總。他也說，范宏畢主席與巴洛索主席都向他承認過這份協議可能存在問題。他的團隊拿出了一張照片，上面是裝箱的歐洲進口蔬菜。他表示這些蔬菜未達他們的衛生標準，卻要運往「他們的地區」。他的意思是，聯合協定會讓「未達標準」的歐洲農產品進到俄國。我們嚴正駁斥了他的言論，並表明我們準備與俄烏認真進行討論。

盧卡申科起草了一份公報草案，建立俄國、白俄、哈薩克、烏克蘭和歐盟五方之間最高級別常設會議的新結構。納札爾巴耶夫提議下一次會議在哈薩克首都阿斯塔納（Astana）舉行，並表示支持俄國立場，認為烏克蘭不應簽署或實施這份貿易協定。普丁則更進一步地說，如果烏克蘭簽了協定，俄國將立即展開報復性行動以自衛。

我試著阻止他們建立新的會議型態。俄國、烏克蘭與歐盟的三邊會議已經確定了，就在九月舉行。沒必要搞新東西，我說。我們可以繼續與哈薩克、白俄羅斯保持聯繫。建立新結構通常只會讓眾人看起來有在做事，或賦予那些離主要爭端較遠的人有正當理由與會。

四小時後，我們一致同意俄烏歐三方會在九月十二日舉行會議，且烏克蘭在那之前都不會簽署聯合協定。俄國表示，這樣一來他們就不會利用貿易限制來報復。之後我把話題轉移到了東烏克蘭。普丁說，是歐盟和烏克蘭的協議導致衝突發生，之後才有對亞努科維奇發起的政變。他說部分烏克蘭人不接受亞努科維奇倒台，但波洛申科沒有用政治方法與他們解決問題，反而是選擇了軍事手段。在他看來，衝突持續的時間越長，就越難達成協議，而波洛申科在發出停火的「最後通牒」時，無異是在威脅他們。普丁表示，到目前為止，還沒有舉行過談判以尋求政治解方。「東烏克蘭那群所謂的恐怖分子並沒有派遣軍隊到基輔，是基輔派軍隊到他們那裡才對。」

我聽著他對事件的詮釋，內心充滿驚嘆，也考慮是不是要一句一句駁斥他的論點。他不認為那些所謂的分裂地區需要為目前的戰亂負責。相反，他覺得罪魁禍首是烏克蘭政府。這與我看見的完全相反，也再次提醒了我，你所見的景象有一部分是由你選擇看見什麼、選擇相信什麼而決定的。普丁也質疑烏克蘭政府是不是控制了他們的支持者，並告訴波洛申科，他必須展開談判。為什麼不像美國或德國那樣，建立聯邦制國家呢？他問。最後他說，如果烏克蘭繼續在東部進行軍事行動，那麼結束紛爭的可能性就會大大降低，而後結束了他對政治情勢長篇大論的分析。

俄國的立場非常明確。他們只是在保護自身的利益，也庇護那些據他們所言向俄國尋求幫助的人們。簡而言之，他們沒有做錯任何事。這話說得就像歐盟協議不是經過七年仔細的談判才有的結果一樣，好像這份協議是突然誕生的。俄國的舉動實際上是在烏克蘭打入了一個「楔子」，只要烏克蘭政府採取他們不喜歡的決策，就會加重壓力與暴力。烏克蘭不太可能向歐盟或北約靠攏，因為兩個組織都不會接納一個問題尚未解決的國家。現在這種情況，他們也只會提供援助、物資、監察團、顧問或協助調解。

與此同時，東烏克蘭的問題也半演變成了凍結衝突，雙方雖暫停交戰但缺少正式決議。平民受到的傷害無法估量，他們的家鄉遭到武力摧毀，失去了太多。零星的戰鬥造成成千上萬人喪命，更多人受傷，城鎮村莊也變得無法居住。逃離戰鬥的人們一回來，只能看到原本家在的地方剩下一堆瓦礫。從這場對話看來，俄國似乎對解決問題不感興趣。

普丁接著談到能源。他對烏克蘭的舉止感到不解。他稱烏克蘭還欠俄國三十億美元，尚未清償，他們不能期待有免費的天然氣可用。他建議歐盟給烏克蘭一筆錢，讓他們把債全部都還了，當然也包括欠俄國的債。有人聽到這個想法哈哈大笑，但普丁沒有笑。他最後指出，如果烏克蘭現任政府相信亞努科維奇盜走了本應屬於人民的款項，那他們就該找他要。但是他們沒有證據，他說，結束了漫長的發言。

他說完後，我非常惴惴不安。普丁的發言是經過深思熟慮的，他不打算對話，也沒有為了解決問題妥協的意思，遠非如此。我傳了一張紙條給坐在我旁邊的海爾加：「感覺就像在坐雲霄飛車。」

普丁結束後，納札爾巴耶夫也簡短發言，建議烏克蘭與東西方的鄰國建立起多邊貿易。他還在講話時，所有目光早已集中到下一個即將發言的波洛申科身上。我知道他很緊張，畢竟他的國家正處於危難關頭。他表示他的計畫是通往和平的必經之路，他也希望能和普丁細談，意味著他想進行雙邊會談。他看向對面的普丁，但普丁沒有對上他的視線。至此，盧卡申科宣布會議結束。他希望所有人一同對等待著的媒體發言，但沒人有那個心情。我建議他講一些眾所周知又模糊的剛好的用語，例如「我們就一系列問題進行了認真的討論」、「會談並不容易，但我們坦承交換了許多實質內容」等等。於是盧卡申科去了另一間大房間開記者會。他稱明斯克是調解之都，是東方日內瓦。

樓上的晚宴等著我們，終於有機會可以展開較為非正式的對話了。路上，普丁問我伊朗核談判進行得如何。我快速總結了下最近那場會議，也說了我對聯合國大會期間在紐約的下一次會議抱持什麼期待。他表明不管烏克蘭情況如何，俄國都會持續跟進伊朗談判。我點頭認同。

我的座位在普丁隔壁。盧卡申科帶領著晚餐時的話題，跟政治完全不沾邊，我們只聊了足球、音樂、假日安排等等。在緊繃的討論時程後終於可以放鬆一陣子，所有人都鬆了口氣，氛圍都輕鬆了起來。不管怎樣，討論是解決問題的最大希望，所以單純的相處陪伴也很重要。盧卡申科舉杯慶祝俄國有可能在二〇一八世界盃打敗德國，當時看起來純粹是奉承。（實際上德國的戰績不理想，在小組賽就輸給了南韓，因此俄國沒有正面贏過德國，但他們打到了八強賽。）我對普丁小聲說我覺得不太可能。他笑了，他非常清楚人們多想要取悅他。最重要的是，波洛申科與普丁在這期間相當友好的交談過，並同意當天稍晚再次會面的建議。

晚餐結束時，我祝波洛申科好運，向他保證我會等他的消息。接近午夜時，我接到了他的電話，他請我到明斯克中央的烏克蘭大使館加入會議。整座城市安靜至極，讓我有種錯覺，我們是唯一醒著的一批人。我抵達了大使館，見到了波洛申科，他肉眼可見的疲憊，一副心神不寧的樣子。他說他們的交流很艱難，普丁很強硬，但因為他的期望很低，所以結果其實比他擔心的要好。普丁承諾會協助東部叛軍釋放人質的事，也會開啟談判，處理烏俄邊境事宜。理論上，這會讓俄國無法幫助分裂地區。雙方一致同意軍隊指揮官應該會面，以阻止烏軍與俄國帶領或支持的民兵繼續進行炮擊。最後，他們也同意繼續就能源和歐盟協議展開討論。我和他就這樣談到深夜。身在這樣一個試圖決定自身命運的國家，等著他的工作極度艱困。直到天快破曉，我們才彼此道別。

九月初，我們在威爾斯（Wales）的北約峰會再度見面。波洛申科是應邀嘉賓，他對與會領導者發表了講話，之後私下與我會面，討論烏克蘭日益嚴重的各種問題。我聽說他有幾個新想法，希望能說服俄國緩和情勢，並找出方法停止持續已久的暴力。我沿著紐波特（Newport）會場的長廊行走，迎面看到歐巴馬總統與梅克爾總理朝我的方向走來。他們的視線直直指向我，所以很明顯我就是他們要找的人。他們把我拉到一邊，說他們剛和波洛申科開了很久的會，想看看聯合協定有哪些部分是可以推遲或重新討論的。他們說這非常重要，然後對我一通奉承，其間夾雜明確的指示，說只有我才能完成這件事。我試著解釋我在歐盟的職權不包含這個，但很明顯歐巴馬不關心歐盟的內部架構。他把手放在我肩上，說他來找我就是因為知道我可以把事做好。如果你的律師要阻止你，就換掉律師，他說。我回答我會盡力，接著去找巴洛索主席。他不是非常開心。過去幾個月來，執委會一直在努力商討協定細節，以及讓貿易協定的某些部分暫時生效。直到二〇一七年協定才會得到全面批准。但就如同往常，巴洛索乾淨利落的採取行動，重新審視協議。

九月十六日，歐洲議會和烏克蘭最高拉達共同批准了貿易協定。我只在卸任前又見過波洛申科幾次。我不知道他是否能達成他想要的，我也不知道他究竟是不是那個能把和平與繁榮還給烏克蘭的人。我最後向他道別時，回想邁丹那些特別的日子，不禁好奇烏克蘭的未來會如何。不久前的歷史表明，烏克蘭想要拔掉俄國打下的「楔子」不會太容易，他們不希望烏克蘭靠近歐洲或北約，這會毀損普丁眼中的關鍵關係。我從不認為烏克蘭應該選擇極端的做法，相反，他們需要建立對其經濟與政治皆有利的關係，成為強大的獨立國家。

我沒有預料到的是，八年後烏克蘭的衝突會演變成侵略，一場鮮血淋漓的戰爭。現在回想，普丁當時的憤怒，以及阻止烏克蘭完全獨立的決心都是那麼的赤裸。討論烏克蘭事件的那幾個月，我從俄國領導者那聽到了他們最帶有情緒的發言，有時甚至是仇恨言論。那些是殘暴的言論，之後也轉化為了殘暴的行動。雖然我們為生命的逝去、為城鎮村莊毫無意義的毀壞而落淚，也提供力所能及的協助，幫助那些逃離可怕戰場的人，但我們也需要願意和烏克蘭攜手邁向可持續發展的未來，無論那有多麼艱難。

後記

本書記載著的事件距今已有十年，我寫下的問題沒有一件完全得到解決。索馬利亞與海地依然苦於貧困、政局不穩、武裝暴力與治安不佳。不管是塞爾維亞與科索沃歷史性的協議，還是聯合國安理會與伊朗的核協議，在那之後都沒有進展。埃及也許還算穩定，但獨裁統治也限制了人權。儘管各界不斷努力促成利比亞的長久和平，他們還是需要一個政府來終結這場暴力衝突。日本福島的核災持續造成回響。歐洲要選擇替代能源以應對氣候變遷，使用核能的意願也因福島核災受到影響。最糟的是，隨著戰爭的陰影再次籠罩歐洲大陸，烏克蘭正在為自身生存而戰，對抗俄國的侵略。

當然，這些都是複雜而根深蒂固的問題，不可能有快速又簡單的解藥，也不可能設計龐大的計策，就將環環相扣的難題一次解決。只能一點一滴的花費心血應對每次爆發的危機，協商出長期解決方案，重建社群，只有這樣才有一點成功的機會。而即使如此，也沒人能保證一定能得償所願。沒有長期投資與支持的情況下，我們只能勉強應對那些問題。原本可能只是地區問題，但隨著其原因或後果蔓延，很快就會成為全球議題。

我們今日面對的挑戰，基本上都可以追根溯源到幾十年前，有的甚至可以到數百年之久。每當危機爆發，就有巨大的壓力催促我們盡快行動。也許快速應對有其必要，但我們也必須考慮更多。這也是為什麼我總是提到「接下來呢？」我們需要為事件結束後的未來打算，例如戰爭、地震、首次談判或革命，才能創造通往長久和平與安穩的道路。所有人大概都會同意這條原則，但現實中我們通常都只能協商出短期計畫，也缺乏資源。資源會優先投入國內問題或新議題，但這些很多其實都源於其他地方未解的問題。

我做過的所有未來規畫，讀過的幾千幾萬頁文件，參加過的數百場會議，經歷過的數十次參訪行程，都可以總結出同樣的訊息。那就是，成功不是一時的結果，而是一段時間內為數繁多的連鎖行動造就的。即使是看似隨機、無足輕重的小細節，也可以決定成敗，在艱難的談判中尤其如此。

如果一場危機花了十年才真正爆發，那我們也得預期危機會持續大致相同的時間。長期來說，解決衝突意味著確保至少一個世代的女孩能去上學，民主制度能扎根，經濟也得以繁榮。對於時間，我們得用不同的方式思考。

我曾在參訪中國時到西安參觀兵馬俑。我在遺址周圍走動，陪同我的中國考古學家說還有很多待發現的遺跡。她指向遠處一座小山丘，說那很有可能是秦始皇的陵寢，他們希望那裡能發掘到更多珍貴文物。我問她什麼時候會開始挖掘。也許五十年後會先開始部分工程，她回答。她不介意自己看不到結果嗎？我又問。她告訴我，不會，把這件事做好雖然會花時間，但可以確保未來好幾代都能延續下去。

我喜歡將國際外交比作一道光譜，一端是冰箱，完全沒有接觸，暫停所有互動，而另一端是溫暖的烤箱，優良的夥伴關係就在這裡烤製而成。雖然冰箱有時很必要（我寫下這段話時，俄國正理所應當又堅定的貫徹這條路），但我們的長期目標是讓每段關係都移到光譜另一端。為了阻止或終結混亂，我們勢必得與既不喜歡又不尊敬的對象合作，抑或是和觀點截然不同的政治人物一起擺姿勢拍照，心裡祈禱他們可以在監獄度日，而不是舒適的待在政府辦公室或總統府內。外交活動需要我們持續決定與一個國家或領導者保持怎樣的關係，也得認識到，我們可能會和談判桌對面的敵人在戰場上也兵戎相見。為了要終結衝突、協商和平協議、找出一線生機，我們必須保持溝通，和我們反對的人會面，並一同找出解決方法。

我非常敬佩那些將外交作為終身事業的人。他們時常在幕後工作，清楚外交不容許個人尊嚴的存在，並且永遠不會有皆大歡喜的完美解決方法。我們充其量只是妥協出可行的方法罷了，可以接受，但絕不是最優解，所以需要一點一滴的改良。每當遇到危機，政治家與外交官都只有一次找出答案的機會，要是失敗，他們就必須承擔後果。但我們總是得問自己「接下來呢？」並試圖回答這個問題，也要清楚我們不只參與那幾天或幾個月，而要花上一生，甚至更多。就像希拉蕊．柯林頓有次對我說的：「就算你已經竭盡所能，也永遠不夠。」

第一位，也是最後一位

我希望談談身為「第一位」這件事來結束這本書。在我這個世代，許多女性開始成為某個職位的第一位女性。那時沒有前人指引，沒有人會給妳建議或警告妳可能會碰到的難題。我是家裡第一位上大學的女性，後來成為了第一位女性貿易專員，接著是第一位歐盟外長。我卸任後，又當上了華威大學（Warwick University）第一位女性榮譽校長，也是聖米迦勒及聖喬治勳章（Order of St Michael and St George）的第一位女性大臣。當第一個人不是一直都那麼容易。但身為第一人最重要的挑戰是，確保之後還有第二人。要負責證明妳的任命不是一種反常，妳不是僥倖逃脫的漏網之魚，也不是讓他們不再輕易重蹈覆徹的教訓。第二位女性也會證明自己同樣優秀。她們會讓眾人知道第一位不是例外，而是常態。我們應該更加為她們的成就喝采。

當上第一人並沒有讓我很驚訝，我沒有預料到的是，我會是最後一人。隨著英國脫歐，英國人加入制定歐盟外交政策的機會也消失了。我是最後一位，也是第一位英國女性執委。我是最後一位，也是第一位英國的歐盟外長。這是我人生第一次當上最後一人。這也算是另類的第一人了。

致謝

這本書能出版，我虧欠最多的是我的丈夫彼得。他孜孜不倦的支持轉化為他天生的新聞創造力，讓我能夠談論當時的事件和人物。他溫和的探究我的話語，讓我能將當時發生的事看得更仔細，也描述我身為普通人，對那些不普通的事件有何反應。這些年來，是他一直鼓勵我把錄音逐字記錄下來，變為人們可以讀的故事。Elliott & Thompson 的董事長洛恩．福爾賽（Lorne Forsyth）以及我優秀的編輯奧莉薇亞．貝斯（Olivia Bays），是他們讓這個企畫得以實現。經過無數次的 Zoom 會議還有偶爾的雞尾酒聚會，他們修飾了我粗糙的故事，也成為了我親密的好友。要是沒有他們，這本書就不會誕生了。

我這些年的幕僚長詹姆斯，他在我身旁陪我經歷了許多事件，尤其是伊朗談判。他對歐盟運作有著深刻了解，我解釋如何得到任命時，這點幫了我很大的忙。每個章節成型時都交給他讀過，當然也包括最終原稿。他的建議都是無價的。我和詹姆斯都有北英格蘭的血統，由此也繼承了相同的幽默感。和他隨意對看一眼都能讓我無法控制的大笑，這在那些年幫了我很多。他太太海倫，以及三個女兒喬西、比亞與蘇菲亞都一直支持著他，也支持著我。他們很少有見到詹姆斯的機會。夏季休會結束，詹姆斯準備離開家裡時，海倫對他說：「聖誕節再見！」她只是稍微語帶挖苦。我欠了他們太多。

我幾位同僚讀過了部分稿子，也向我回饋他們的看法和建議。皮埃爾．維蒙（Pierre Vimont）在利比亞篇章幫助尤其多。費爾南多．真第利尼讀了塞爾維亞與科索沃的對話那章兩次。羅伯特．庫柏爵士也看過這章，同時還有伊朗章節。和我一同去拜訪穆西的克里斯蒂安．伯格讀了埃及篇章，也和我分享了他當時的回憶。我十分感謝他們的幫助。

海爾加．施密德與大衛．奧沙利文（David O'Sullivan）用他們的知識及經驗提供我建議，並給予支持。他們兩個加上我的「內閣」中與我最密切合作的同僚，一起幫助我確認事實，也驗證我的記憶。建立新的外交機構絕不是什麼簡單的事，歐洲各國外交部長、執委會官員、各國大使、對外事務部成員以及歐洲議員都付出了很多努力。歐盟的兩位主席也都貢獻良多。赫爾曼．范宏畢在經濟動盪時期貢獻了他的智慧與洞察力。若澤．曼努埃爾．巴洛索在對外事務部建立初期就一直給予我支持。無論我有沒有達到他的期望，他都是我很好的朋友。我永遠虧欠那些陪著我走在這條路上的人。艾瑪．頓尼（Emma Tunney）負責管理我的辦公室和日程安排，儘管她有無窮無盡的要求要實現，工時又很長，她還是能帶著幽默完成所有工作。她簡直太厲害了。

我非常榮幸能成為華盛頓伍德羅・威爾遜國際學者中心（Woodrow Wilson Center）的傑出學者（Distinguished Fellow）。高級副總裁羅伯特・利瓦克（Robert Litwak）鼓勵我利用這段時間寫書，也提供了我所需的空間。威爾遜中心由馬克・格林（Mark Green）大使帶領，能提供外交與安全政策的絕佳資源。

為了我的工作和這本書，我的家人必須忍受我那看似永無止盡的行程。我很幸運能遇見我的三名養子女，他們和各自的家人讓我的生活變得豐富多彩。塔拉和她的丈夫保羅，以及兩個孩子亞歷山大和安娜貝爾。凱特與丈夫瓊提，以及他們的兒子詹姆斯。還有麥克，不管是獨自和他們相處還是大家一起，都給我帶來了無止盡的快樂。我親生的兩個孩子，羅伯特和蕾貝卡，加上三個養子女就是凱拿五人組，他們對我比我自己的生命還重要。他們兩個都找到了能幸福一生的伴侶，羅伯特和凱特琳結了婚，蕾貝卡則遇見了丈夫強尼。羅伯特和蕾貝卡都讀過了原稿，刪掉了奇怪的錯字，也對我能提筆寫作表達出欣喜，興許還有一點驚訝。蕾貝卡和強尼最近給家裡新添了一位成員，路克，就在我完成這本書之際。等到他看這本書，會覺得裡面寫的都是古老的歷史。我希望這些可以幫他更了解這段歷史。

我這些年或共事過，或在特別的事件中相逢的外交官與政治家都教了我很多。我們非常幸運，這些願意奉獻的聰明人依然願意從事公共事務。我很感謝他們所有人。最重要的，我要向我遇見過的無數人表以敬意，其中大多數人的名字我都不知道，但他們在混亂及災難中首當其衝。我看過他們哀悼失去的事物，也看過他們撿起掉落在地上的碎片重新開始。他們想要，也值得更好的生活。

V

Vale de Almeida, João 若昂・瓦雷・德・阿爾梅達 46

Van Rompuy, Herman 赫爾曼・范宏畢 41, 46, 155, 263, 283-284, 293

Vershbow, Sandy 桑迪・弗什博 202

Vilnius Summit 維爾紐斯峰會 (2013) 255-256, 258-265

Vučić, Aleksandar 亞歷山大・武契奇 195-213

W

Westerwelle, Guido 基多・威斯特威勒 232-235, 241, 251

Wisner, Frank 弗蘭克・威斯納 100

Wood, Stewart 史都華・伍德 45

World Cup (2018), UEFA 二〇一八世界盃與歐洲冠軍聯賽 301

World Food Programme 世界糧食計畫署 52, 55

World Trade organization (WTO) 世界貿易組織 35

X

Xi Jinping 習近平 243

Y

Yanukovych, Viktor 維克托・亞努科維奇 255-274, 293-296

Yatsenyuk, Arseniy 阿爾謝尼・亞采紐克 265-268, 276, 285

Yemen 葉門 99

Yousafzai, Malala 馬拉拉・尤沙夫賽 213

YouTube 272

Yugoslavia, collapse of 南斯拉夫解體 169-172

Z

Zapatero, José Luis 荷西・路易斯・薩巴德洛 45, 104, 157

Zarif, Mohammad Javad 穆罕默德・賈瓦德・扎里夫 221-230, 235-251

Zuiganji Temple, Japan 日本瑞巖寺 89

會）代表與談判 267-274, 283-303
talks with Ukrainian crisis international contact group representatives 烏克蘭危機聯絡小組代表與談判 283-287
and the US 美國代表與談判 271-272, 280-281, 284-286
Victor Yanukovych 維克托・亞努科維奇 255-275, 293-296
Vilnius Summit 維爾紐斯峰會 (2013) 255-266
Yulia Tymoshenko 尤莉亞・季莫申科 261-266, 274-275
Ulyukaev, Alexei 阿列克謝・烏柳卡耶夫 293
UNICEF 聯合國兒童基金會 62
United Arab Emirates (UAE) 阿拉伯聯合大公國（阿聯） 118, 157
United Kingdom 英國 31, 43, 69, 88, 70-72, 166, 167, 277, 280, 307
Iran nuclear negotiations and deal 伊朗核協議 271-220, 227-234, 248
United Nations (UN) 聯合國 75-76
Convention on the Law of the Sea 聯合國海洋法公約 53
Haiti 海地 71, 76, 80-81
Iran nuclear negotiations and deal 伊朗核協議 221
Libya 利比亞 146, 151, 153, 157, 167-168
Resolution 1244 第一二四四號決議 173-174
Security Council 安理會 146, 151, 153-157, 167, 173, 216-218, 225-227, 291, 304
Serbia and Kosovo 塞爾維亞與科索沃 172-175
Ukraine crisis contact group 烏克蘭危機聯絡小組 280
United States of America (USA) 美國 34, 42, 43, 69, 100, 113, 147-148, 151-155, 181-183, 208-213, 269, 271-272, 279
CA visits the White House 凱瑟琳・艾希頓訪問白宮 289
Iran nuclear negotiations and deal 伊朗核協議 217-251, 272
Ukraine and Russian annexation of Crimea 烏克蘭與俄國併吞克里米亞 (2014) 271-272, 280-281, 284-289

The Times《泰晤士報》213
Timmermans, Frans 弗蘭斯・蒂默曼斯 291
toxic waste 有毒排放 51
trade portfolio, EU 歐盟貿易職權 30-34
Trump, Donald 唐納・川普 29
Tunisia 突尼西亞 97-99, 101, 147, 164, 169
Turkey 土耳其 40, 69
Tusk, Donald 唐納德・圖斯克 41
Tutankhamun tomb replica 圖坦卡門陵墓仿製品 105
Tymoshenko, Yulia 尤莉亞・季莫申科 261-262, 274-275

U

Ukraine 烏克蘭 37, 255, 302-304
  Arseniy Yatsenyuk 阿爾謝尼・亞采紐克 265, 268, 276
  Association Agreement with the EU 與歐盟聯合協定 255-257, 262-269, 290-302
  CA meets with opposition and activists 凱瑟琳・艾希頓與反對黨和積極分子會面 265, 270-271
  CA's visits 凱瑟琳・艾希頓參訪行程 267-277
  election of new government 選舉新政府 (2014) 290
  Eurasian Customs Union 歐亞關稅同盟 257, 267, 291-301
  Maidan demonstrations 邁丹革命 263-275
  Malaysia Airlines flight MH17 馬來西亞航空 MH17 客機 290
  OSCE Special Monitoring Mission 歐安組織特別監察團 287-290
  Petro Poroshenko 彼得・波洛申科 271, 276, 290-292, 293-303
  Rada 拉達 262, 271, 275, 276, 283
  relations with Russia and post-2014 annexation of Crimea 二〇一四克里米亞併吞後與俄關係 276-303
  relations with Russia pre-2014 annexation of Crimea 二〇一四克里米亞併吞前與俄關係 256-275
  talks with EU/ECOM representatives 歐盟（執委

Snow, Jon 榮・斯諾 213
Somalia 索馬利亞 303-304
CA's visit 凱瑟琳・艾希頓參訪行程 60-64, 66
civil war 內戰 51, 55, 63-64
EU New Deal for Somalia 索馬利亞新政 65
fishing industry 漁業 50-51
food and aid 食物與援助 50-51, 55, 65
government 政府 51-52, 60-66
land attack 陸上攻擊 59-60
Mogadishu 摩加迪休 60, 63-64, 66
Operation Atalanta 亞特蘭大行動 52-53, 55-57
piracy 海盜 52, 53-60, 64-66
Seychelles conference 塞席爾會議 57-58
women of 致女性 66
Sorenson, Peter 彼得・索倫森 170
South Africa 南非 57, 63, 154
South Korea 南韓 34, 58
Soviet Union 蘇聯 256, 276
Spain 西班牙 76, 80, 157
Srebrenica, Bosnia-Herzegovina 波士尼亞與赫塞哥維納的雪布尼查 169-170
Stalin, Joseph 約瑟夫・史達林 275
Steinmeier, Frank-Walter 法蘭克 - 華特・史坦麥爾 272, 280
Strathclyde, Lord 'Tom' 斯特拉斯克萊德男爵，「湯姆」 27-28
Sullivan, Jake 傑克・蘇利文 228, 230, 235, 237, 246, 249
Sweden 瑞典 46
Switzerland 瑞士 280

T

Tadić, Boris 鮑里斯・塔迪奇 169, 173-174, 176
Tahiri, Edita 埃迪塔・塔希里 200
Tajani, Antonio 安東尼奧・塔亞尼 104-105
Tanzania 坦尚尼亞 58, 65
Tawadros II, Coptic Pope 科普特正教會牧首塞奧佐羅斯二世 111
terracotta army, China 中國兵馬俑 305
Thaçi, Hashim 哈辛・塔奇 174-189, 196-213

46, 145-163, 166
Saudi Arabia 沙烏地阿拉伯 118
Schmid, Helga 海爾加・施密德 219, 223, 225, 226, 229-244, 286, 294
Schulz, Martin 馬丁・舒爾茲 41, 46
Second World War 第二次世界大戰 172, 292
Serbia 塞爾維亞 303
Albanian Kosovars 科索沃阿爾巴尼亞人 172
Appeal Court in Mitrovica North 北米特羅維察上訴法院 196, 202, 205, 2209
CA's visit 凱瑟琳・艾希頓參訪行程 182
customs revenue 關稅徵收 188-189, 195
EU/ECOM and negotiations with Kosovo 歐盟（執委會）與塞科談判 173-214
Integrated Border Management 整合邊境管理 183, 188, 195
integrated justice/police system in Kosovo 整合科索沃司法與警察系統 186, 187, 194, 196, 202-205, 209
International Court of Justice 國際法院 173-174
Kosovan Serb refugees 科索沃塞族難民 174-175
north-Kosovo Serb population 北科索沃塞族 174-175, 180, 184-187, 191-194, 201-206
orthodox Church 正教會 173, 180, 185
the 'tank issue' 「坦克問題」 202, 205
Serbia (continued)
UN and NATO 聯合國與北約 172-173, 181, 202, 205
US and negotiations with Kosovo 美國與塞科談判 181-183, 213
Seychelles 塞席爾 57, 58, 65
Shafik, Ahmed 艾哈邁德・沙菲克 101-102
Shala, Blerim 布萊里・沙萊 193
Sharaf, Essam 伊薩姆・沙拉夫 101
Sherman, Wendy 溫蒂・雪蔓 220, 223-247, 289
Sikorski, Radek 拉德克・西科爾斯基 272-274
Slovenia 斯洛維尼亞 172

208, 213, 223, 242, 250, 272, 289
Préval, Rene 勒內・蒲雷華 79-80
Putin, Vladimir 弗拉迪米爾・普丁 35-37, 39, 155, 243, 258, 268-270, 276-277, 283-284, 292-302

Q

Qatar 卡達 118, 157

R

Rasmussen, Anders Fogh 安德斯・福格・拉斯穆森 42
Ravanchi, Majid Takht 馬吉・塔赫特 - 拉凡奇 225, 243, 249
Red Crescent 紅新月會 167
Red Cross 紅十字會 92, 167
Reeker, Phil 菲爾・雷克 182-183, 207, 209-211
Reinfeldt, Fredrik 弗雷德里克・賴因費爾特 46
Republika Srpska 塞族共和國 187
Rice, Susan 蘇珊・萊斯 228-229, 289
Romania 羅馬尼亞 149
Rondos, Alex 亞歷克斯・朗道斯 62-63
Rouhani, Hassan 哈桑・羅哈尼 218, 243
Russia 俄國 34-36, 39,151-155 167, 172, 173, 199, 223, 295-304
Iran nuclear negotiations and deal 伊朗與伊朗核協議 217, 220-221, 229-231, 233, 236-248, 272, 295
relations with Ukraine and post-2014 annexation of Crimea 二〇一四併吞克里米亞後與烏關係 276-301
relations with Ukraine pre-2014 annexation of Crimea 二〇一四併吞克里米亞前與烏關係 256-257, 267-269, 274-275
Ryabkov, Sergei 謝爾蓋・里亞布科夫 46, 220-221, 233, 236, 243

S

Sabahi, Hamdeen 哈姆丁・索比 107-108
Salafists 薩拉菲派 122
sanctions 制裁 216-219, 230-233, 241-242, 247, 251, 268, 290
Sarkozy, Nicolas 尼古拉・薩科吉

科利奇 176, 182, 189-191, 195, 198-199
Nobel Peace Prize nomination 諾貝爾和平獎提名 213
Non-Proliferation Treaty 核不擴散條約 216, 217-218, 224, 244
North Atlantic Treaty organization (NATO) 北大西洋公約組織（北約） 42, 57-58, 147-148, 163, 166, 172-173, 181, 202, 205, 210, 213, 260, 277, 294, 296
Norway 挪威 157
Nour Party, Egyptian 埃及光明黨 111
Nuland, Victoria 維多利亞・盧嵐 267, 271-272, 286

O

Obama, Barack 巴拉克・歐巴馬 113, 229, 249, 289-290, 301-302
Operation Atalanta 亞特蘭大行動 52-53, 55-57
Operation Smile 微笑行動 83
Organisation of Islamic Cooperation (OIC) 伊斯蘭合作組織 167
Organization for Security and Co-operation in Europe (OSCE) 歐洲安全與合作組織 280, 287-290
Osman, Abdirahman 阿卜迪拉赫曼・奧斯曼 60

P

P5 plus 1 P5+1 217
Paet, Urmas 烏爾瑪斯・白艾特 272
Party of the Regions, Ukrainian 烏克蘭地區黨 257
Patterson, Anne 安妮・帕特森 113
PES Party 歐洲社會黨 41-45
Philippines 菲律賓 164
Ping, Jean 讓・平 155
piracy 海盜 52-60, 64-66
Poland 波蘭 41, 272-273, 280
Political and Security Committee 政治與安全委員會 59
Poroshenko, Petro 彼得・波洛申科 271, 276, 290, 292, 293-302
Portugal 葡萄牙 41
Potts, Rear-Admiral Duncan 鄧肯・帕茲海軍少將 59-60
press/media 新聞媒體 50, 57, 76, 99, 149, 152, 181, 186, 191, 200,

Mohamud, Hassan Sheikh 哈桑・謝赫・馬哈茂德 62, 64-66
Moïse, President Jovenel 若弗內爾・摩依士總統 84
Moldova 摩爾多瓦 255
Montenegro 蒙特內哥羅 172
Moran, Jim 吉姆・莫蘭 104, 108-113, 120, 135, 167
Morocco 摩洛哥 99, 157
Morrison, James 詹姆斯・莫里森 31, 38, 45-50, 195, 219, 223, 224, 231-236, 243, 244, 249, 289
Morsi, Mohamed 穆罕默德・穆西 101-144
Mothers (Bosnia-Herzegovina) 雪布尼查母親 169-170
Moussa, Amr 阿穆爾・穆薩 102, 107-108, 112, 151
Mozambique 莫三比克 57
Mubarak, Hosni 胡斯尼・穆巴拉克 99-102, 107, 113, 147
Mulet, Edmond 埃德蒙・穆雷 81
Munich Security Conference 慕尼黑安全會議 (2014) 174
Muslim Brotherhood 穆斯林兄弟會 99-123

N

Nabiullina, Elvira 艾爾薇拉・納比烏林娜 35
Natanz nuclear plant 納坦茲核電廠 216
National Salvation Front, Egyptian 埃及救國陣線 107
National Transitional Council (NTC) 國家過渡委員會 147, 163-166
natural disasters 天災 69
  Haiti earthquake 海地大地震 (2010) 69-85
  Japan earthquake and tsunami 日本三一一大地震 (2011) 69-71, 85-96
  L'Aquila earthquake 拉奎拉地震 (2009) 80, 83
Nazarbayev, Nursultan 努爾蘇丹・納札爾巴耶夫 293-295
Nephew, Richard 理查德・內普夫 231, 234, 250
Netherlands 荷蘭 41, 88, 291
New York Times 《紐約時報》 223
Nikolić, Tomislav 托米斯拉夫・尼

Women's Rights Forum 婦女權利論壇 167
Lisbon Treaty 里斯本條約 (2009) 31, 38-40, 71
Lithuania 立陶宛 255, 262
Lucas, Hans-Dieter 漢斯 - 迪特・盧卡斯 220, 227, 229, 234
Lukashenko, Alexander 亞歷山大・盧卡申科 291-301
Lukin, Vladimir 弗拉迪米爾・盧金 274
Luxembourg 盧森堡 41

M

Ma Zhaoxu 馬朝旭 220
Maidan protests 邁丹示威 (2013) 263-279
Malaysia Airlines flight MH17 馬來西亞航空 MH17 客機 290
Mandelson, Peter, Lord 彼得・曼德爾森男爵 27, 31, 45
Mansour, Adly 阿德利・曼蘇爾 113-114, 120-122
Martin, Ian 伊恩・馬丁 166
Mauritius 模里西斯 57-58
Médecins Sans Frontières 無國界醫生 167
media/press *see* press/media 新聞媒體 見 新聞媒體
Medvedev, Dmitry 德米特里・梅德維傑夫 35, 153
Merkel, Angela 安格拉・梅克爾 42, 45-46, 102, 149, 155, 263, 277, 280-284, 301-302
Michel, President 米歇爾總統 57
Middle East 中東 40, 100, 116, 146, 231
see also Egypt; Libya 參見埃及；利比亞
Miliband, David 大衛・米勒班 43-45
Milošević, Slobodan 斯洛波丹・米洛塞維奇 172, 181
Miozzo, Agostino 阿戈斯蒂諾・米奧佐 63, 166, 167
Mladić, Ratko 拉特科・姆拉迪奇 169
Mogadishu, Somalia 索馬利亞摩加迪休 60-66
Mohamed, Mohamed Abdullahi 穆罕默德・阿卜杜拉・穆罕默德 66

L'Aquila earthquake 拉奎拉地震 (2009) 80, 83
Lavrov, Sergei 謝爾蓋・拉夫羅夫 199, 224, 236-287
Leakey, Lieutenant-General David 大衛・李奇中將 52
Lebanon 黎巴嫩 99, 153
León, Bernardino 伯納迪諾・利昂 104, 107-113, 133
Leonid, Kuchma 列昂尼德・庫契馬 271
Li Baodong 李保東 236-238
Libya 利比亞 21, 97, 104, 145-146, 304
  Association of Election observation 選舉觀察協會 165
  Benghazi 班加西 145-146, 151, 166, 167
  Cairo Group 開羅團隊 167
  CA's visits 凱瑟琳・艾希頓參訪行程 145-146, 163-166, 169
  Colonel Gaddafi 格達費上校 22, 145-149, 155, 167-168
  EU delegation 歐盟代表團 165-169
  EU/ECOM support following airstrikes 空襲後續歐盟（執委會）援助 164-167 1
  evacuation of EU nationals 撤離歐盟公民 148
  extraordinary EC meeting 高峰理事會特別會議 148-151, 167
  G8 meeting 八大工業國組織會議 151-152
  jailing of Libyan nurses 護理師於利比亞遭監禁 147
  military airstrikes 空襲 163-164
  National Transitional Council (NTC) 國家過渡委員會 147, 163-167
  NATO meeting 北約會議 147-148
  'no-fly zone'/military action proposal「禁航區」與軍事行動提案 146, 148-163
  post-war continued unrest 戰後持續動盪 1647-168
  press, charities and human rights groups 新聞、慈善與人權團體 166
  UN Security Council resolution 聯合國安理會決議 153

特 219, 244, 247-250
Klitschko, Vitali 維塔利・克里契科 271, 276
Kosovo 科索沃 12, 20, 23, 284, 303
Albanian Kosovars 科索沃阿爾巴尼亞人 172
Appeal Court in Mitrovica North 北米特羅維察上訴法院 196, 202, 205, 209
CA's visit 凱瑟琳・艾希頓參訪行程 195
customs revenue 關稅徵收 188, 195
EU/ECOM and negotiations with Serbia 歐盟（執委會）與科塞談判 174-213
EU civilian police team 歐盟警察 174-175
Hashim Thaçi 哈辛・塔奇 174-213
independence 獨立 172-173
Integrated Border Management 整合邊境管理 183, 188, 195
integrated justice/police system 整合司法與警察系統 186, 187, 194, 196, 202, 203-206, 209
International Court of Justice 國際法院 173-174
KFOR 科索沃維和部隊 174
Liberation Army (KLA) 科索沃解放軍 172-175
north-Kosovo Serb population 北科索沃塞族 174-175, 180, 184-187, 191-194, 201-206
Serbian orthodox monasteries and churches 塞爾維亞正教會 173, 180, 185
UN and NATO 聯合國與北約 172-173, 181, 185, 205
US and negotiations with Serbia 美國與科塞談判 181-183, 208, 212-213
Kravchuk, Leonid 列昂尼德・克拉夫朱克 272
Kuchma, Leonid 列昂尼德・庫契馬 271
Kurti, Albin 阿爾賓・庫爾蒂 175
Kwaśniewski, Aleksander 亞歷山大・克瓦斯涅夫斯基 261-262

L

Lagarde, Christine 克里斯蒂娜・拉加德 267

納坦茲與阿拉克核設施 216, 247-249
Non-Proliferation Treaty 核不擴散條約 216-218, 224, 244
sanctions 制裁 216-218, 229, 231-232, 241-242, 247, 251
Supreme National Security Council 最高國家安全委員會 217
uranium enrichment 提煉濃縮鈾 216-217, 223-225, 246
Iraq 伊拉克 152, 167
Ireland 愛爾蘭 41
Italy 義大利 34, 41, 80, 83, 151, 157, 280

J

Jahjaga, Atifete 阿蒂費特・亞希雅加 189-191
Jalil, Mustafa Abdul 穆斯塔法・阿卜杜勒・賈利勒 147, 164-165
Jalili, Dr Saeed 賽義德・賈利利博士 217, 235
Japan 日本 58, 151
EU/ECOM aid and support 歐盟（執委會）援助 69-70, 85, 89, 110
CA's visits 凱瑟琳・艾希頓參訪行程 70, 88-92
earthquake and tsunami fatalities 地震與海嘯死傷人數 85, 86-87
Fukushima nuclear plant 福島核電廠 88, 303-304
prefab villages 組合式房屋 92-93
Zuiganji Temple 瑞巖寺 89
Jibril, Mahmoud 馬哈茂德・吉卜里勒 147, 168-169
Jordan 約旦 99, 104, 157

K

Kandil, Hesham 希沙姆・甘迪勒 105, 115, 123-124
Kazakhstan 哈薩克 257, 291, 293
Kenya 肯亞 57-58, 65
Kerry, John 約翰・凱瑞 22, 57-58, 116-118, 135, 219, 223, 230-231, 234, 235, 236, 241-242, 247-2253, 280-281, 284-287
Khrushchev, Nikita 尼基塔・赫魯雪夫 275
Klement, Stephan 史蒂芬・克萊門

HRVP role (High Representative for Foreign and Security Policy/ First Vice President of the Commission) 歐盟外長（歐盟外交和安全政策高級代表兼歐盟執委會副主席）31, 38, 40-48, 57, 306-307
see also Egypt; Haiti; Iran and Iranian nuclear negotiations and deal; Japan; Kosovo; Libya; Serbia; Somalia; Ukraine 參見埃及；海地；伊朗與伊朗核協議；日本；科索沃；利比亞；塞爾維亞；索馬利亞；烏克蘭
Hudson, Rear Admiral Peter 彼得・哈德森少將 52
Human Rights Watch 人權觀察組織 124

I

India 印度 58, 154, 164
Indonesia 印尼 69
International Atomic Energy Agency (IAEA) 國際原子能總署 216, 225-227
International Court of Justice (ICJ) 國際法院 173, 283
International Maritime organization (IMO) 國際海事組織 57
International Monetary Fund (IMF) 國際貨幣基金組織 75, 267
INTERPOL 國際刑警組織 57
IOC (Indian Ocean Commission) 印度洋委員會 57
Iran and Iranian nuclear negotiations and deal 伊朗與伊朗核協議 22, 37, 58, 69, 116, 218, 303
E3 plus 3 E3+3 21, 217, 219-224, 225-251, 272, 295 (*see also* under China; France; Germany; Russia; United Kingdom; United States of America) 參見中國；法國；德國；俄國；英國；美國
EU/ECOM coordination of negotiations 歐盟（執委會）協調談判 217-251, 272
Hassan Rouhani 哈桑・羅哈尼 218, 243
inspections 監察 216, 225-227
Mohammad Zarif 穆罕默德・扎里夫 221-230, 235-251
Natanz and Arak nuclear facilities

埃及自由與正義黨 102, 115
Friends of Syria 敘利亞之友 22
Fukushima nuclear plant 福島核電廠 88, 303
Füle, Stefan 史帝凡・富勒 255, 263

G

G8 meetings 八大工業國組織會議 151-152
Gaddafi, Colonel Muammar 穆安瑪爾・格達費上校 22, 145, 146, 147, 150, 155, 167, 168
Gass, Simon 賽門・蓋斯 219, 229, 234, 243
Gates, Robert 勞勃・蓋茲 148
Gentilini, Fernando 費爾南多・真第利尼 177-214, 330
Georgia 喬治亞 255
Georgieva, Kristalina 克里斯塔利娜・格奧爾基耶娃 75
Germany 德國 41, 69, 149, 151, 152, 157, 200, 208, 272-273, 277, 279
  Iran nuclear negotiations and deal 伊朗與伊朗核協議 217, 220, 227, 230, 231, 234, 241
Glenny, Misha 米沙・格蘭尼 213
Grand Imam, Egyptian 埃及大伊瑪目 112
Greece 希臘 42
Grybauskaite, Dalia 達利婭・格里包斯凱特 262-263

H

Hague, William 威廉・海格 227, 231-235, 248, 277, 282
Haiti earthquake and aftermath 海地大地震與後續災情 69-70, 85, 304
  EU/ECOM aid and support 歐盟（執委會）援助 70-83
  CA's visit 凱瑟琳・艾希頓參訪行程 70, 74-75, 76-84
  earthquake fatalities 地震死傷人數 71, 76, 80, 84-85
  government 政府 70, 79-85
  hospital ships 醫療船 82-83
  support from the military 軍方援助 71-72
Harper, Stephen 史蒂芬・哈帕 157
Hoon, Geoff 杰夫・胡恩 45
House of Lords 上議院 27-28, 31

45, 70, 147, 261, 301
European People's Party 歐洲人民黨 76
European Union (EU) 歐洲聯盟（歐盟） 16-24, 310
Association Agreement with Ukraine 烏克蘭聯合協定 258-262, 290-300
Foreign Affairs Council 外交理事會 40, 112, 135, 277-278, 291
Foreign Service 外交機構 73, 283
General Affairs Council 總務理事會 193
hierarchy of countries 國家等級 41
Mercury network 水星網路 58
Military Staff 歐洲聯合軍事參謀部 52, 146
Situation Centre 情報中心 70-71
trade portfolio 貿易職權 30-31
and the Ukrainian international crisis contact group 烏克蘭聯絡小組 279 - 287
Vilnius Summit 維爾紐斯峰會 (2013) 255-256, 258-260
see also Egypt; European Commission; European Council; Iran and Iranian nuclear negotiations and deal; Japan; Kosovo; Libya; Serbia; Somalia; Ukraine 參見埃及；歐盟執委會；高峰理事會；伊朗與伊朗核協議；日本；科索沃；利比亞；塞爾維亞；索馬利亞

F

Fabius, Laurent 洛朗・法比尤斯 231-235, 247-250, 283
Fahmy, Nabil 納比勒・法米 121
Feltman, Jeff 傑夫・費爾特曼 280
Financial Times 《金融時報》 212, 223
fishing industry, Somali 索馬利亞漁業 51-52
France 法國 41, 43, 75-76, 148-152, 163, 217, 274, 279-280
Iran nuclear negotiations and deal 伊朗與伊朗核協議 220, 227, 229-243
see also Sarkozy, Nicolas 參見尼古拉・薩科吉
Freedom and Justice Party, Egyptian

Mubarak government 穆巴拉克政府 99-100, 102, 107, 113, 147
Muslim Brotherhood and FJP 穆斯林兄弟會和自由與正義黨 99-100, 102, 107, 109, 113-114, 115, 119-124
National Salvation Front 救國陣線 107-108, 112
Salafists 薩拉菲派 122
Tamarod movement 反叛運動 123
Egyptian Gazette 《埃及公報》 105
el-Haddad, Essam 伊薩姆・艾爾 - 哈達德 110
el-Keib, Abdurrahim 阿卜杜勒・凱卜 167
el-Shater, Khairat 海拉特・艾爾 - 沙特爾 102, 111
el-Sisi, General Abdel Fattah 阿卜杜勒・法塔赫・賽西將軍 111-135
Elaraby, Nabil 納比勒・阿拉比 112
ElBaradei, Mohamed 穆罕默德・巴拉迪 107-108, 112-120, 124, 135
EPP Party 歐洲人民黨 41-43
Estonia 愛沙尼亞 272
Eurasian Customs Union 歐亞關稅同盟 257-258, 267, 291-295
European Bank for Reconstruction and Development 歐洲復興開發銀行 104
European Commission 歐盟執委會 30-31, 39-41, 41-42, 46, 74-75, 192, 255, 265, 270, 303
CA as Commissioner for Trade 凱瑟琳・艾希頓任歐盟貿易專員 31-36
see also Barroso, José Manuel 参見若澤・曼努埃爾・巴洛索
European Council 高峰理事會 31, 38-46, 148-151, 277
see also European Union (EU); Van Rompuy, Herman 参見歐盟；赫爾曼・范宏畢
European Court of Human Rights 歐洲人權法院 261
European External Action Service (EEAS) 歐盟對外事務部 16, 22, 24, 48
European Investment Bank 歐洲投資銀行 104
European Parliament 歐洲議會 38,

義援助行動總局 74-75
diplomacy, CA on international 凱瑟琳・艾希頓論國際外交 11, 12, 15, 19, 305, 306
Djibouti 吉布地 57, 65
Dodik, Milorad 米洛拉德・多迪克 187
Dominican Republic 多明尼加共和國 75
Đurić, Marko 馬爾科・杜里奇 193

E

E3 21
E3 plus 3 E3+3 21,217
see also China; France; Germany; Iran and Iranian nuclear negotiations and deal; Russia; United Kingdom; United States of America 參見中國；法國；德國；伊朗與伊朗核協議；俄國；英國；美國
earthquake (2010), Haiti 海地大地震 70-85
earthquake and tsunami (2011), Japan 日本三一一大地震 86-95
Eastern Partnership 東部夥伴關係 255
Economist《經濟學人》 213
Egypt 埃及 164, 304
anti-US sentiment 反美情緒 113
Arab Spring uprising 阿拉伯之春 (2011) 97-99, 146
CA's visits 凱瑟琳・艾希頓參訪行程 97-110, 114-135
coalition/interim government and unrest 聯合 / 過渡政府與動盪 111-124, 133-135
elections 選舉 101-104, 135
EU delegation premises 歐盟代表團辦公樓 136
EU economic task force 歐盟經濟特別工作組 104-106
EU/ECOM socio-economic support 歐盟（執委會）社會經濟支持 101-102, 107-124, 133-136
human rights 人權 105-107, 124
Islamic coalition 伊斯蘭聯盟 123
meeting with Morsi in detention 訪問監禁中的穆西 124-133
Morsi government 穆西政府 101, 102-104, 105-112

Burns, Bill 比爾・伯恩斯 133, 153, 228, 230, 234, 235, 237, 246, 249, 250

Buzek, Jerzy 耶日・布澤克 42

C

Cameron, David 大衛・卡麥隆 101, 146, 148, 166, 227, 243

Canada 加拿大 34, 42, 151, 157, 280

Caribbean 加勒比海 69

Chernobyl nuclear disaster 車諾比核災 292

China 中國 58, 69, 153, 161, 167, 173, 217, 305

  Iran nuclear negotiations and deal 伊朗核協議 220, 227, 229, 231, 236, 243, 247

Çitaku, Vlora 弗洛拉・奇塔庫 213

Clinton, Bill 比爾・柯林頓 75, 181

Clinton, Hillary 希拉蕊・柯林頓 21, 75, 100, 116, 152, 157, 181, 306

COMESA (Common Market for Easter and Southern Africa) 東部和南部非洲共同市場 57

contact group, Ukrainian crisis 烏克蘭聯絡小組 279, 280, 283

Cooper, Sir Robert 羅伯特・庫柏爵士 166

Cox, Pat 帕特・考克斯 261-262

Crimea and Crimean annexation 克里米亞與併吞 (2014) 152, 275, 278, 279, 281, 282

Croatia 克羅埃西亞 172

D

da Costa, Luiz Carlos 路易斯・卡洛斯・達・哥斯達 71

Dačić, Ivica 伊維察・達契奇 174, 180, 181, 183, 198-212

Darroch, Lord 'Kim' 金・達洛克男爵 29

Darroch, Vanessa 凡尼莎・達洛克 29, 30

Daul, Joseph 約瑟夫・多爾 79

Dayton Agreement 岱頓協定 187

democracy 民主 51, 100-102, 114, 131, 135, 151, 165-167

Denmark 丹麥 86, 94, 157

Deshchytsia, Andrii 安德利・德楚契亞 284

DG ECHO 歐洲公民保護和人道主

Audibert, Jacques 雅克・奧迪貝 220, 227, 229, 233, 235
Australia 澳洲 69
Azarov, Mykola 尼古拉・阿扎羅夫 257, 261, 267, 268
Azerbaijan 亞塞拜然 255

B

Bahrain 巴林 111
Ban Ki-Moon 潘基文 75, 156
Barnier, Michel 米歇爾・巴尼耶 76
Barre, Siad 西亞德・巴雷 51
Barroso, José Manuel 若澤・曼努埃爾・巴洛索 31, 32, 36, 42, 44, 46, 72, 154, 192, 257, 258, 262, 270, 291, 295, 300
Batkivshchyna Party, Ukrainian 烏克蘭祖國黨 265
Battle of Kosovo 科索沃戰役 (1389) 193
Belarus 白俄羅斯 255, 257, 291, 292, 293
Belgian Protocol Service 比利時禮賓處 209
Belgium 比利時 41, 42
Bellerive, Jean-Max 尚－馬克斯・貝勒里夫 79
Berger, Christian 克里斯蒂安・伯格 104, 108, 112, 114, 117, 119, 124, 125, 126, 129, 131, 133, 135
Berlusconi, Silvio 西爾維奧・貝魯斯柯尼 34, 46
Biden, Joe 喬・拜登 229
Blair, Tony 東尼・布萊爾 43
Boal, Pilar Juárez 皮拉爾・華雷斯・博阿爾 71
Bosnia-Herzegovina 波士尼亞與赫塞哥維納 169, 187
Bosnian Serb forces 波士尼亞塞族軍 169
Bouazizi, Mohamed 穆罕默德・布瓦吉吉 97
Boyes, Roger 羅傑・博伊斯 213
Brazil 巴西 154
Brexit 英國脫歐 307
Brown, Gordon 戈登・布朗 27, 29, 30, 45, 46
Brunei 汶萊 111
Bulatov, Dmytro 德米特羅・布拉托夫 271
Bulgaria 保加利亞 147

索引

註：一、CA 為 Catherine Ashton 的縮寫。

二、副標題內的EU/ECOM指歐洲聯盟與歐盟執委會的代表凱瑟琳·艾希頓及她的團隊。

A

Afghanistan 阿富汗 102, 152

African Union 非洲聯盟 55, 57, 64, 155

Ahtisaari, Martti 馬爾蒂·阿赫蒂薩里 172

Aksyonov, Sergei 謝爾蓋·阿克肖諾夫 276

Al Nahyan, Sheikh Abdullah bin Zayed 謝赫·阿卜杜拉·本·扎耶德·阿勒納哈揚 118

al-Qaeda 蓋達組織 55

al-Shabaab 青年黨 55, 65

al-Wasat Party, Egyptian 埃及中央黨 123

Albania 阿爾巴尼亞 172

ALDE Party 歐洲自由民主聯盟黨 41, 43

Ali, Ben 班·阿里 98

Amr, Mohamed 穆罕默德·阿姆 105, 106, 112

Annabi, Hédi 赫迪·阿納比 71

Arab League 阿拉伯國家聯盟 102, 112, 151, 155, 157, 163, 167

Arab Spring uprising 阿拉伯之春 (2011) 146, 259

Araghchi, Seyed Abbas 賽伊德·阿巴斯·阿拉格齊 225, 230, 243, 249

Arak heavy water reactor, Iran 伊朗阿拉克重水反應爐 247-248

Armenia 亞美尼亞 255

THE WAR
大戰略
08

歐盟視角：二十一世紀地緣政治、國際危機的內幕故事

And Then What?: Inside Stories of 21st-Century Diplomacy

作者　凱瑟琳・艾希頓（Catherine Ashton）
譯者　張芳瑜

責任編輯　簡欣彥
書封設計　周家瑤
內頁構成　謝青秀

總編輯　簡欣彥
出版　廣場出版／遠足文化事業股份有限公司
發行　遠足文化事業股份有限公司（讀書共和國出版集團）
地址　231 新北市新店區民權路 108-3 號 9 樓
電話　02-22181417
傳真　02-22181009
客服專線　0800-221029
法律顧問　華洋法律事務所　蘇文生律師
印刷　呈靖彩藝有限公司

初版　2025 年 6 月
定價　520 元
ISBN　978-626-7647-09-7　（紙本）
978-626-7647-07-3　(EPUB)
978-626-7647-08-0　(PDF)

國家圖書館出版品預行編目(CIP)資料

歐盟視角：二十一世紀地緣政治、國際危機的內幕故事／凱瑟琳．艾希頓(Catherine Ashton)著；張芳瑜譯．-- 初版．-- 新北市：遠足文化事業股份有限公司廣場出版，遠足文化事業股份有限公司，2025.06
面；　公分．--（大戰略；8）
譯自：And then what?：inside stories of 21st-century diplomacy.
ISBN 978-626-7647-09-7(平裝)

1.CST: 外交政策 2.CST: 國際關係 3.CST: 地緣政治

578　　114006405

廣場 FB　讀者回函